LA RAISON POPULISTE

ERNESTO LACLAU

LA RAISON POPULISTE

Traduit de l'anglais
par Jean-Pierre Ricard

OUVRAGE TRADUIT ET PUBLIÉ
AVEC LE CONCOURS DU CENTRE NATIONAL DU LIVRE

ÉDITIONS DU SEUIL
*27 rue Jacob, Paris VIe*

L'ORDRE PHILOSOPHIQUE

COLLECTION DIRIGÉE PAR ALAIN BADIOU
ET BARBARA CASSIN

Ce livre a été publié pour la première fois en 2005 par Verso
Titre original : *On Populist Reason*

ISBN original : 1-85984-651-3

ISBN 978-2-02-088421-1

www.seuil.com

À Chantal, après trente ans

Préface

La principale question posée dans ce livre est celle de la nature et de la logique de la formation des identités collectives. Toute mon approche vient de ce que les perspectives sociologiques qui ont considéré le groupe comme l'unité de base de l'analyse sociale, ou ont essayé de dépasser cette unité en la plaçant dans des paradigmes fonctionnalistes ou structuralistes plus larges, m'ont semblé insatisfaisantes. Les logiques que ces types de fonctionnement social présupposent sont, selon moi, trop simples et uniformes pour saisir la variété des mouvements impliqués dans la construction de l'identité. Il est inutile de préciser que l'individualisme méthodologique sous ses diverses formes – y compris celle du choix rationnel – ne constitue aucunement une solution pouvant remplacer le type de paradigme que j'essaie de mettre en question.

La voie que j'ai essayé de suivre pour me poser ces questions est double. La première voie consiste à diviser l'unité du *groupe* en unités plus petites que nous avons appelées des *demandes* : l'unité du groupe est, selon moi, le résultat d'une articulation de demandes. Mais cette articulation ne correspond pas à une configuration stable et positive qui pourrait être saisie comme une totalité unifiée : au contraire, puisque toute demande, par nature, présente des revendications à un certain ordre établi, elle se trouve dans une relation particulière avec cet ordre, qui la situe à la fois à l'intérieur et à l'extérieur de celui-ci. Comme cet ordre est incapable d'absorber totalement la demande, il ne peut se constituer comme totalité cohérente ; mais la demande exige un certain type de totalisation pour pouvoir aboutir à une revendication dans le « système ». Tous ces mouvements ambigus et contradictoires se ramènent aux diverses formes d'articulation entre la logique de la différence et la logique de l'équivalence qui sont analysées dans le chapitre IV. Comme je l'explique dans ce chapitre, l'impossibilité de fixer l'unité d'une formation sociale dans un objet saisissable *conceptuellement* conduit à la place centrale de la *nomination* dans la constitution de cette unité, tandis que le besoin d'un ciment social unissant les éléments hétérogènes – cette unité n'étant assurée par aucune logique fonctionnaliste ou structuraliste de l'articulation – donne à l'*affect* une place centrale dans l'explication sociale. Freud l'avait déjà très bien compris : le lien social est un lien libidinal. Mon analyse est complétée par une extension des catégories élaborées dans le chapitre IV – les logiques de la différence et de l'équivalence, les signifiants vides, l'hégémonie – à toute une gamme de phénomènes politiques : ainsi, dans le chapitre V, j'analyse les notions de signifiants vides et d'hétérogénéité sociale, et dans le chapitre VI celles de représentation et de démocratie.

Pourquoi aborder ces questions à travers une analyse du populisme ? Parce que je soupçonne depuis longtemps que ce qui est en jeu dans le rejet du populisme dépasse largement la relégation d'un ensemble de phénomènes périphériques dans les marges de l'explication sociale. Ce qui est en jeu dans ce rejet méprisant est, à mon sens, le rejet de la politique tout court, et l'idée selon laquelle la gestion de la communauté est du ressort d'un pouvoir administratif dont la légitimité a pour origine la connaissance de ce qu'est la communauté « bonne ». Ce discours a été, pendant des siècles, celui de la « philosophie politique » à partir de Platon. Le « populisme » a toujours été lié à un excès dangereux, qui met en question les cases bien définies d'une communauté rationnelle. C'est pourquoi ma tâche, telle que je l'ai conçue, a été de mettre en lumière les logiques spécifiques inhérentes à cet excès, et de montrer que, loin de correspondre à un phénomène marginal, ces logiques sont inscrites dans le fonctionnement réel de *tout* espace communautaire. C'est ainsi que je montre comment, dans le cadre des débats sur la psychologie des masses au XIXe siècle, il y a eu une intériorisation progressive des traits caractéristiques de la « foule », qui à l'origine – dans les ouvrages d'Hippolyte Taine, par exemple – étaient perçus comme un excès inassimilable, mais qui, comme Freud l'a démontré dans *Psychologie des foules et analyse du moi*, sont propres à la formation de toute identité sociale. C'est ce que j'espère faire dans la première partie de ce livre. Le chapitre VII traite d'exemples historiques qui illustrent les conditions de l'émergence des identités populaires, tandis que le chapitre VIII est consacré aux limites dans la constitution des identités populaires.

Une des conséquences de cette intervention est que le référent du mot « populisme » devient flou, parce que de nombreux phénomènes qui ne sont pas traditionnellement considérés comme populistes sont rangés dans cette catégorie. Il y a là une critique possible de mon analyse, à laquelle je répondrai simplement en rappelant que le référent du « populisme » dans l'analyse sociale a toujours été vague et ambigu. Un rapide examen de la littérature consacrée au populisme (chapitre I) suffit à montrer qu'elle est pleine d'allusions au caractère insaisissable de ce concept et à l'imprécision de ses limites. Je n'ai pas essayé de trouver le *véritable* référent du populisme, mais au contraire de montrer que le populisme n'a pas d'unité référentielle parce qu'il n'est pas appliqué à un phénomène délimité mais à une logique sociale dont les effets sont transversaux. Le populisme est, tout simplement, une manière de construire le politique.

De nombreuses personnes ont contribué à préciser mon point de vue sur ces diverses questions, que ce soit par leurs travaux ou par des remarques formulées lors de conversations personnelles. Je n'essaierai pas d'en faire la liste, puisque cette liste serait forcément incomplète. Les citations proposées dans le texte m'ont permis de reconnaître mes dettes intellectuelles les plus importantes. Il y a néanmoins quelques personnes dont je ne peux taire le nom. Au fil des ans, les idées présentées dans ce livre ont été discutées dans deux cadres qui ont été particulièrement fructueux pour le développement de ma pensée : le premier est le séminaire de doctorat « Idéologie et analyse du discours » de l'université de l'Essex, organisé par Aletta Norval, David Howarth et Jason Glynos ; le second est le séminaire « Rhétorique, psychanalyse et politique » du département de Littérature comparée de la State University of New York à Buffalo, que j'ai organisé en collaboration avec ma collègue Joan Copjec. Je tiens aussi à remercier Chantal Mouffe, dont les encouragements et les remarques ont été pour mon travail une stimulation permanente, et Noreen Harburt, du Centre d'études théoriques de l'Université de l'Essex, dont les compétences techniques se sont, comme en bien d'autres occasions, révélées inappréciables pour la mise en forme de mon manuscrit. Enfin, je remercie Gillian Beaumont, la responsable éditoriale de ce livre, pour l'efficacité avec laquelle elle a amélioré l'anglais de mon manuscrit et pour ses nombreuses et très utiles remarques.

Evanston, novembre 2004

PREMIÈRE PARTIE

Le dénigrement des masses

1

Le populisme, ambiguïtés et paradoxes

Le populisme, comme catégorie d'analyse politique, nous confronte à des problèmes particuliers. C'est une notion récurrente, qui non seulement est couramment employée, puisqu'elle sert à définir toutes sortes de mouvements politiques, mais qui essaie aussi de saisir un aspect central de ces mouvements. À mi-chemin entre le descriptif et le normatif, le mot « populisme » prétend saisir quelque chose d'essentiel des réalités politiques et idéologiques auxquelles il se réfère. Le vague apparent de ce concept ne se traduit pas par un doute quant à l'importance de sa fonction. Son *contenu*, pourtant, est loin d'être clair. Une des caractéristiques de la littérature consacrée au populisme est la réticence – ou la difficulté – à donner à ce concept un sens précis. La clarté conceptuelle – sans même parler de définition – est visiblement absente en ce domaine. Dans la plupart des cas, la compréhension conceptuelle est remplacée par l'appel à une intuition non verbalisée, ou à l'énumération descriptive d'une série de « traits pertinents » – une pertinence aussitôt affaiblie, dans le geste même qui l'affirme, par la mention d'un grand nombre d'exceptions. Voici un exemple caractéristique des stratégies intellectuelles traitant du « populisme » dans la littérature existant sur le sujet :

> Le populisme lui-même tend à refuser toute identification à ou toute classification dans la dichotomie droite/gauche. C'est un mouvement multiclassiste, bien que tous les mouvements multiclassistes ne puissent être considérés comme populistes. Le populisme résiste probablement à toute définition générale. Si on laisse de côté ce problème pour le moment, le populisme intègre en général des éléments opposés comme la revendication de l'égalité des droits politiques et de la participation universelle des gens ordinaires, mais unie à une

> sorte d'autoritarisme souvent associée à un leadership charismatique. Il inclut également des revendications socialistes (ou du moins une revendication de justice sociale), la défense vigoureuse de la petite propriété, de forts éléments de nationalisme et le refus de reconnaître l'importance des classes sociales. Il s'accompagne de l'affirmation des droits des gens ordinaires dans leur opposition à des groupes d'intérêts privilégiés, en général considérés comme des ennemis du peuple et de la nation. N'importe lequel de ces éléments peut être souligné en fonction des conditions culturelles et sociales, mais ils sont tous présents dans la plupart des mouvements populistes[1].

Le lecteur n'aura aucune difficulté à allonger la liste des traits pertinents de Germani ou, au contraire, à trouver des mouvements populistes dans lesquels certains de ces traits sont absents. Dans ces conditions, nous nous retrouvons avec un terme indéfinissable, ce qui, dans le domaine de l'analyse sociale, n'est guère satisfaisant.

J'aimerais, dès le départ, avancer une hypothèse qui me guidera dans mon exploration théorique. La voici : l'impasse de la théorie politique quand elle traite du populisme n'a rien d'accidentel, elle a ses racines dans les limites des instruments ontologiques dont dispose actuellement l'analyse politique ; le « populisme », en tant qu'écueil théorique, exprime quelques-unes des limites inhérentes à la manière dont la théorie politique a cherché à savoir comment les agents sociaux « totalisent » l'ensemble de leur expérience politique. Pour développer cette hypothèse, je commencerai par examiner quelques-unes des tentatives qui ont visé à résoudre la question apparemment insoluble du populisme. Je prendrai comme exemples les premiers travaux de Margaret Canovan[2], et quelques-unes des contributions à un ouvrage célèbre publié sous la direction de Ghita Ionescu et Ernest Gellner[3].

---

1. Gino Germani, *Authoritarianism, Fascism and National Populism*, New Brunswick, Transaction Books, 1978, p. 88.

2. Margaret Canovan, *Populism*, Londres, Junction Books, 1981. Pour le moment, je me référerai uniquement à cette étude générale, qui est assez ancienne. Dans la deuxième partie de ce livre, je renverrai aux travaux récents de Margaret Canovan, qui ont ouvert des perspectives nouvelles.

3. *Populism : Its Meaning and National Characteristics*, Ghita Ionescu et Ernest Gellner (dir.), Londres, Macmillan, 1969.

Les impasses de la littérature consacrée au populisme

Étant donné le « vague » du concept de populisme et la multiplicité des phénomènes qui ont été réunis sous cette étiquette, une première stratégie intellectuelle possible serait de ne pas essayer d'aller au-delà de cette multiplicité elle-même – autrement dit d'en rester à cette multiplicité, d'analyser la gamme des cas empiriques qu'elle intègre et de tirer toutes les conclusions possibles d'une comparaison descriptive et limitée de ces différents cas. C'est ce qu'essaie de faire Margaret Canovan dans son livre, qui prend en compte des phénomènes aussi divers que le populisme américain, les *narodniki* russes, les mouvements agrariens européens de l'entre-deux-guerres, le Social Credit en Alberta et le péronisme argentin (entre autres).

Il importe de se concentrer quelque temps sur la manière dont Margaret Canovan traite cette diversité, c'est-à-dire sur la façon dont elle essaie de maîtriser cette diversité à travers une typologie, et sur les conclusions qu'elle en tire. Margaret Canovan est parfaitement consciente des véritables dimensions de la diversité, qui sont révélées, pour commencer, dans la multiplicité des définitions du populisme existant dans la littérature consacrée à ce sujet. Elle en propose une liste, que voici :

1. « Le socialisme qui émerge dans des pays agricoles arriérés confrontés au problème de la modernisation. »
2. « Fondamentalement, l'idéologie des petits paysans menacés par les abus du capital financier et industriel. »
3. « Fondamentalement, [...] un mouvement rural cherchant à réaliser des valeurs traditionnelles dans une société en transformation. »
4. « La croyance que l'opinion majoritaire du peuple est contrôlée par une minorité élitiste. »
5. « Toute croyance ou tout mouvement fondé sur la prémisse majeure suivante : c'est chez les petites gens, qui constituent la majorité écrasante, et dans leurs traditions collectives, que se trouve la vertu. »
6. « Le populisme affirme que la volonté du peuple comme telle est supérieure à toute autre considération. »

7. « Un mouvement politique qui jouit du soutien de la masse de la classe ouvrière urbaine et/ou de la paysannerie mais qui n'est pas le résultat de la puissance organisée autonome de l'un ou l'autre de ces deux secteurs[1]. »

Face à une telle diversité, Margaret Canovan juge important de distinguer entre un populisme agrarien et un populisme qui n'est pas nécessairement rural mais essentiellement politique, et fondé sur la relation entre « le peuple » et les élites. Prenant cette distinction comme point de départ, elle dresse la typologie suivante :

Les populismes agraires

1. Le radicalisme paysan (par exemple, le People's Party aux États-Unis).
2. Les mouvements paysans (par exemple, en Europe de l'Est).
3. Le socialisme agraire intellectuel (par exemple, les *narodniki*).

Les populismes politiques

4. Les dictatures populistes (par exemple, Perón).
5. Les démocraties populistes (par exemple, les appels aux référendums et à la « participation »).
6. Les populismes réactionnaires (par exemple, George Wallace et ses partisans).
7. Le populisme des hommes politiques (c'est-à-dire la construction de larges coalitions non idéologiques qui s'appuient sur l'appel unificateur au « peuple »)[2].

La première chose que nous pouvons remarquer est que les distinctions établies dans cette typologie ne se fondent sur aucun critère cohérent. En quoi les populismes agraires ne sont-ils pas politiques ? Et quelle est la relation entre les aspects sociaux et politiques des populismes « politiques » qui aboutissent à un modèle de mobilisation politique différent de celui du populisme agraire ? Tout se passe comme si Margaret Canovan avait simplement choisi les caractères

1. Margaret Canovan, *Populism*, *op. cit.*, p. 4.
2. *Ibid.*, p. 13.

les plus visibles d'une série de mouvements pris au hasard, pour modeler ensuite ses différents types distinctifs sur leurs différences. Mais cela ne constitue certainement pas une typologie digne de ce nom. Qu'est-ce qui garantit que les catégories proposées s'excluent mutuellement et ne se chevauchent pas (c'est en fait exactement ce qui arrive, comme Margaret Canovan elle-même le reconnaît) ?

On pourrait peut-être dire que Margaret Canovan ne nous procure pas une typologie au sens strict du terme, mais une carte de la dispersion linguistique qui a présidé aux emplois du mot « populisme ». Son allusion aux « airs de famille » de Wittgenstein semblerait, jusqu'à un certain point, aller dans ce sens. Mais même si tel était le cas, la logique présidant à cette dispersion exige beaucoup plus de précision que n'en démontre Margaret Canovan. Il n'est pas nécessaire que les traits constituant un syndrome populiste se limitent à un modèle logiquement unifié, mais nous devrions au moins pouvoir comprendre quels sont les airs de famille qui, dans chaque cas, ont présidé à la circulation du concept. Margaret Canovan, par exemple, souligne que le mouvement populiste aux États-Unis fut non seulement un mouvement de petits paysans mais qu'il eut aussi « un aspect politique essentiel, en tant que révolte populaire contre l'élite des ploutocrates, des politiciens et des experts[1] » inspirés par la démocratie jacksonienne. Mais ne nous dit-elle pas, dans ce cas, que la raison pour laquelle ce mouvement doit être qualifié de populiste se trouve non dans sa base sociale (agraire) mais dans l'inflexion donnée à cette base par une logique politique particulière – une logique politique qui est présente dans des mouvements qui sont, socialement, très hétérogènes ?

À divers moments de son analyse, Margaret Canovan est sur le point d'attribuer la spécificité du populisme à la logique politique qui organise *n'importe quel* contenu social plutôt qu'aux contenus eux-mêmes. Ainsi, par exemple, elle affirme que les deux traits toujours présents dans le populisme sont l'appel au peuple et l'anti-élitisme[2]. Elle va jusqu'à affirmer que ni l'un ni l'autre de ces traits ne peut être attribué de façon permanente à un quelconque contenu social ou politique (idéologique) particulier. On pourrait penser que cela ouvrirait

1. *Ibid.*, p. 58.
2. *Ibid.*, p. 294.

la voie à une détermination de ces deux traits en termes de logique politique plutôt que de contenu social. Mais rien de tel ne se produit, puisque Margaret Canovan trouve dans ce manque de détermination sociale une faiblesse qui réduit considérablement l'utilité des catégories correspondant à ces deux traits toujours présents. Ainsi, « l'exaltation de ce "peuple" ambigu peut prendre différentes formes. Puisqu'elle intègre tout, des manipulations cyniques de la rhétorique péroniste à l'humilité des *narodniki*, elle n'apporte pas grand-chose à la définition du concept de populisme[1] ». Et la situation n'est que très légèrement meilleure en ce qui concerne l'anti-élitisme[2].

Si l'analyse de Margaret Canovan a néanmoins le mérite de ne pas essayer de gommer la multiplicité des formes historiques du populisme – ce qui lui permet d'éviter la pire forme de réductionnisme –, la plus grande partie de la littérature consacrée à cette question n'a pas résisté à la tentation d'attribuer au populisme un contenu social particulier. C'est ainsi que Donald MacRae écrit, par exemple :

> Mais il est certain que nous emploierons automatiquement et correctement le terme populiste quand, sous la menace d'une forme quelconque de modernisation, d'industrialisation, peu importe le nom qu'on lui donne, un segment de la société à dominante agricole affirme comme programme d'action politique sa croyance en une communauté et (en général) en un *Volk* doté de vertus uniques, égalitaire et opposé à toutes les élites, se tourne vers un passé mythique pour régénérer le présent et confond usurpation et conspiration étrangère, refuse d'accepter toute idée de fatalité sociale, politique ou historique et, en conséquence, croit en une apocalypse immédiate, imminente, favorisée par le charisme de leaders et législateurs héroïques – sortes de nouveaux Lycurgue. Si en plus nous avons affaire à un regroupement à court terme visant des objectifs politiques pouvant être atteints par l'intervention de l'État et non à un véritable parti politique sérieux, nous sommes alors face au populisme sous sa forme la plus caractéristique[3].

1. *Ibid.*, p. 294.
2. *Ibid.*, p. 295-296.
3. Donald MacRae, « Populism as an Ideology », *in* Ghita Ionescu et Ernest Gellner (dir.), *Populism*, *op. cit.*, p. 168.

Après une description aussi précise de ce qu'est le véritable populisme, il n'est pas étonnant que MacRae ait quelques difficultés à appliquer sa catégorie à des populismes « réellement existants ». En conséquence, il est forcé d'admettre que les populismes contemporains n'ont pas grand-chose à voir avec son modèle idéal :

> Le populisme de la fin du XXe siècle ne me semble être très influencé ni par la Russie ni par les États-Unis. Il me semble plutôt que des éléments de la pensée européenne se sont diffusés et ont été redistribués pour donner naissance à divers populismes nationaux. Certaines des ambiguïtés des populismes anciens se sont combinées à des éléments à la fois primitivistes et progressistes. La race (*cf.* la négritude) et la religion (en particulier l'islam, mais aussi le bouddhisme, le christianisme millénariste et l'hindouisme) se sont ajoutées au mélange entre vertu archaïque et personnalité exemplaire. Le primitivisme agraire est une force en déclin – bien qu'en Inde il semble connaître un certain succès. Il y a des mélanges entre conspiration et usurpation dans les différentes théories sur le néo-colonialisme et les actions de la CIA. L'« asymétrie des principes civiques » est devenue la norme de l'« action directe » populiste. On vante la spontanéité et l'intégrité, mais maintenant on a plus particulièrement tendance à les identifier avec la jeunesse, si bien que la jeunesse idéale (figure bien connue dans les mythes) a dans une large mesure remplacé le petit propriétaire agraire et le paysan ignorant comme objet de culte. Le marxisme moderne, dans son retour au « jeune Marx », est devenu populiste. Il y a du populisme dans les préoccupations consensuelles et l'apolitisme de la « Nouvelle Gauche »[1].

Le problème de cette énumération chaotique est que, évidemment, les mouvements mentionnés ne présentent que quelques traits, voire aucun, du populisme tel que le définit MacRae dans son article. Si ces mouvements sont néanmoins qualifiés de populistes, c'est parce qu'ils sont censés avoir quelque chose en commun avec le populisme classique. Quant à la nature de ce quelque chose, rien ne nous est jamais dit à ce sujet.

Il s'agit là d'une caractéristique générale de la littérature sur le populisme : plus le concept général intègre des définitions précises,

1. *Ibid.*, p. 164.

moins il est capable d'englober les analyses concrètes. L'article de Peter Wiles intitulé « Un syndrome, pas une doctrine » en est un exemple caricatural[1]. Le concept de populisme y est défini avec une grande précision : vingt-quatre critères sont retenus, dans différents domaines. Par exemple, Wiles affirme que le populisme n'est pas révolutionnaire et doit être opposé à la guerre des classes, qu'il considère la petite coopérative comme un modèle économique idéal, et que c'est un courant empreint de religiosité mais opposé aux religions établies. Il n'y a rien d'étonnant à ce qu'il soit obligé de consacrer la deuxième partie de son article à l'analyse des exceptions. Celles-ci sont tellement nombreuses que le lecteur commence à se demander s'il existe un seul mouvement politique réunissant les vingt-quatre caractéristiques du modèle défini par Wiles. Celui-ci n'hésite pas à se contredire lui-même. Ainsi, page 176, il écrit qu'« il est aussi difficile pour le populisme d'être prolétarien. Les idées traditionnelles sont moins répandues parmi les prolétaires que parmi les artisans. Leur travail est soumis à une discipline à grande échelle, qui contredit en fait la prémisse fondamentale ».

Mais, deux pages plus loin, on apprend que « le socialisme est beaucoup plus éloigné que le fascisme, comme le montrent bien ces socialistes par excellence que sont Marx, les Webb et Staline. Pourtant Lénine a reconnu l'importance de l'influence des *narodniki* et du populisme sur ses idées et son comportement. D'autres communistes l'ont suivi dans cette voie, en particulier Aldo [*sic*] Gramsci et Mao-Tsé-Toung ». On pourrait se demander ce que faisaient Gramsci et Lénine, si ce n'est essayer de construire une hégémonie prolétarienne.

L'absurdité de l'entreprise de Wiles apparaît encore plus clairement quand il essaie de dresser la liste des mouvements qu'il considère comme populistes : « Sont populistes, donc, et ont beaucoup de choses en commun, les personnalités et les mouvements suivants : les *levellers* ; les *diggers* ; les chartistes (force morale et physique) ; les *narodniki* ; les populistes des États-Unis ; les socialistes-révolutionnaires ; Gandhi ; le Sinn Fein ; la Garde de fer ; le Social Credit en Alberta ; Cárdenas ; Haya de la Torre ; le CCF au Saskat-

1. Peter Wiles, « A Syndrome, not a Doctrine : Some Elementary Theses on Populism », *in* Ghita Ionescu et Ernest Gellner (dir.), *Populism*, *op. cit.*, p. 163-179.

chewan ; Poujade ; Belaúnde, Nyerere[1]. » Rien ne nous est dit, évidemment, de ce que ces dirigeants et ces mouvements sont censés avoir en commun. Il suffit d'avoir un minimum de connaissances pour savoir, de toute façon, qu'il ne s'agit pas du syndrome décrit au début de l'article de Wiles. Aussi la remarque sur laquelle cet auteur conclut son article – « aucun historien ne peut négliger le concept [de populisme] en tant qu'outil de compréhension » – nous invite-t-elle à penser non sans mélancolie que, pour qu'un concept puisse être négligé, il faudrait d'abord qu'il existe.

Dans tous les textes que nous avons mentionnés jusqu'ici, la spécificité du populisme – la dimension qui permet de le définir – a été *systématiquement* évitée. Il faut commencer à se demander si ce silence systématique ne s'explique pas par des préjugés politiques non formulés qui orienteraient le point de vue des analystes politiques. Nous verrons un peu plus loin que le principal mérite de la contribution de Peter Worsley à ce débat a été de commencer à rompre avec ces présupposés. Mais auparavant, il faut s'intéresser à ces présupposés eux-mêmes : je le ferai à partir d'un autre article publié dans l'ouvrage collectif dirigé par Ghita Ionescu et Ernest Gellner, celui de Kenneth Minogue sur le populisme comme mouvement politique[2].

Minogue fonde son analyse sur deux distinctions. La première est la distinction entre *rhétorique* et *idéologie*. « Nous devons distinguer soigneusement entre la *rhétorique* employée par les membres d'un mouvement – qui peut être empruntée n'importe où de façon aléatoire en fonction des besoins du mouvement – et l'*idéologie* qui exprime les courants plus profonds de ce mouvement[3]. »

La deuxième est la distinction entre le mouvement et son idéologie. Bien que Minogue soit loin d'être cohérent dans son emploi de ces deux distinctions, il considère à l'évidence qu'il existe une échelle normative, la rhétorique étant en bas, le mouvement en haut, l'idéologie occupant une délicate position intermédiaire entre les formes institutionnalisées d'un mouvement et sa dégénérescence en rhétorique pure. Cette dernière est la destinée manifeste du populisme,

1. *Ibid.*, p. 178.

2. Kenneth Minogue, « Populism as a Political Movement », *in* Ghita Ionescu et Ernest Gellner (dir.), *Populism*, *op. cit.*, p. 197-211.

3. *Ibid.*, p. 198.

qui est une formation politique transitoire par nature. À propos du populisme américain, Minogue écrit :

> Nous avons donc affaire ici à un mouvement qui a deux caractéristiques fondamentales : il a disparu très rapidement quand les circonstances ont changé, et son idéologie était un patchwork formé d'éléments empruntés ; en fait, pour reprendre la terminologie employée dans la première partie, il [le populisme américain] n'avait pas d'idéologie au sens sérieux du terme, il avait simplement une rhétorique. Il n'a pas développé de racines en profondeur, parce qu'en fait rien ne pouvait pousser, si ce n'est une rationalisation de temps difficiles construite dans la précipitation, qui pourrait être abandonnée quand les choses iraient mieux[1].

Et voici ce qu'écrit Minogue au sujet des idéologies du Tiers-Monde :

> Contrairement aux idéologies établies européennes, ces croyances ressemblent à des parapluies ouverts selon les exigences du moment, mais qu'on jette sans regret quand les circonstances changent. Et cela semble parfaitement raisonnable comme réaction à l'alternance de désespoir et d'espoir des pauvres vivant à la périphérie du monde industrialisé. Ils ne peuvent se permettre d'être des doctrinaires ; le pragmatisme doit être le fil conducteur de leur comportement [...]. Je pense donc que nous pouvons légitimement rationaliser la tendance croissante à employer le terme « populisme » à propos de nombreux mouvements différents pour reconnaître ce caractère particulier des idées politiques dans le monde moderne. Le populisme est un type de mouvement qui se développe parmi ceux qui ont conscience d'appartenir à la périphérie pauvre d'un système industriel ; en ce sens, il peut être considéré comme une réaction à l'industrialisation. Mais c'est une réaction de ceux dont le désir le plus profond est aussi d'être eux-mêmes industrialisés ; on attaque seulement ceux dont on ne peut pas faire partie (et jusqu'au moment où on arrive à en faire partie). Et c'est cette ambiguïté qui explique le vide intellectuel des mouvements populistes[2].

1. *Ibid.*, p. 208.
2. *Ibid.*, p. 20.

Arrêtons-nous sur ces distinctions, et sur les stratégies intellectuelles qui les fondent. « L'idéologie » ne peut être considérée comme différente de la rhétorique mise en jeu dans l'action politique que si la rhétorique est comprise comme un simple ornement du langage, qui n'affecte aucunement le contenu transmis par celui-ci. C'est la conception la plus classique de la rhétorique, fondée sur la différence entre *rhétorique* et *logique*. L'équivalent sociologique de ce à quoi s'oppose la rhétorique est une représentation des acteurs sociaux concentrés autour d'intérêts bien définis et négociant rationnellement avec un *milieu* extérieur. Dans cette vision de la société, l'image des acteurs sociaux dont les identités se constituent autour de symboles populistes diffus ne peut être qu'une forme d'irrationalité. Le dénigrement éthique qu'exprime l'article de Kenneth Minogue se retrouve en fait dans une grande partie de la littérature sur le populisme. Mais que se passe-t-il si le champ de la logique est incapable de se constituer comme ordre fermé et si les procédés rhétoriques sont nécessaires pour permettre cette clôture ? Dans ce cas, ce sont les procédés rhétoriques eux-mêmes – la métaphore, la métonymie, la synecdoque, la catachrèse – qui deviennent les instruments d'une rationalité sociale élargie, et nous ne sommes plus en mesure de refuser une interpellation idéologique au nom de son caractère purement rhétorique. C'est pourquoi l'imprécision et le vide des symboles politiques populistes ne peuvent être rejetés si facilement : tout dépend de l'acte performatif qu'un tel vide occasionne. Voici ce qu'écrit Minogue sur les populistes américains :

> Les populistes américains semblent avoir réagi, de la manière la plus immédiate, à la situation concrète de pauvreté rurale et aux bas prix de leurs produits [...]. La question est que n'importe quel mouvement sélectionne ses ennemis en pensant à se faire des alliés ; et le fait de proclamer qu'ils réagissaient à l'« Amérique industrielle » donna aux populistes la possibilité de s'allier à d'autres groupes non populistes de la société américaine, comme les libéraux des villes, les socialistes et les anarchistes urbains[1].

1. *Ibid.*, p. 199.

Mais évidemment, s'ils réussirent, à travers des opérations rhétoriques, à constituer de larges identités populaires intégrant divers secteurs de la population, *ils constituèrent de fait des sujets populistes*, et il est absurde de refuser cette constitution en tant que pure rhétorique. Loin d'être un parasite de l'idéologie, la rhétorique serait en réalité l'anatomie du monde idéologique.

On peut dire la même chose de la distinction entre « idéologie » et « mouvement », qui est essentielle dans la réflexion de Minogue – celui-ci nous met en garde contre le danger, pour celui qui étudie un mouvement, de « s'abandonner à son idéologie[1] ». Comment, cependant, séparer aussi nettement un mouvement de son idéologie ? Cette distinction elle-même n'évoque que trop clairement l'ancienne différence entre les idées des hommes et les actions auxquelles ils participent. Mais cette distinction est indéfendable. Depuis Wittgenstein, nous savons que les jeux de langage comprennent à la fois les échanges linguistiques et les actions dans lesquelles ces échanges sont impliqués, et la théorie des actes de parole a donné de nouvelles bases à l'étude des séquences discursives constituant la vie sociale institutionnalisée. C'est en ce sens que Chantal Mouffe et moi avons parlé des discours comme de totalités structurées articulant éléments linguistiques et non linguistiques[2]. De ce point de vue, la distinction entre un mouvement et son idéologie est non seulement impossible mais aussi dépourvue de pertinence ; ce qui importe c'est la détermination des séquences discursives à travers lesquelles une force sociale ou un mouvement accomplit son action politique d'ensemble.

Il est évident qu'en mettant en question les distinctions opérées par Minogue, qui ne sont que des exemples d'une attitude générale à l'égard du populisme, mon objectif a été dans une large mesure d'inverser la perspective analytique : au lieu de partir d'un modèle de la rationalité politique, qui pense le populisme en fonction de ce qu'il n'a pas – de son vague, de son vide idéologique, de son anti-intellectualisme, de son caractère transitoire –, je voudrais élargir le modèle ou la rationalité aux termes d'une rhétorique généralisée

1. Voir en particulier *ibid.*, p. 204-208.

2. Voir Ernesto Laclau et Chantal Mouffe, *Hegemony and Socialist Strategy*, Londres, New York, Verso, 1985, chapitre III.

(qui peut, nous le verrons, être nommée « hégémonie »), de façon que le populisme apparaisse comme une possibilité spécifique et toujours présente de structuration de la vie politique. Une approche du populisme en termes d'anormalité, de déviance ou de manipulation est strictement incompatible avec ma stratégie théorique.

C'est pourquoi je trouve l'article de Peter Worsley intitulé « Le concept de populisme »[1] particulièrement novateur. Bien que son intervention reste un exercice essentiellement descriptif et ne soit pas une tentative visant à appréhender *conceptuellement* la spécificité du populisme, les premiers pas qu'il fait dans ce sens me semblent fondamentalement justes. Trois de ses innovations sont particulièrement prometteuses.

1. Worsley passe de la simple analyse du contenu des idées au rôle que celles-ci jouent dans un contexte culturel particulier – un rôle qui modifie non seulement leur *utilisation* mais aussi leur contenu intellectuel même.

> Il est suggéré ici, *per contra*, que les idées, dans le processus de leur intégration à des contextes culturels successifs, différents de ceux dans lesquels elles sont nées ou se sont jusque-là développées, prennent non seulement une signification sociologique différente dans la mesure où elles seront *utilisées* autrement en étant intégrées dans de nouveaux cadres d'action, mais seront aussi modifiées en tant qu'idées, puisqu'elles doivent nécessairement s'articuler avec un autre équipement psychique : des « intérêts » préexistants, des structures et des éléments cognitifs, des dispositions affectives, etc., qui font tous partie du *milieu* récepteur. Les idées « originales » doivent donc être intrinsèquement modifiées au cours de ce processus et devenir des idées différentes[2].

Cela est très important. La tâche est moins de comparer des systèmes d'idées en tant qu'idées que d'explorer leurs dimensions performatives. La relative simplicité et le vide idéologique du populisme,

1. Peter Worsley, « The Concept of Populism », *in* Ghita Ionescu et Ernest Gellner (dir.), *Populism, op. cit.*, p. 212-250.
2. *Ibid.*, p. 213.

par exemple, qui dans la plupart des cas ne sont que le prélude à son rejet élitiste, devraient être approchés à partir d'une réflexion sur ce que ce processus de simplification et ce vide essaient d'accomplir – c'est-à-dire sur la rationalité sociale qu'ils expriment.

2. Worsley voit le populisme non comme un *type* d'organisation ou d'idéologie à comparer avec d'autres types comme le libéralisme, le conservatisme, le communisme ou le socialisme, mais comme une dimension de la culture politique qui peut être présente dans des mouvements politiques très différents :

> Le syndrome populiste [...] est beaucoup plus large que sa manifestation particulière sous la forme ou dans le contexte d'une politique particulière, ou d'un genre particulier de système idéologique d'ensemble ou de type de système politique : démocratie, totalitarisme, etc. Cela indique qu'il vaut mieux considérer le populisme comme un accent, une dimension de la culture politique en général, et non pas simplement comme un genre particulier de système idéologique général ou de type d'organisation. Évidemment, comme avec tous les types idéaux, il peut être très proche de certaines cultures et structures politiques, comme celles qui ont jusqu'ici été qualifiées de « populistes »[1].

Cette affirmation est essentielle. Car si Worsley est dans le vrai – comme je le pense –, la vanité de tout l'exercice consistant à essayer d'identifier le contenu universel du populisme devient évidente : comme nous l'avons vu, cet exercice a conduit à des tentatives répétées visant à identifier la base sociale du populisme – tout cela pour découvrir qu'on ne peut faire autrement que de continuer à qualifier de populistes des mouvements ayant des bases sociales totalement différentes. Mais évidemment, si on tente d'éviter cet écueil en identifiant le populisme à une *dimension* qui traverse les différences idéologiques et sociales, on se retrouve confronté à la tâche de préciser quelle est cette dimension – ce que Worsley ne fait pas réellement, du moins pas d'une manière suffisante et convaincante.

1. *Ibid.*, p. 245.

3. Ces deux ruptures avec l'approche traditionnelle permettent à Worsley d'opérer une série d'autres gestes potentiellement fructueux. J'en mentionnerai seulement deux. Le premier est l'affirmation selon laquelle, pour les populismes du Tiers-Monde, « les classes socio-économiques ne sont pas les entités sociales décisives, ce qu'elles sont dans les pays développés [...]. La lutte des classes est donc un concept non pertinent »[1].

Worsley se réfère évidemment aux idéologies du Tiers-Monde et ne donne pas son opinion. Cependant, son analyse critique concernant les limites de la conception de Lénine de la superposition des distinctions socio-économiques et des solidarités sociopolitiques dans la paysannerie russe indique que, quand il analyse le rejet de la lutte des classes par le populisme du Tiers-Monde, il ne propose pas seulement une réflexion ethnographique sur une forme de « fausse conscience » mais signale une véritable difficulté dans la généralisation de « la lutte des classes » comme mot d'ordre universel de la mobilisation politique.

La deuxième prise de position importante est son effort pour éviter toute tentative réductionniste facile visant à voir dans une forme obscène de manipulation une dimension constitutive du populisme. Voici ce qu'écrit Worsley :

> Il serait souhaitable [...] de modifier une partie de la définition de Shils du populisme de façon à pouvoir intégrer aussi – sans éliminer la « pseudo-participation » (la démagogie, le gouvernement par la télévision, etc.) – et distinguer la participation populaire effective et authentique. Le « populisme », donc, renverrait non seulement à des relations directes entre le peuple et une direction (qui doit fatalement, dans une société complexe de taille importante, être avant tout une pure mystification ou un pur symbolisme), mais, plus largement, à la participation populaire en général (y compris la pseudo-participation)[2].

Ce point aussi est important, dans la mesure où il permet d'éliminer de l'analyse du populisme toute *nécessité* d'une attitude de

1. *Ibid.*, p. 229.
2. *Ibid.*, p. 245-246.

condamnation éthique – attitude qui, nous l'avons vu, est à la base de bon nombre d'analyses apparemment « objectives ».

La recherche d'une autre approche

À partir de cette rapide exploration, évidemment incomplète, de la littérature consacrée au populisme, nous pouvons passer maintenant à la recherche d'une autre perspective qui tente d'éviter les impasses que nous avons décrites. Pour ce faire, nous devons commencer par mettre en question – dans certains cas par inverser – les présupposés fondamentaux de l'analyse qui a mené à ces impasses. Il faut prendre en compte deux points fondamentaux.

1. Nous devons, d'abord, nous demander si l'impossibilité (ou la quasi-impossibilité) de définir le populisme ne vient pas d'un type de description qui exclut *a priori* toute appréhension conceptuelle du genre de rationalité inhérent à sa logique politique. Je pense que c'est en effet le cas. Si le populisme est uniquement défini par son « vague », son « imprécision », sa « pauvreté intellectuelle », son caractère de phénomène purement « transitoire », manipulateur, *et cetera*, il est impossible de définir sa *differencia specifica* en termes positifs. Tout l'exercice semble viser, au contraire, à séparer ce qui est rationnel et conceptuellement appréhensible dans l'action politique de son contraire : un populisme conçu comme irrationnel et indéfinissable. Une fois prise cette décision intellectuelle stratégique, il est absolument normal que la question « qu'est-ce que le populisme ? » soit remplacée par une autre question : « à quelle réalité sociale et idéologique le populisme se réfère-t-il ? » Ayant été privé de toute rationalité intrinsèque, l'*explanans* ne peut qu'être totalement extérieur à l'*explanandum*. Mais puisque, quand on applique une catégorie, on suppose qu'il existe un type de lien extérieur justifiant cette application, la question est en général remplacée par une troisième : « de quelle réalité ou de quelle situation sociale le populisme est-il en général l'*expression* ? » À cette étape, le populisme est vraiment relégué au niveau d'un simple épiphénomène. Pour cette approche, il n'y a rien dans la *forme* populiste qui exige explication. La question de

savoir « pourquoi certaines solutions ou certains objectifs politiques n'ont pu s'exprimer que par des moyens populistes ? » ne se pose même pas. La seule chose dont nous parlons est le contenu social (intérêts de classe ou autres intérêts sectoriels) que le populisme exprime, tandis que nous restons dans l'ignorance quant aux raisons pour lesquelles cette forme d'expression est nécessaire. Nous sommes dans une situation semblable à celle que décrit Marx à propos de la théorie de la valeur dans l'économie politique classique : cette dernière a pu montrer que le travail est la substance de la valeur, mais elle n'a pas pu expliquer pourquoi cette substance sous-jacente s'exprime sous la *forme* d'un échange d'équivalents. Parvenus à ce stade, nous nous retrouvons en général face à l'alternative guère séduisante que nous avons analysée : ou bien limiter le populisme à une de ses variantes historiques, ou bien tenter une définition générale qui sera toujours trop étroite. Dans ce dernier cas, les auteurs se livrent à l'exercice perdu d'avance dont nous avons déjà parlé : ils essaient de ranger sous l'étiquette de « populisme » une série de mouvements assez disparates sans rien dire du sens de cette étiquette.

2. Une première rupture avec ce dénigrement discursif du populisme consiste non pas à mettre en cause les catégories utilisées dans sa description – « vague », « imprécision », etc. – mais à prendre ces catégories littéralement, en refusant les préjugés qui sont à la racine de leur rejet. Cela veut dire qu'au lieu d'opposer le « vague » à la logique politique parvenue à maturité et caractérisée par un haut degré de détermination institutionnelle précise, nous devrions commencer par nous poser une série de questions plus fondamentales : « le "vague" des discours populistes n'est-il pas la conséquence du fait que, dans certaines situations, la réalité sociale elle-même est vague et indéterminée ? » Et dans ce cas, « le populisme ne serait-il pas, plutôt qu'une opération politique et idéologique maladroite, un acte performatif doté d'une rationalité propre – autrement dit, dans certaines situations, le vague n'est-il pas la condition de la construction de signifiés politiques pertinents ? » Enfin, « le populisme est-il vraiment un moment transitoire dû à l'immaturité des acteurs sociaux et voué à être dépassé à une étape ultérieure, n'est-il pas plutôt une dimension permanente de l'action politique qui apparaît

nécessairement (à différents degrés) dans tous les discours politiques, et qui subvertit et complique les opérations des idéologies prétendument "plus mûres" ? » Donnons-en un exemple.

Le populisme, dit-on, « simplifie » l'espace politique, en remplaçant un ensemble complexe de différences et de déterminations par une dichotomie brutale dont les deux pôles sont nécessairement imprécis. En 1945, par exemple, le général Perón adopta une position nationaliste et affirma que l'alternative pour les Argentins était entre Braden (l'ambassadeur des États-Unis) et Perón. Comme on le sait, cette alternative personnalisée se retrouve dans d'autres discours sous la forme de dichotomies : le peuple contre l'oligarchie, les masses laborieuses contre les exploiteurs, etc. Comme nous le voyons, il y a dans ces différentes dichotomies, comme dans celles qui constituent toute frontière politico-idéologique, une simplification de l'espace politique (toutes les singularités sociales ont tendance à se regrouper autour de l'un des deux pôles de la dichotomie), et les termes désignant les deux pôles sont nécessairement imprécis (autrement ils ne pourraient pas recouvrir toutes les particularités qu'ils sont censés regrouper). Mais s'il en est ainsi, cette logique de la simplification et de l'imprécision n'est-elle pas la condition même de l'action politique ? Ce n'est que dans un monde impossible, dans lequel la politique aurait été entièrement remplacée par l'administration et dans lequel le *piecemeal engineering* dans le traitement des différences particulières aurait totalement éliminé les dichotomies antagonistes que l'« imprécision » et la « simplification » pourraient être vraiment éradiquées de la sphère politique. Ainsi, la particularité du populisme serait seulement de mettre l'accent sur une logique politique qui, en tant que telle, est un ingrédient indispensable à la politique *tout court*.

Une autre manière de rabaisser le populisme, comme nous l'avons vu, est de le reléguer au rang de « simple rhétorique ». Mais, comme nous l'avons aussi signalé, le mouvement tropologique, loin d'être le simple ornement d'une réalité sociale qui pourrait être décrite en termes non rhétoriques, peut être vu comme la logique même de la constitution des identités politiques. Prenons seulement le cas de la métaphore. Comme nous le savons, la métaphore établit une relation de substitution entre des termes sur la base du principe de l'*analogie*. Comme je viens de le dire, dans toute structure dichotomique, un ensemble d'identités particulières ou d'intérêts tendent à se regrouper comme des différences équivalentes autour d'un des pôles de la dichotomie. Par exemple, les maux vécus par différentes parties du peuple seront considérés comme équivalents les uns aux autres par rapport à l'« oligarchie ». Mais cela revient simplement à dire que ces maux sont tous analogues les uns aux autres dans leur confrontation avec le pouvoir oligarchique. De quoi s'agit-il sinon d'une réagrégation métaphorique ? Inutile de dire que la rupture de ces équivalences dans la construction d'un discours plus institutionnaliste ferait appel à des procédés différents mais tout aussi rhétoriques. Loin d'être *purement* rhétoriques, ces procédés sont inhérents à la logique présidant à la constitution et à la dissolution de tout espace politique.

On peut donc dire que la condition *sine qua non* d'une meilleure compréhension du populisme est de lui faire quitter la position marginale qu'il occupe dans le discours des sciences sociales, qui l'a confiné au domaine du non pensable, l'a réduit à être le simple contraire des formes politiques respectables ayant un statut de pleine rationalité. Je dois souligner que cette relégation n'a été possible que parce que, dès le début, un fort élément de condamnation morale s'est introduit dans l'analyse des mouvements populistes. Le populisme n'a pas été seulement rabaissé : il a aussi été dénigré. Son abaissement a fait partie de la *construction* discursive d'une certaine normalité, d'un univers politique ascétique d'où sa logique dangereuse devait être exclue. Mais à cet égard les stratégies fondamentales des attaques antipopulistes s'inscrivent dans un autre débat, plus général, dans lequel s'exprima la grande peur des sciences sociales du XIXe siècle : je veux parler des discussions sur la « psychologie des foules ». Ce débat, qui est exemplaire pour notre sujet, peut dans une large mesure être considéré comme une histoire de la constitution et de la dissolution d'une frontière sociale entre le normal et le pathologique. C'est au cours de cette discussion que furent établies une série de distinctions et d'oppositions qui devaient fonctionner comme la matrice à partir de laquelle s'organisa toute une perspective sur les phénomènes politiques aberrants, populisme inclus. L'examen de cette matrice sera mon point de départ. Je commencerai par l'analyse du texte classique qui a été au cœur de cette histoire intellectuelle : *Psychologie des foules*, de Gustave Le Bon.

2

Le Bon : suggestion et représentations déformées

Le célèbre ouvrage de Gustave Le Bon intitulé *Psychologie des foules* se situe à un croisement[1]. D'un certain point de vue, il propose une version extrême du regard porté au XIXe siècle sur les phénomènes nouveaux de la psychologie des foules, qui situait ces phénomènes dans le champ de la pathologie. Mais Le Bon ne considère pas ces phénomènes comme des aberrations contingentes appelées à disparaître : ces phénomènes sont devenus pour lui des caractéristiques permanentes de la société moderne. Il n'est donc plus possible de les ignorer ou de les condamner sommairement. Ils doivent au contraire devenir les objets d'une nouvelle technique du pouvoir : « Les foules sont un peu comme le sphinx de la fable antique : il faut savoir résoudre les problèmes que leur psychologie nous pose, ou se résigner à être dévoré par elles[2]. » Pour mener à bien ce projet scientifique, Le Bon dressa le tableau le plus systématique de la psychologie des foules qui eût jamais été proposé – un tableau qui connut un succès immédiat et durable et eut de nombreux admirateurs (parmi lesquels Freud). La clef de l'analyse de Le Bon était l'idée de « suggestion », sur laquelle nous reviendrons plus tard. Nous partirons de l'analyse que propose Le Bon du fonctionnement de la suggestion, qui opère pour lui sur un terrain limité, celui des « images, des mots et des formules », parce que Le Bon touche là à une série de questions essentielles pour l'analyse du populisme que je développerai dans la deuxième partie de ce livre.

Pour Le Bon, la clef de l'influence exercée par les mots dans la formation d'une foule réside dans les images qui sont évoquées par

1. Gustave Le Bon, *Psychologie des foules*, Paris, Félix Alcan, 1895.
2. *Ibid.*, p. 90.

ces mots d'une manière totalement indépendante de leur signification.

> La puissance des mots est liée aux images qu'ils évoquent et est tout à fait indépendante de leur signification réelle. Ce sont parfois ceux dont le sens est le plus mal défini qui possèdent le plus d'action. Tels, par exemple, les termes : démocratie, socialisme, égalité, liberté, etc., dont le sens est si vague que de gros volumes ne suffisent pas à le préciser. Et pourtant il est certain qu'une puissance vraiment magique s'attache à leurs brèves syllabes, comme si elles contenaient la solution de tous les problèmes. Ils synthétisent les aspirations inconscientes les plus diverses et l'espoir de leur réalisation[1].

Dans le vocabulaire théorique d'aujourd'hui, nous pourrions dire que Le Bon fait ici allusion à deux phénomènes biens connus : l'instabilité de la relation entre signifiant et signifié (dans les termes de Le Bon : la relation entre les mots et les images) et le processus de surdétermination qui permet à un mot particulier de condenser autour de lui une multiplicité de significations. Mais, pour Le Bon, cette association d'images n'est pas une composante essentielle du langage comme tel, elle en est une perversion : les mots ont une signification véritable, incompatible avec cette fonction consistant à synthétiser une pluralité d'aspirations inconscientes. Il existe une frontière nette entre ce que le langage est vraiment et la perversion du langage par la foule : cette idée est un présupposé que Le Bon ne remet jamais en cause dans son analyse.

Étant donné l'arbitraire de l'association entre mots et images, toute rationalité est exclue de leur articulation mutuelle :

> La raison et les arguments ne sauraient lutter contre certains mots et certaines formules. On les prononce avec recueillement devant les foules ; et, dès qu'ils ont été prononcés, les visages deviennent respectueux et les fronts s'inclinent. Beaucoup les considèrent comme des forces de la nature, des puissances surnaturelles. Ils évoquent dans les âmes des images grandioses et vagues, mais le vague même qui les estompe augmente leur mystérieuse puissance. [...] Tous les

1. *Ibid.*, p. 91.

> mots et toutes les formules ne possèdent pas la puissance d'évoquer des images ; et il en est qui, après en avoir évoqué, s'usent et ne réveillent plus rien dans l'esprit. Ils deviennent alors de vains sons, dont l'utilité principale est de dispenser celui qui les emploie de l'obligation de penser[1].

Nous voyons ici les limites de l'explication que Le Bon juge nécessaire de fournir : son analyse n'essaie pas de découvrir (comme le fera Freud) la logique interne à laquelle obéit l'association entre les mots et les images, elle se contente de souligner les différences entre cette association et une rationalité conçue en termes de pure dénotation.

Puisque l'association entre les mots et les images est totalement arbitraire, elle varie en fonction des époques et en fonction des pays :

> Si l'on considère une langue déterminée, on voit que les mots dont elle se compose changent assez lentement dans le cours des âges ; mais ce qui change sans cesse, ce sont les images qu'ils évoquent ou le sens qu'on y attache. [...] Je me bornerai à faire remarquer que ce sont précisément les mots les plus employés par les foules qui d'un peuple à l'autre possèdent les sens les plus différents. Tels sont, par exemple, les mots de démocratie et de socialisme, d'un usage si fréquent aujourd'hui[2].

Arrivé à ce point de son analyse, Le Bon, en nouveau Machiavel, adresse une recommandation aux hommes politiques : « Une des fonctions les plus essentielles des hommes d'État consiste donc à baptiser de mots populaires, ou au moins neutres, les choses que les foules ne peuvent supporter avec les anciens noms. La puissance des mots est si grande qu'il suffit de désigner par des termes bien choisis les choses les plus odieuses pour les faire accepter des foules[3]. »

Pour Le Bon, il existe un lien évident entre la dialectique mots/images et l'émergence des illusions, qui sont le terrain même sur lequel le discours de la foule se constitue :

1. *Ibid.*, p. 91-92.
2. *Ibid.*, p. 92-96.
3. *Ibid.*, p. 95.

> Avec tous ses progrès la philosophie n'a pu encore offrir aux foules aucun idéal qui les puisse charmer ; mais, comme il leur faut des illusions à tout prix, elles se dirigent d'instinct, comme l'insecte allant à la lumière, vers les rhéteurs qui leur en présentent. Le grand facteur de l'évolution des peuples n'a jamais été la vérité, mais bien l'erreur. Et si le socialisme est si puissant aujourd'hui, c'est qu'il constitue la seule illusion qui soit vivante encore. [...] Les foules n'ont jamais eu soif de vérités. Devant les évidences qui leur déplaisent, elles se détournent, préférant déifier l'erreur, si l'erreur les séduit[1].

La dissociation entre la « signification réelle » des mots et les images qu'ils évoquent impose aux orateurs le recours à un certain nombre de procédés rhétoriques. Selon Le Bon, il existe trois procédés de ce type : l'affirmation, la répétition et la contagion. « L'affirmation pure et simple, dégagée de tout raisonnement et de toute preuve, est un des plus sûrs moyens de faire pénétrer une idée dans l'esprit des foules. Plus l'affirmation est concise, plus elle est dépourvue de toute apparence de preuves et de démonstration, plus elle a d'autorité[2]. » Quant à la répétition, sa « puissance vient de ce que la chose répétée finit par s'incruster dans ces régions profondes de l'inconscient où s'élaborent les motifs de nos actions. Au bout de quelque temps, nous ne savons plus quel est l'auteur de l'assertion répétée, et nous finissons par y croire[3] ». Enfin, la contagion :

> Dans les foules, les idées, les sentiments, les émotions, les croyances possèdent un pouvoir contagieux aussi intense que celui des microbes. Ce phénomène est très naturel puisqu'on l'observe chez les animaux eux-mêmes dès qu'ils sont en foule. [...] Chez l'homme en foule toutes les émotions sont très rapidement contagieuses, et c'est ce qui explique la soudaineté des paniques. Les désordres cérébraux, comme la folie, sont eux-mêmes contagieux. On sait combien est fréquente l'aliénation chez les médecins aliénistes. On a même cité

1. *Ibid.*, p. 98.
2. *Ibid.*, p. 112.
3. *Ibid.*, p. 112-113.

récemment des formes de folie, l'agoraphobie, par exemple, communiquées de l'homme aux animaux[1].

Ici, il convient d'opérer une distinction entre la valeur descriptive des traits de la psychologie des foules énumérés par Le Bon et les jugements normatifs auxquels ces traits sont associés dans son discours. L'instabilité de la relation entre les mots et les images est la condition même de toute opération discursive qui soit politiquement signifiante. De ce point de vue, les remarques de Le Bon sont pénétrantes et éclairantes. Mais qu'en est-il de la différence entre la *signification réelle* d'un terme et les images qui lui sont associées de façon contingente ? Cette différence correspond, en gros, à la différence entre la dénotation et la connotation – une différence que la sémiologie contemporaine tend de plus en plus à remettre en question. Pour qu'existe une correspondance terme à terme entre signifiant et signifié, le langage devrait être structuré comme une nomenclature – ce qui contredirait le principe linguistique fondamental, formulé par Saussure, selon lequel le langage est fait non pas de termes positifs mais uniquement de différences. Le langage est organisé autour de deux axes, l'axe paradigmatique (qualifié par Saussure d'associatif) et l'axe syntagmatique. Cela signifie que les tendances associatives subvertissent systématiquement la possibilité même d'un sens purement dénotatif. Prenons quelques exemples donnés par Saussure : le langage a tendance à régulariser ses formes. À la forme du nominatif latin « orator » correspond le génitif « oratoris », tandis qu'au nominatif « honos » correspond « honoris ». Mais la tendance à la régularisation des formes linguistiques fait que tous les mots qui se terminent en « -r » au nominatif ont une terminaison en « -ris » au génitif, si bien qu'à un stade plus avancé de l'évolution du latin, le nominatif « honos » a été remplacé par la forme « honor ». Ces règles associatives qui régularisent les formes linguistiques créent même dans certains cas des mots entièrement nouveaux. C'est ce que Saussure a appelé la *quatrième proportionnelle* : au nom *réaction* correspond la forme adjectivale *réactionnaire*, et, par analogie, à partir du

1. *Ibid.*, p. 113-114.

nom *répression* est formé *répressionnaire*, mot qui n'existait pas à l'origine en français[1].

Le plus important, en ce qui nous concerne, est de souligner le fait que ce processus d'association n'opère pas seulement au niveau grammatical – celui auquel s'intéressait avant tout Saussure – mais aussi au niveau sémantique. En réalité, les deux niveaux se recoupent constamment, ce qui produit des associations qui peuvent aller dans différentes directions. C'est à ce processus que s'intéresse la psychanalyse. Dans l'étude de Freud sur l'homme aux rats, par exemple, « rat » est associé à « pénis », parce que les rats répandent les maladies vénériennes. Dans ce cas, l'association fonctionne essentiellement au niveau du signifié. Mais dans d'autres cas, l'association est avant tout le résultat des ressemblances entre certains mots (ce que Freud appelait les « ponts verbaux ») : le nom « Ratten », en allemand, signifie « remboursements », ce qui introduit l'argent dans le complexe de l'homme aux rats ; « Speilratte » signifie « jouer de l'argent », et le père de l'homme aux rats avait des dettes de jeu, ce qui constituait une association avec le complexe[2]. On voit donc que le fait de savoir si l'association commence au niveau du signifiant ou du signifié est totalement secondaire : de toute façon, l'association produira des effets sur les deux plans et se traduira par un déplacement de la relation signifiant/signifié.

Puisqu'il en est ainsi, nous ne pouvons pas distinguer simplement le « vrai » sens d'un mot (qui serait nécessairement permanent) d'une série d'images qui lui sont associées par connotation, car les réseaux associatifs sont une partie intégrante de la structure même du langage. Cette affirmation ne retire pas leurs caractéristiques

1. Les exemples de Saussure sont tirés du *Cours de linguistique générale*, édition critique établie par Tullio de Mauro, Paris, Payot, 1989, p. 224-225. Pour une analyse de cet aspect de la réflexion saussurienne, voir Claudine Normand, *Métaphore et concept*, Bruxelles, Complexe, 1976, p. 27-37.

2. L'étude de cet aspect de l'analyse de l'homme aux rats est empruntée à Bruce Fink, *The Lacanian Subject*, Princeton, Princeton University Press, 1995, p. 23. Sur la question de la relation entre le formalisme linguistique et l'élimination de la question de la substance de la dualité signifiant/signifié, voir mon article « Identity and Hegemony : The Role of Universality in the Constitution of Political Logics », dans Judith Butler, Ernesto Laclau et Slavoj Žižek, *Contingency, Hegemony, Universality : Contemporary Dialogues on the Left*, Londres, New York, Verso, 2000, p. 68-71.

spécifiques au type d'associations auxquelles se réfère Le Bon, mais elle implique que cette spécificité devrait être placée dans le contexte d'un ensemble plus large d'associations différenciées les unes des autres par leur type de performativité. L'erreur est de présenter ces associations comme des perversions d'un langage dont le vrai sens n'exigerait que des combinaisons syntagmatiques.

Ceci est particulièrement évident si nous considérons les trois « procédés rhétoriques » présentés par Le Bon comme des moyens permettant de dissocier le vrai sens du sens évoqué. Dans chaque cas, la thèse de Le Bon ne peut être défendue que si l'opération performative que ces procédés sont censés permettre est considérablement simplifiée. Prenons ces procédés un par un. Le premier est l'affirmation : pour Le Bon, c'est une opération illégitime dont la seule fonction est de rompre le lien entre ce qui est affirmé et le raisonnement qui soutiendrait cette affirmation. Pour lui, affirmer une chose en allant au-delà de la possibilité d'une preuve rationnelle ne peut être qu'une forme de mensonge. Mais est-ce vrai ? Faut-il concevoir l'interaction sociale comme un terrain sur lequel il n'y a pas d'affirmations qui ne soient pas fondées ? Qu'en est-il d'une affirmation qui appelle à reconnaître une chose qui est présente dans l'expérience de tout le monde, sans pouvoir être formalisée dans les langages sociaux dominants ? Une telle affirmation – qui serait, comme chez saint Paul, « folie pour les Juifs et scandale pour les païens » – peut-elle être réduite à un mensonge parce qu'elle est incommensurable avec les formes existantes de rationalité sociale ? Évidemment non. Affirmer quelque chose au-delà de toute preuve *pourrait être* la première étape de l'émergence d'une vérité qui ne peut être affirmée que par une rupture avec la cohérence des discours existants. Il est vrai que le cas auquel se réfère Le Bon – l'affirmation sans preuve comme forme du mensonge – n'est pas impossible, mais c'est un cas seulement parmi une série d'autres possibilités qu'il ne prend même pas en considération.

On peut dire la même chose de la répétition. Quelques-unes des affirmations initiales de Le Bon au sujet de la répétition peuvent être facilement acceptées, à savoir que c'est par la répétition que se créent les habitudes sociales et que les choses répetées finissent « par s'incruster dans ces régions profondes de l'inconscient où s'élaborent les motifs de nos actions ». On pourrait dire, en ce sens, que la répétition joue une multiplicité de rôles dans la formation des relations sociales : par un processus d'essais et d'erreurs, elle permet l'adaptation d'une communauté à son milieu ; un groupe dominé, en reconnaissant le même ennemi dans une série d'expériences conflictuelles, acquiert le sentiment de sa propre identité ; par la présence d'une série de rituels, de dispositions institutionnelles, d'images et de symboles généraux, une communauté acquiert le sentiment de sa continuité temporelle, *et cetera*. En ce sens, la répétition est une condition de la vie sociale et de la vie éthique. Benjamin Franklin l'avait compris : « Je conclus finalement que la conviction purement spéculative selon laquelle il était dans notre intérêt d'être complètement vertueux n'était pas suffisante pour nous empêcher d'avoir des défaillances ; et qu'il fallait rompre avec les mauvaises habitudes, et en acquérir et en établir de bonnes, avant que nous puissions nous fier à une rectitude solide et uniforme de conduite[1]. » Le Bon, cependant, n'examine pas la multiplicité des jeux de langage qu'on peut faire autour des pratiques répétitives, et n'en conserve qu'un élément : le fait que ces pratiques sont opposées à la délibération rationnelle. Cela doit être clair : ce que Le Bon construit comme une dichotomie exclusive n'est pas l'habitude en général contre la rationalité, mais une habitude créée par la manipulation et qui résulte de la sédimentation d'une décision rationnelle. Cependant, puisque la rationalité de l'habitude est la garantie de sa légitimité, il ne nous reste pas d'autre alternative que les catégories de « rationalité » et d'« irrationalité ». C'est ainsi que Le Bon affirme :

> Les raisonnements inférieurs des foules sont, comme les raisonnements élevés, basés sur des associations ; mais les idées associées par les foules n'ont entre elles que des liens apparents d'analogie ou de succession. [...] Association de choses dissemblables, n'ayant entre elles que des rapports apparents, et généralisation immédiate de cas particuliers, telles sont les caractéristiques des raisonnements des foules. [...] Une chaîne de raisonnements logiques est totalement

1. *Benjamin Franklin's Autobiographical Writings*, selected and edited by Carl von Doren, New York, Viking Press, 1945, p. 625.

incompréhensible aux foules, et c'est pourquoi il est permis de dire qu'elles ne raisonnent pas ou raisonnent faux, et ne sont pas influençables par un raisonnement[1].

On voit donc bien comment est structuré le raisonnement de Le Bon : ce qui est déconnecté – les connotations purement associatives – est opposé au processus d'argumentation logique. En conséquence, il n'existe aucun mode spécifique concevable de raisonnement des foules : le *modus operandi* est traité comme le simple revers négatif de la rationalité conçue de façon stricte et étroite. Que la répétition montre la réalité d'une chose présente dans une pluralité de cas – par exemple, la sensation que peuvent avoir divers acteurs sociaux de partager la même expérience de l'exploitation –, cela n'est pris en compte à aucun moment.

Enfin, la contagion. Pour Le Bon, celle-ci ne peut être qu'une forme de transmission pathologique. L'explication de la contagion est à chercher dans le phénomène général de la « suggestibilité », qui était, à l'époque, le *Deus ex machina* omniprésent dans le discours sur la psychologie des foules. Cependant, personne ne se posa la question de savoir ce qui expliquait la suggestibilité. Comme l'écrivit Freud : « Ma résistance s'est alors orientée ultérieurement vers la révolte contre le fait que la suggestion, qui expliquerait tout, devrait elle-même être dispensée d'explication[2]. » Une réflexion sur la suggestibilité permettrait de formuler une série de questions qui affaibliraient le dogmatisme de la vision de Le Bon. On peut se demander, par exemple, si la contagion, au lieu d'être une maladie, n'est pas l'expression d'un trait commun partagé par un groupe de personnes, qu'il est difficile de verbaliser de manière directe, et ne peut s'exprimer que par une sorte de représentation symbolique.

Comment expliquer la simplification systématique par Le Bon de l'horizon ouvert par chacune des possibilités qu'il analyse ? Pourquoi ses explications sont-elles aussi unilatérales et biaisées ?

1. Gustave Le Bon, *Psychologie des foules*, *op. cit.*, p. 53-54.
2. Sigmund Freud, *Psychologie des foules et analyse du moi* [1921], traduit de l'allemand par Pierre Cotet, André Bourguignon, Janine Altounian, Odile Bourguignon et Alain Rauzy, *Essais de psychanalyse*, Paris, Petite Bibliothèque Payot [1981], 2001, p. 165.

Il ne faut pas longtemps pour comprendre que c'est parce que sa pensée est fondée sur deux suppositions fondamentales qui ont dominé une grande partie des débuts de la psychologie des foules. La première, et cela doit être très clair à la lumière des passages que j'ai cités, c'est que la frontière entre les formes rationnelles d'organisation sociale et les phénomènes de foule coïncide, dans une large mesure, avec la frontière séparant le normal du pathologique. Cette première supposition est elle-même fondée sur une autre qui est présente chez Le Bon, mais aussi dans la plus grande partie de la littérature consacrée au comportement des foules à son époque : la distinction entre rationalité et irrationalité recouvrirait dans une large mesure la distinction entre l'individu et la collectivité. L'individu fait l'expérience d'un processus de dégradation sociale en devenant membre d'une foule. Comme l'écrit Le Bon :

> Ainsi, par le seul fait qu'il fait partie d'une foule organisée, l'homme descend de plusieurs degrés sur l'échelle de la civilisation. Isolé, c'était peut-être un individu cultivé, en foule c'est un barbare, c'est-à-dire un instinctif. Il a la spontanéité, la violence, la férocité, et aussi les enthousiasmes et les héroïsmes des êtres primitifs. Il tend à s'en approcher encore par la facilité avec laquelle il se laisse impressionner par des mots, des images – qui sur chacun des individus isolés composant la foule seraient tout à fait sans action – et conduire à des actes contraires à ses intérêts les plus évidents et à ses habitudes les plus connues[1].

Ce fait avait été observé bien avant Le Bon. Pour reprendre les mots de Serge Moscovici :

> Ce phénomène a été confirmé par toutes les sources historiques. Selon Solon, un Athénien isolé est un renard rusé, mais une foule d'Athéniens est un troupeau de moutons. Frédéric le Grand faisait confiance à chacun de ses généraux pris individuellement, mais il les qualifiait d'imbéciles lorsqu'ils étaient réunis pour un conseil de guerre. Et nous devons aux Romains ce proverbe, entre tous universel et particulièrement pertinent : *Senatores omni boni viri, senatus*

1. Gustave Le Bon, *Psychologie des foules*, *op. cit.*, p. 20.

romanus mala bestia, c'est-à-dire les sénateurs sont tous des hommes bons, mais le sénat romain est une sale bête[1].

L'histoire intellectuelle que j'esquisserai dans le chapitre III est dans une large mesure celle de l'abandon progressif de ces deux présupposés. Cet abandon rendit possible une approche différente et plus nuancée des problèmes de la société de masse. Je partirai du degré zéro de cette transformation intellectuelle – c'est-à-dire du moment où ces deux suppositions furent formulées de la manière la plus crue et la plus dépourvue d'ambiguïté, dans l'œuvre d'Hippolyte Taine. Ensuite, je montrerai comment les changements dans la théorie psychiatrique et un transfert progressif de la rationalité « individuelle » à la foule ont ouvert la voie à une nouvelle compréhension du comportement des foules. (Le Bon lui-même représente déjà une certaine prise de distance par rapport aux dichotomies de Taine.) Le sommet de ce renversement des paradigmes est l'œuvre de Freud, dans laquelle ces deux suppositions sont résolument abandonnées.

1. Serge Moscovici, « The Discovery of the Masses », *in* Carl F. Graumann et Serge Moscovici (dir.), *Changing Conceptions of Crowd Mind and Behaviour*, New York, Berlin, Heidelberg, Tokyo, Springer Verlag, 1986, p. 11.

3

Suggestion, imitation, identification

Foule et dissolution sociale

Choisissons, au hasard, deux passages de Taine concernant la mobilisation des foules au cours de la Révolution française (je dis au hasard parce qu'on pourrait trouver des passages équivalents presque à chaque page des *Origines de la France contemporaine*). Le premier concerne les différents éléments composant la foule dans un soulèvement en province :

> Contrebandiers, faux-sauniers, braconniers, vagabonds, mendiants, repris de justice, on a vu combien ils sont nombreux et ce qu'une seule année de disette ajoute à leur nombre. Ce sont là autant de recrues pour les attroupements, et, dans l'émeute, à côté de l'émeute, chacun d'eux remplit son sac. « Dans le pays de Caux et jusqu'aux environs de Rouen, à Roncherolles, Quévrevilly, Préaux, Saint-Jacques et en tous lieux d'alentour, des bandes de brigands armés forcent les maisons, les presbytères de préférence, et y font main basse sur tout ce qui leur agrée. » [...] Les paysans se sont laissé racoler par les bandits ; l'homme glisse vite sur la pente du vol ; tel, demi-honnête, engagé par mégarde ou malgré lui dans une émeute, recommence, alléché par l'impunité ou par le gain. [...] Dans toutes les grosses insurrections il y a des malfaiteurs semblables, gens sans aveu, ennemis de la loi, rôdeurs sauvages et désespérés, qui, comme des loups, accourent partout où ils flairent une proie. Ce sont eux qui servent de guides ou d'exécuteurs aux rancunes privées ou publiques. [...] Ce sont là désormais les nouveaux chefs : car, en tout attroupement, c'est le plus audacieux, le moins embarrassé de scrupules, qui marche en tête et donne l'exemple du dégât. L'exemple est contagieux : on était parti pour avoir du pain, on finit par des meurtres et

> des incendies, et la sauvagerie qui se déchaîne ajoute ses violences illimitées à la révolte limitée du besoin[1].

La deuxième citation de Taine est une analyse de l'effondrement des mécanismes de l'autorité, qui rendent les émeutes possibles :

> Au milieu de la société dissoute, et sous un simulacre de gouvernement, il est manifeste qu'une invasion s'accomplit, invasion barbare, qui achèvera par la terreur ce qu'elle a commencé par la violence, et qui, comme celles de Normands aux dixième et onzième siècles, aboutit par la conquête à l'expropriation de toute une classe. [...] Remarquez que les chartriers et les titres féodaux sont encore intacts dans les trois quarts de la France, que le paysan a besoin de les voir disparaître, et qu'il est toujours armé. Pour que de nouvelles jacqueries éclatent, il suffit que le frein central, déjà détraqué, se casse tout à fait. – C'est l'affaire de Versailles et de Paris, et là-bas, à Paris comme à Versailles, les uns par imprévoyance et entraînement, les autres par aveuglement et indécision, ceux-ci par noblesse, ceux-là par violence, tous y travaillent[2].

On remarque immédiatement un certain nombre de traits caractéristiques dans cette description. Taine ne nous donne pas l'image d'un affrontement entre forces sociales poursuivant des fins clairement affirmées, dont l'incompatibilité engendrerait les violences. Les objectifs sociaux sont certes présents dans son analyse – « la révolte limitée du besoin » – mais ils ne suffisent pas à expliquer l'action sociale. Ils sont dépassés par des « violences illimitées » résultant seulement de l'action de « vagabonds », de « brigands », de « bandits » – autrement dit par des forces échappant à quelque rationalité sociale que ce soit. De la même façon, l'incapacité du gouvernement à contrôler la situation n'a pas grand-chose à voir avec la situation objective de la monarchie à la veille de la Révolution : elle est présentée comme un effet de l'« imprévoyance » et de l'« entraînement »,

1. Hippolyte Taine, *Les Origines de la France contemporaine. La Révolution*, tome I, Paris, Librairie Hachette et Cie, 1878, p. 18-20. Taine donne les références de la phrase entre guillemets dans une note de bas de page : Floquet, VII, 508 (Rapport du 27 février).

2. *Ibid.*, p. 104-106.

de l'« aveuglement » et de l'« infatuation » – c'est-à-dire comme la conséquence d'un échec *subjectif.* Toute la description de la société française que propose Taine est celle d'un organisme social menacé par l'éruption de forces qui tendent à sa désintégration. Mais le point important est que ces forces n'ont aucune cohérence propre ; elles ne sont que le résultat de la libération des pulsions instinctives dont les normes sociales permettent en général d'assurer le contrôle. Comment, dans ce cas, expliquer la nature de ces pulsions[1] ?

Demandons-nous d'abord, pour commencer, de quels outils intellectuels disposaient les psychologues des foules dans les trente dernières années du XIXe siècle pour répondre à cette question. Susanna Barrows résume la situation de la façon suivante : « Des théories sur l'hypnotisme, ils ont tiré le mécanisme de l'imitation ; en s'appuyant sur les doctrines évolutionnistes en vogue, ils ont inventé une hiérarchie du comportement humain ; enfin, ils ont emprunté à la médecine ses schémas d'anomalies psychologiques et les métaphores les plus frappantes dont ils se sont servis : une foule agit comme une femme ou un alcoolique [2]. »

Dans la démarche de Taine, ces éléments n'ont pas tous le même poids. Taine n'accorde aucun rôle significatif à la suggestion, qui jouera par la suite un rôle absolument central dans les théories des foules. Cela s'explique en partie par des raisons d'ordre chronologique – à l'époque de Taine l'hypnose n'avait pas encore l'importance qu'elle aurait plus tard, après son adoption par Charcot en tant que pratique scientifique valide – mais aussi, comme le signale justement Susanna Barrows, par les convictions de Taine, pour qui « les leaders ne possèdent apparemment aucun talent particulier, aucun pouvoir charismatique », puisque « selon lui, seule la lie de la population est capable de manipuler la multitude »[3]. Mais pour le reste, on retrouve dans l'approche de Taine tous les autres éléments

1. En ce qui concerne Taine et le contexte intellectuel de son temps, j'ai en particulier utilisé Susanna Barrows, *Miroirs déformants. Réflexions sur la foule en France à la fin du XIXe siècle* [1981], traduit de l'américain par Suzanne Le Foll, Paris, Aubier, 1990, et Jaap van Ginneken, *Crowds, Psychology and Politics, 1871-1899*, Cambridge, Cambridge University Press, 1992.

2. Susanna Barrows, *Miroirs déformants. Réflexions sur la foule en France à la fin du XIXe siècle, op. cit.*, p. 45.

3. *Ibid*, p. 80.

de la théorie des foules sous leur forme la plus crue. Les foules sont contrôlées par les parties les plus criminelles de la population, en vertu de la loi de la contagion mentale. L'anarchie est le résultat inévitable de l'action de la foule, puisque celle-ci implique le retour à un état de nature dans lequel les instincts animaux dominent. Cela présuppose – dans une vision darwinienne – une régression biologique conçue dans les termes de ce que Jackson et Ribot ont appelé le « mécanisme de dissolution »[1]. Et l'alcoolisme est étroitement associé à l'action de la foule. Les émeutes se terminent en général par toutes sortes d'orgies et de beuveries[2].

Mais Taine ne se contenta pas de souligner le caractère irrationnel du comportement de la foule. Il tenta aussi de montrer quelles parties du corps social étaient particulièrement enclines à dégénérer en foules. L'image que donne Taine de l'histoire de France est celle d'un déclin progressif résultant de la dissolution des institutions traditionnelles qui organisaient le corps politique. Ce déclin avait commencé avec l'absolutisme, qui, par une centralisation implacable, avait détruit tous les corps intermédiaires qui avaient traditionnellement structuré les institutions de la société française. Ce processus fut ensuite accéléré par les Lumières, dont les projets utopiques de reconstruction sociale avaient contribué à diffuser des idées subversives qui sapaient toute idée de contrainte sociale. Aussi, lorsque le processus révolutionnaire commença, il n'y avait rien qui pût le contenir dans des limites raisonnables. Le tiers état ne put hégémoniser le processus, et la direction des événements tomba rapidement entre les mains du quart état – la racaille des villes qui était, pour Taine, le véritable acteur du processus révolutionnaire.

Dans le cadre de ce processus général, n'importe quel groupe pouvait dégénérer en foule. Taine est le premier à avancer une idée qui deviendra le présupposé des théoriciens de la foule : la rationalité appartient à l'individu et celui-ci perd un bon nombre de ses attributs rationnels quand il fait partie d'une foule. Taine compare

1. Jaap van Ginneken, *Crowds, Psychology and Politics, 1871-1899*, *op. cit.*, p. 26.

2. Comme nous le rappelle Susanna Barrows, les travaux de George Rudé montrent que l'alcoolisme joua un rôle mineur dans les événements d'avril et juillet 1789. Voir George Rudé, *La Foule dans la Révolution française* [1959], préface de Georges Lefebvre, traduction française d'Albert Jordan, Paris, François Maspero, 1982.

volontiers le comportement des foules à des formes inférieures de vie, comme les plantes ou les animaux, ou à des formes primitives d'organisation sociale[1]. Dans la société contemporaine, certains groupes présentent un plus grand risque de contamination que d'autres : l'aristocratie est moins menacée par la contagion mentale que les classes populaires, les femmes et les enfants sont plus menacés que les hommes. Le lien entre le comportement des femmes et celui des foules n'est pas une vision propre à Taine mais est le fait de son époque en général[2]. La théorie sous-jacente à ces visions était que, au cours de l'évolution biologique, les hommes avaient développé leurs capacités intellectuelles davantage que les femmes (les femmes avaient des crânes moins développés que ceux des hommes, et leur puissance cérébrale était elle aussi sensiblement inférieure). Cela rendait les femmes plus accessibles à la folie et moins capables de dominer leurs pulsions instinctives. Plus la peur des foules s'accrut vers la fin du XIXe siècle, moins l'image des femmes devint flatteuse : « Beaucoup d'autres descriptions de femmes datant de la même époque la montrent comme l'incarnation de tout ce qui menace et avilit. Comme l'aliéné, elle est comblée par la violence ; comme l'enfant, elle est le jouet de ses instincts ; comme le barbare, elle a un appétit sexuel et une soif de sang insatiables[3]. »

À ce point de l'analyse, il devrait être clair que tout le discours sur le comportement des foules avait fini par dépendre tellement de la différence entre le normal et le pathologique que ce discours dépendait de plus en plus de la science médicale – en particulier (mais pas seulement) de la psychiatrie. Jaap van Ginneken nous apprend que la Bibliothèque nationale, à Paris, contient des centaines de livres écrits à cette époque qui cherchent à approfondir ce lien. Ces ouvrages ont des titres révélateurs : l'un d'entre eux, publié en 1872, s'intitule *Les Hommes et les actes de l'insurrection de Paris devant*

1. Jaap van Ginneken, *Crowds, Psychology and Politics, 1871-1899*, *op. cit.*, p. 43.

2. Voir « Les métaphores de la peur : les femmes et les alcooliques », deuxième chapitre du livre de Susanna Barrows, *Miroirs déformants. Réflexions sur la foule en France à la fin du XIXe siècle*, *op. cit.*, p. 45-68, auquel j'emprunte les informations qu'on trouve plus loin.

3. Susanna Barrows, *Miroirs déformants. Réflexions sur la foule en France à la fin du XIXe siècle*, *op. cit.*, p. 58.

la psychologie morbide. Au centre de ces discussions, que j'analyserai dans la partie suivante, on trouve en France le débat sur l'hypnose, et en Italie la notion de « criminel né » telle qu'elle fut élaborée par Lombroso et son école.

Hypnose et criminologie[1]

L'épicentre de l'approche « scientifique » de la psychologie des foules fut fourni par le débat sur l'hypnose qui se développa au sein de la psychiatrie française dans les dix dernières années du XIXe siècle et qui opposa l'école de la Salpêtrière à l'école de Nancy. Ce débat, cependant, se développa dans le cadre d'une histoire intellectuelle complexe dans laquelle les théoriciens du comportement des foules avaient le choix entre des options beaucoup plus nombreuses que celles qui furent finalement choisies. Le nom même qui fut choisi – la foule – avait déjà des connotations péjoratives. Comme le disent Erika Apfelbaum et Gregory McGuire :

> En vérité, l'idée de foule semblait essentiellement un euphémisme désignant un comportement violent et destructeur. Il faut noter que le terme de *foule* n'était jamais, à cette époque, employé dans les milieux socialistes, puisque les socialistes étaient moins intéressés par la contagion des masses que par la solidarité du collectivisme. […] L'adhésion à cette conception destructrice du comportement des foules fut amplement démontrée par la manière dont ces deux auteurs [Tarde et Le Bon] recoururent à un vocabulaire ouvertement chargé de sous-entendus pour décrire l'objet de leurs recherches. D'une part, les descriptions

1. Mes principales sources d'information concernant les premières étapes de l'hypnose en France sont Dominique Barrucand, *Histoire de l'hypnose en France*, Paris, Presses Universitaires de France, 1967 ; et Henri Frédéric Ellenberger, *À la découverte de l'inconscient : histoire de la psychiatrie dynamique* [1970], traduction française de J. Feisthauer, Villeurbanne, SIMEP-éditions, 1974. Sur la criminologie italienne, voir Susanna Barrows, *Miroirs déformants. Réflexions sur la foule en France à la fin du XIXe siècle*, *op. cit.* ; Jaap van Ginneken, *Crowds, Psychology and Politics, 1871-1899*, *op. cit.* Sur la réception de la théorie hypnotique par les théoriciens de la foule, voir Erika Apfelbaum et Gregory R. McGuire, « Models of Suggestive Influence and the Disqualification of the Social Crowd », dans Carl F. Graumann et Serge Moscovici (dir.), *Changing Conceptions of Crowd Mind and Behaviour*, *op. cit.*

> des foules rappelaient étrangement la littérature polémique contre la Commune des années 1870. […] Mais en même temps, la référence à la métaphore de la suggestion hypnotique impliquait en réalité une disqualification de ceux qui étaient impliqués dans des actions de masse, puisqu'à cette époque la suggestion hypnotique était souvent associée à la pathologie psychologique[1].

Les spécialistes de la psychologie des foules avaient pour l'essentiel trois options s'ils voulaient faire appel au magnétisme dans leur étude du comportement des foules[2]. La première était la tradition spiritualiste de Bergasse, Carra et Brissot, dont les « sociétés d'harmonie » avaient représenté une forme d'anarchisme à demi mystique. Les deux autres étaient les approches représentées, d'une part, par Charcot à la Salpêtrière, de l'autre, par Liébeault et Bernheim à Nancy. C'est à ce débat que nous nous intéresserons particulièrement. Pour Charcot, les phénomènes hypnotiques avaient une base strictement physiologique.

> La position de l'école de Charcot […] se caractérise par son insistance sur plusieurs facteurs majeurs, à savoir : (a) l'hypnose ne peut se produire que lorsque sont réunies certaines conditions physiologiques ; (b) le somnambulisme hypnotique suit une progression rigoureuse et passe par trois phases différentes – la léthargie, la catalepsie et le somnambulisme ; (c) ce somnambulisme est irrévocablement lié à la psychopathologie ; (d) il a une cause organique spécifique. Le lien avec les troubles pathologiques était considéré comme tellement important pour l'existence de l'hypnose qu'on croyait qu'une analyse étiologique suffisait à faire la différence entre un état hypnotique et l'hystérie[3].

L'école de Nancy, au contraire, avait une position plus psychologique ; elle refusait l'idée d'un lien nécessaire entre pathologie et suggestion hypnotique, et prétendait que n'importe qui, dans un état normal, pouvait faire l'expérience de l'hypnose.

1. Erika Apfelbaum et Gregory R. McGuire, « Models of Suggestive Influence and the Disqualification of the Social Crowd », art. cit., p. 32.
2. *Ibid.*, p. 44.
3. *Ibid.*, p. 39.

Mais il est caractéristique des valeurs qui gouvernaient les choix théoriques des psychologues des foules que, parmi les différents modèles de comportement collectif à leur disposition, ils aient choisi les catégories de l'école de Charcot – qui sont précisément celles qui soulignent le plus la dimension pathologique. (La terminologie qu'ils emploient est fréquemment celle de Bernheim – ils parlent de suggestion plutôt que d'hypnose – mais leur cadre conceptuel est incontestablement fourni par le modèle de l'hystérique de Charcot. De plus, comme l'ont signalé différents auteurs, nos théoriciens des foules font rarement référence au débat entre les différentes écoles psychiatriques, et ont tendance à présenter les découvertes de ces écoles comme si elles constituaient un tout indifférencié.) L'inscription du comportement des masses dans un cadre pathologique était ainsi complète :

> C'est en cela que réside la disqualification des masses émergentes – dans le choix délibéré d'un modèle fondé sur la désorientation pathologique. Cette disqualification était destinée à être appliquée à des événements historiques comme la Commune ; cela peut être illustré par la différenciation opérée par Tarde des activités de la foule en trois types de soulèvement social, qui rappelaient tous à l'auteur, nous dit-on, une forme d'*épilepsie déguisée*. Ces soulèvements comprenaient : (a) la *convulsion sociale* et/ou la guerre civile ; (b) l'enthousiasme, comme le culte, la nation, et la religion ; (c) la guerre internationale […]. Cette perspective révèle un choix délibéré, étant donné que d'autres représentations de la foule étaient disponibles à la même époque […]. Nous avions déjà remarqué qu'à l'époque de la psychologie des foules existait une abondante littérature sur le syndicalisme et le comportement collectif positif, qui envisageait les masses de façon constructive, mais dans une optique idéologique que ne partageaient pas Tarde et Le Bon[1].

Le scientisme du XIXe siècle suivit une voie différente en Italie. Dans ce pays, les débats français sur l'hypnose ne furent pas inconnus et eurent un écho important, mais l'influence majeure fut celle du darwinisme à travers sa fusion avec les thèses criminologiques

1. *Ibid.*, p. 45.

de Cesare Lombroso, dont le livre *L'uomo delinquente* fut publié en 1876. Lombroso, professeur de psychiatrie clinique puis d'anthropologie criminelle à Turin, commença sa carrière de médecin en mesurant les recrues de l'armée italienne dans le but de découvrir si elles présentaient d'éventuels caractères criminels ataviques. Après avoir relevé les mesures de nombreux criminels (en particulier de leurs capacités crâniennes), Lombroso arriva à la conclusion qu'une série de caractères physiques distinctifs étaient des stigmates de criminalité, et qu'ils étaient transmis héréditairement. Il affirma la possibilité que « des caractères négatifs [...] tendent à réapparaître par régression, comme le noir chez les moutons ; et chez les humains certaines des plus déplorables dispositions, qui font parfois leur apparition sans raison dans les familles, sont peut-être des régressions à un état sauvage, dont nous ne sommes pas éloignés par de si nombreuses générations. C'est en fait cette vision que semble traduire l'expression connue selon laquelle quelqu'un est le mouton noir de la famille[1] ». Par la suite, Lombroso étendit ses recherches aux crimes commis par les foules au cours de soulèvements populaires, en particulier pendant la Révolution française. Comme on pouvait s'y attendre, Lombroso mentionne Taine comme un penseur qui eut sur lui une influence majeure.

Au début des années 1880, l'école de criminologie positiviste inspirée par Lombroso commença à publier sa propre revue, *Archivio di psichiatria, anthropologia criminale e scienze penali*, suivie plus tard par *La scuola positiva nella giurisprudenza civile e penale*. Le principal sujet de discussion était la question de la responsabilité pénale des criminels. Dans un livre important intitulé *La folla delinquente*, Scipio Sighele, jeune et remarquable représentant de cette école, établit une différence entre « les criminels-nés », organisés autour de groupes de délinquants, dont les motivations criminelles ont des racines anthropologico-biologiques, et les « criminels occasionnels », conduits à commettre des actes criminels par toutes sortes de circonstances. Selon Sighele, les criminels-nés

1. Cesare Lombroso, *L'uomo delinquente*, première partie, chapitre v, p. 137 (deuxième édition, 1877). Cité par Jaap van Ginneken, *Crowds, Psychology and Politics, 1871-1899*, *op. cit.*, p. 61-62.

devaient être punis avec toute la rigueur de la loi, alors que les criminels occasionnels devaient faire l'objet de demi-peines. Le critère permettant de différencier ces deux catégories était l'existence ou l'absence d'une condamnation antérieure. (Comme on l'a souvent remarqué, ce critère est pour le moins discutable : le même individu pouvait avoir commis plusieurs délits en raison des circonstances[1].) Dans l'ensemble, Sighele, qui connaissait bien le débat français, proposait une explication assez éclectique du comportement des foules. Aux causes classiques – contagion morale, imitation sociale et suggestion hypnotique – il ajouta les tendances émotionnelles primitives et le facteur quantitatif, lié au nombre de personnes participant aux activités de la foule. Enrico Ferri, le mentor de Sighele, distingua quant à lui cinq types de criminels : les criminels nés, les fous, les criminels agissant par habitude, ceux qui étaient poussés par l'occasion et ceux qui agissaient par passion.

Plus la discussion avança, plus la relation entre traits anatomiques et criminalité affirmée par Lombroso fut remise en cause. Lombroso lui-même, dans les éditions successives de *L'uomo delinquente*, eut tendance à souligner l'importance des facteurs liés à l'environnement aux dépens des facteurs purement biologiques. Le premier Congrès international d'anthropologie criminelle eut lieu à Rome en 1885. Il fut l'occasion d'une première confrontation entre criminologues italiens et français, ces derniers mettant en question pour la première fois le modèle anatomico-biologique des Italiens. Les débats furent encore plus vifs au deuxième Congrès international, qui se réunit à Paris en 1889 : cette fois, l'ensemble des preuves anatomiques des Italiens fut mis en cause. À partir des années 1890, le recul des explications biologiques du comportement des foules fut évident. L'école positiviste italienne conserva son influence en Italie, et remporta même plusieurs victoires dans la réforme du droit pénal au début de la période fasciste, mais sur le plan international son influence diminua. Ce déclin s'explique en partie par l'émergence de nouvelles tendances dans la recherche sur le comportement des foules à la suite de la désintégration du modèle pathologique.

1. Voir Susanna Barrows, *Miroirs déformants. Réflexions sur la foule en France à la fin du XIXe siècle*, *op. cit.*, p. 116.

C'est le pays où était née la tradition de la psychologie des foules, la France, qui fut le théâtre des principales étapes de cette désintégration. Au cours des dix dernières années du XIXe siècle, le grand débat entre l'école de Charcot et celle de Bernheim fut définitivement tranché en faveur de l'école de Nancy. Les conséquences de cette victoire sont d'une importance considérable pour notre sujet. D'abord, l'effondrement du modèle physiologique fit disparaître le terrain pathologique sur lequel la psychologie des foules s'était traditionnellement fondée. Il devint de plus en plus évident que les nouveautés – voire les dangers – inhérentes à la transition à une société de masse ne pouvaient pas être considérées sous l'angle de la pathologie, qui avait été privilégié dans la première théorie des foules. La société de masse avait besoin d'une caractérisation positive, non d'une caractérisation dominée par le langage de la désintégration sociale. Mais il y eut autre chose, qui était peut-être plus important. Indépendamment de ses défauts, la psychologie des foules, avait bel et bien abordé un certain nombre d'aspects essentiels de la construction des identités politiques et sociales – des aspects qui étaient jusque-là restés négligés. La relation entre les mots et les images, la domination de l'« émotionnel » sur le « rationnel », le sentiment de toute-puissance, la suggestion, l'identification à des meneurs : autant de questions réelles posées par le comportement des foules. La place accordée à ces questions fut la contribution la plus originale de la théorie des foules à la compréhension des acteurs sociaux et de l'action sociale. Pourquoi, malgré tout, les psychologues des foules échouèrent-ils ? La raison n'est pas difficile à trouver : ils échouèrent à cause de leurs préjugés idéologiques antipopulaires ; parce qu'ils inscrivaient leurs discours dans des dichotomies brutales et stériles – l'individu/la foule ; le rationnel/l'irrationnel ; le normal/le pathologique. Mais il suffit d'introduire une certaine souplesse dans ces oppositions rigides pour que chacun des deux pôles contamine partiellement l'autre, pour qu'une image totalement différente émerge. Dès lors, en effet, les comportements collectifs décrits par les théoriciens des foules ne seront pas des listes d'aberrations sociales mais de processus qui, à des degrés différents, structurent *tout* type de vie sociopolitique. Ce qu'il fallait, c'était intégrer leurs découvertes à une théorie générale de la politique, une théorie qui ne les cantonne pas au domaine de l'aberrant, du marginal et de l'irrationnel. Un changement radical de perspective était nécessaire pour qu'une telle avancée soit possible. Cette étape fut franchie quelques années plus tard à Vienne ; Freud nous apprendra que la psychopathologie détient la clef de la compréhension de la psychologie normale. Et pour le prouver, il devait commencer son étude de la psychologie des foules non par la « canaille », à laquelle s'étaient intéressés Taine et Le Bon, mais par une réflexion sur deux groupes très organisés, l'Armée et l'Église. Mais avant de parler de Freud, nous devons mentionner d'autres développements qui, dans une certaine mesure, rendirent possible l'avancée freudienne.

Gabriel Tarde et McDougall

Le mouvement vers une approche plus complexe de la psychologie sociale suivit un schéma dont les principales caractéristiques furent les suivantes : (1) une différenciation croissante dans la typologie des groupes ; (2) le transfert de nombreux traits attribués par Le Bon aux foules à des groupes plus permanents, et la redéfinition de ces traits au moment de leur application à ces nouvelles entités sociales ; (3) le transfert à la foule de nombreux traits qui avaient été considérés comme appartenant exclusivement à l'individu – un transfert qui commença à brouiller la rigide opposition entre la foule et l'individu qui avait dominé la psychologie des foules à ses débuts. Si les deux premières de ces caractéristiques sont avant tout associées à l'intervention théorique de Gabriel Tarde, la troisième se trouve dans l'œuvre de William McDougall.

La trajectoire intellectuelle de Tarde est symptomatique de ce changement de perspective[1]. Au début, sa catégorie centrale d'« imitation » est encore entièrement dominée par la notion de « suggestion ». Dans le livre qu'il publie en 1890, *Les Lois de l'imitation*, Tarde établit une analogie rigoureuse entre l'imitation et le somnambulisme.

1. Voir Jaap van Ginneken, *Crowds, Psychology and Politics, 1871-1899*, *op. cit.*, chapitre V.

Le rôle du meneur (qui est équivalent à celui de l'hypnotiseur) est essentiel dans la possibilité de l'imitation. Une nette distinction est opérée entre l'*invention*, qui implique l'introduction de nouveautés (rôle correspondant à celui du meneur), et l'*imitation*, qui est le type de reproduction sociale correspondant à la foule. La cohésion sociale résulte de ces lois de l'imitation, qui opèrent à différents niveaux, mais tendent toujours à subordonner les moments rationnels et créatifs aux moments inférieurs et non créatifs. Les aspects cognitifs des *croyances*, par exemple, passent après les aspects *affectifs*, les *désirs*, et la possibilité même de l'imitation est fondée sur le renforcement des fonctions mentales inférieures aux dépens de celles qui sont plus élevées. Dans la description du comportement des masses qu'il propose à ce stade de sa carrière, Tarde reprend tous les lieux communs des anciens théoriciens de la foule : la foule est incapable de pensée rationnelle (à la suite d'Henry Fournial, il la considère comme une créature ne possédant qu'une moelle épinière) ; elle est assimilée aux sauvages et aux femmes, et les rassemblements, quels qu'ils soient, sont systématiquement rabaissés.

Dès cette étape, cependant, Tarde établit une série de différenciations qui annoncent les étapes suivantes de sa réflexion. Nous analyserons maintenant deux articles de Tarde. Le premier, « Les foules et les sectes criminelles » parut à l'origine en 1893 ; le deuxième, « Le public et la foule », parut en 1898[1]. Une comparaison entre ces deux articles nous aidera à percevoir le caractère de plus en plus nuancé des différences introduites par Tarde.

Tarde commence son premier article en établissant des différences entre les groupements sociaux en fonction de leur degré d'organisation interne. Les passants marchant dans une rue, les voyageurs occupant un même wagon dans un train ou des voyageurs partageant en silence le même repas à une table d'hôte sont des groupements sociaux virtuels qui ne deviennent réels que si un événement soudain – le déraillement d'un train, une explosion dans la rue, etc. – les rapproche du fait d'une émotion partagée. (« Alors

1. Ces deux articles furent repris en 1901 dans le volume intitulé *L'Opinion et la foule*. Ce livre a été réédité par les Presses Universitaires de France en 1989, coll. « Recherches politiques », avec une introduction de Dominique Reynié. C'est à cette réédition que renvoient les références qui suivent.

naîtra spontanément ce premier degré de l'association que nous appelons la foule. Par une série de degrés intermédiaires, on s'élève de cet agrégat rudimentaire, fugace et amorphe, à cette foule, organisée, hiérarchisée, durable et régulière, qu'on peut appeler la *corporation*, au sens le plus large du mot[1]. ») La foule et la corporation sont les deux pôles opposés dont ni l'un ni l'autre ne parvient totalement à l'emporter. Cela peut déjà nous conduire à soupçonner que Tarde décrit moins des *types* différents d'organisation sociale que des *logiques sociales* différentes qui, dans des proportions variables, sont toujours présentes dans la structuration du corps social. Mais les foules et les corporations ont un trait en commun : le groupe est fondé sur la présence d'un chef. Voici ce qu'écrit Tarde à ce propos : « [...] Foule ou corporation, toutes les espèces d'association véritable ont ce caractère identique et permanent d'être produites, d'être conduites plus ou moins par un chef apparent ou caché ; caché assez souvent quand il s'agit des foules, toujours apparent et frappant les yeux dans le cas des corporations[2]. » On dispose ainsi de critères pour opérer des distinctions entre les groupes en fonction du degré jusqu'où peut leur être imprimée l'idée qui assure leur unité : « On peut affirmer que toutes les formes de l'association humaine se distinguent : 1 – par la manière dont une pensée ou une volonté entre mille y devient dirigeante, par les conditions du concours de pensées et de volontés d'où elle sort victorieuse ; 2 – par la plus ou moins grande facilité qui y est offerte à la propagation de la pensée, de la volonté dirigeante[3]. » Le degré d'hégémonisation du groupe par l'idée est évidemment plus grand dans la corporation que dans la foule.

Ainsi, la foule et la corporation sont les deux extrêmes d'un continuum qui présente de nombreuses variations et des groupements provisoires. Les actions de masses, cependant, sont le résultat de l'action combinée des foules et des corporations. Sans la présence de ces dernières, les foules manqueraient de toute direction intelligente, et leurs actions ne dépasseraient pas le niveau des explosions

1. Gabriel Tarde, « Les foules et les sectes criminelles », *L'Opinion et la foule*, *op. cit.*, p. 145.
2. *Ibid.*, p. 146-147.
3. *Ibid.*, p. 148.

de colère de la populace. Si son action ne se propageait pas jusqu'aux foules, la corporation aurait des effets sociaux forcément limités (pensons aux tentatives des anarchistes du XIXe siècle, que Tarde analyse dans le détail). Ce qui importe pour notre propos, cependant, c'est de souligner les mécanismes par lesquels une idée née dans une corporation – dans la terminologie de Tarde : une secte, criminelle ou non –, se propage. Cette propagation dépend de la constitution préalable d'un terrain idéologique prêt à la recevoir. Ce qui est essentiel, ici, est une « préparation des âmes par des conversations ou des lectures, par la fréquentation de clubs, de cafés, qui ont jeté sur elles, en une longue contagion d'imitation lente, la semence d'idées antérieures propres à faire bien accueillir la nouvelle venue[1]. » Même au stade embryonnaire de la propagation d'une idée, celui d'une association entre deux personnes, la suggestion est nécessaire pour la consolider : un des deux membres du couple, le *suggestionneur,* a le rôle actif, tandis que l'autre, le *suggestionné*, a le rôle passif. Quand la propagation de l'idée s'étend à des groupes importants, ou bien la suggestion intervient en tant que phénomène réciproque entre tous les membres du groupe, meneur y compris, ou bien le groupe est suggestionné par l'action unilatérale du meneur.

Il faut introduire ici une distinction importante : le mécanisme de la suggestion peut dans certains cas exiger la présence physique des deux parties, mais il peut aussi opérer à distance (ce qui montre, précise Tarde, qu'il ne faut pas exagérer l'assimilation de la suggestion sociale aux phénomènes hypnotiques). La cohésion du groupe provoquée par la suggestion à distance conduit Tarde à établir une autre série de distinctions, concernant la direction des groupes. Les groupes primitifs exigeaient de leurs chefs « une volonté de fer, un coup d'œil d'aigle et une foi forte, une imagination puissante, un intraitable orgueil ». Mais ces différentes sortes d'influences se séparent, une fois que le processus de civilisation tend à privilégier, chez les meneurs, la supériorité intellectuelle ou imaginative sur les forces indifférenciées. Ainsi, l'action de masses devient moins violente, moins traumatique et plus facilement contrôlable : « La civilisation a pour effet, heureusement, d'accroître sans cesse la proportion

1. *Ibid.*, p. 173.

des actions à distance sur les autres, par l'extension incessante du champ territorial et du nombre des renommées, due à la diffusion du livre et du journal ; et ce n'est pas le moindre des services qu'elle nous rend, et qu'elle nous doit en compensation de tant de maux[1]. »

De ce bref résumé de l'article « Les foules et les sectes criminelles », nous pouvons tirer les conclusions suivantes : (1) le mécanisme de l'imitation tend à créer des relations d'équivalence à travers tout le spectre social ; (2) ce qui explique l'imitation est une prédisposition humaine qui doit être comprise en termes de *suggestibilité* ; (3) cette suggestibilité, cependant, ne se trouve pas seulement dans un nombre limité de phénomènes sociaux – le comportement des foules – mais est à l'œuvre dans toutes les institutions humaines (conçues, au sens large, comme des corporations) ; (4) la civilisation entraîne une différenciation sociale croissante qui aboutit à l'accroissement du rôle joué par l'action à distance. Cela ne change ni le rôle central de la suggestion ni la structure fondamentale de la dyade meneur/mené, mais rend leur fonctionnement plus complexe. À l'évidence, nous nous éloignons du dualisme simpliste de Le Bon.

La conception de l'imitation de Tarde change dans les années 1890[2]. Des deux formes de suggestion que j'ai décrites – la suggestion réciproque entre tous les membres d'un groupe, y compris le meneur, et la suggestion unilatérale exercée par le meneur sur les membres du groupe –, c'est la première qui devient de plus en plus importante. Comme nous l'avons vu, cette importance vient de ce que Tarde considère comme la ligne dominante dans le développement de la civilisation : la progression vers un type d'organisation sociale dans laquelle l'action à distance remplace le contact physique

1. *Ibid.*, p. 175.

2. Ici, je suis la description de ces changements donnée par Jaap van Ginneken, *Crowds, Psychology and Politics, 1871-1899*, *op. cit.*, p. 217-219. Il faut souligner que les remarques de Freud à propos de Tarde sont assez injustes, dans la mesure où elles ne tiennent pas compte de cette évolution. Freud affirme dans *Psychologie des foules et analyse du moi* : « Chez Tarde, elle [la suggestion] s'appelait imitation, mais nous ne pouvons que donner raison à un auteur qui nous objecte que l'imitation rentre dans le concept de suggestion et en est pleinement une conséquence. » *Cf.* Sigmund Freud, *Psychologie des foules et analyse du moi*, *op. cit.*, p. 164. Cela est incontestablement vrai du livre *Les Lois de l'imitation*, auquel se réfère Freud, mais beaucoup moins des écrits plus tardifs de Tarde, qui furent publiés bien avant la rédaction du livre de Freud.

direct. Comme le signale Jaap Van Ginneken, le préfixe « inter » est très souvent employé par Tarde : « interspirituel », « intermental », « interpsychologique ». Le résultat, c'est que l'imitation est de moins en moins pensée en termes de suggestion : « De même qu'on peut penser l'influence sociale dans les assemblées en termes de suggestion, pour Tarde, on peut penser l'influence sociale dans les groupes dispersés comme une forme d'interaction. En continuant à changer son angle d'approche, Tarde rompit avec les vieux paradigmes de la psychologie des foules et permit de dépasser et de transcender l'approche limitée de Le Bon[1]. »

Cette nouvelle approche est évidente dans l'article publié par Gabriel Tarde en 1898, « Le public et la foule ». L'auteur y établit dès le début la différence entre les foules et les publics : « On a fait la psychologie des foules ; il reste à faire la psychologie du public, entendu en cet autre sens, c'est-à-dire comme une collectivité purement spirituelle, comme une dissémination d'individus physiquement séparés et dont la cohésion est toute mentale[2]. » En ce sens, les publics n'existaient pas dans le monde antique et au Moyen Âge, et la condition indispensable à leur apparition fut l'invention de l'imprimerie au XVIe siècle. Ce public de lecteurs était cependant limité, et c'est seulement au XVIIIe siècle que commença un processus de généralisation et de fragmentation – processus qui s'approfondirait et se consoliderait avec l'apparition du journalisme politique pendant la Révolution française. Mais à cette époque, le public révolutionnaire était essentiellement parisien ; il fallut attendre le XXe siècle et le développement de moyens de transport rapides et de communication pour voir apparaître de vrais publics nationaux et même internationaux. Selon Tarde, la foule – qui est, avec la famille, le plus ancien des groupes sociaux – appartient au passé ; c'est dans le public que réside l'avenir de nos sociétés : « Ainsi s'est formée, par un faisceau de trois inventions mutuellement auxiliaires, imprimerie, chemin de fer, télégraphe, la formidable puissance de la presse, ce prodigieux téléphone qui a si démesurément grossi l'ancien auditoire des tribuns

1. Jaap van Ginneken, *Crowds, Psychology and Politics, 1871-1899*, *op. cit*, p. 217-219.

2. Gabriel Tarde, « Le public et la foule », *L'Opinion et la foule*, *op. cit.*, p. 31.

et des prédicateurs. Je ne puis donc accorder à un vigoureux écrivain, le Dr Le Bon, que notre âge soit “l’ère des foules”. Il est l’ère du public ou des publics, ce qui est bien différent[1]. »

Les différences structurelles entre le public et la foule sont nettement définies par Tarde. Il est possible d’appartenir à plusieurs publics alors qu’on ne peut appartenir qu’à une foule à la fois. La conséquence de cette pluralité est que les publics représentent « un progrès dans la tolérance, sinon dans le scepticisme ». Les moments de régression pendant lesquels un public se transforme en foule peuvent être très dangereux, mais ils sont exceptionnels, et « sans examiner si ces foules nées d’un public ne sont pas un peu moins brutales, malgré tout, que les foules antérieures à tout public, il reste évident que l’opposition de deux publics, toujours prêts à se fusionner sur leurs frontières indécises, est un bien moindre danger pour la paix sociale que la rencontre de deux foules opposées »[2]. Les publics sont moins soumis à l’influence des facteurs naturels et à celle des facteurs raciaux[3]. L’influence que le publiciste exerce sur son public, bien qu’elle soit moins intense que celle que le meneur exerce à un moment donné sur sa foule, est, à long terme, plus profonde et plus durable. Elle exprime et cristallise en images un état diffus de sentiment qui n’avait jamais auparavant trouvé de forme de représentation discursive.

> À la vérité, pour qu’Édouard Drumont suscitât l’antisémitisme, il a fallu que sa tentative d’agitation répondît à un certain état d’esprit disséminé dans la population ; mais, tant qu’une voix ne s’élevait pas, retentissante, qui prêtât une expression commune à cet état d’esprit, il restait purement individuel, peu intense, encore moins contagieux, inconscient de lui-même. Celui qui l’a exprimé l’a créé comme force collective, factice, soit, réelle néanmoins. Je sais des régions françaises où l’on n’a jamais vu un seul Juif, ce qui n’empêche pas l’antisémitisme d’y fleurir, parce qu’on y lit les journaux antisémites[4].

1. *Ibid.*, p. 38.
2. *Ibid.*, p. 39.
3. Tarde emploie le mot « race » dans le sens que celui-ci avait au XIXe siècle : « la race anglaise », « la race française », « la race italienne », etc.
4. Gabriel Tarde, « Le public et la foule », dans *L’Opinion et la foule*, *op. cit.*, p. 41.

L'émergence des publics ne fait pas qu'*ajouter* une nouvelle entité sociale à celles qui existaient déjà, elle change la logique sociale qui gouvernait les relations entre ces entités. Tous les anciens groupes – religieux, économiques, esthétiques, politiques, etc. – veulent avoir leur propre presse, et constituer leur propre public. En agissant ainsi, cependant, ils changent profondément à la fois leur propre identité et leurs relations avec les autres groupes. Ces groupes, autrefois divisés par la simple défense de leurs intérêts professionnels, tendent à exprimer des divisions conçues en termes d'aspirations sociales, de sentiments, d'idées théoriques. « Les intérêts ne s'expriment par elle [la presse] [...] que déguisés ou sublimés en théories et en passions[1]. » De la même façon, les partis politiques cessent d'être les points de référence stables qu'ils étaient autrefois : en devenant des publics, ils sont traversés par toutes sortes d'influences idéologiques qui conduisent à leur division et à de nouveaux regroupements en quelques années. On voit bien quelle est la principale conséquence, essentielle pour notre analyse du populisme, de cette transformation des groupes sociaux : si les foules, selon les anciennes théories des masses, menaient à la dissolution des différenciations propres à une organisation rationnelle de la société et à la disparition de l'individu dans une masse indifférenciée, cette logique de l'homogénéisation fonctionne, selon Tarde, non seulement dans le cas des foules mais aussi dans celui des publics. « En dépit de toutes les dissemblances que nous avons notées, écrit Tarde, la foule et le public, ces deux termes extrêmes de l'évolution sociale, ont cela de commun que le lien des individus divers qui les composent consiste non à s'*harmoniser* par leurs diversités mêmes, par leurs spécialités utiles les unes aux autres, mais à s'entre-refléter, à se confondre par leurs similitudes innées ou acquises en un simple et puissant *unisson* – mais avec combien plus de force dans le public que dans la foule ! –, en une communion d'idées et de passions qui laisse d'ailleurs libre jeu à leurs différences individuelles[2]. »

1. *Ibid.*, p. 46.
2. *Ibid.*, p. 49. C'est Tarde qui souligne.

Je passe sur la longue analyse que fait Tarde des différents types de foules et sur la comparaison entre les caractéristiques des foules et celles des publics, parce que – aussi importantes qu'elles soient – elles nous éloigneraient trop de notre sujet. Tarde introduit néanmoins une dernière distinction qui est très importante pour nous : la distinction entre les foules animées par l'amour et les foules animées par la haine. Là encore, il faut souligner la différence entre les foules et les publics : « Ce que réclament les foules en colère, c'est une tête ou des têtes. L'activité du public est heureusement moins simpliste, et elle se tourne vers un idéal de réformes ou d'utopies aussi facilement que vers des idées d'ostracisme, de persécution, de spoliation. » Mais même pour les publics, la haine joue un rôle essentiel : « Découvrir ou inventer un nouvel et grand objet de haine à l'usage du public, c'est encore un des plus sûrs moyens de devenir un des rois du journalisme[1]. » La conclusion de Tarde, pourtant, n'est pas totalement pessimiste. Les publics ne se contentent pas de faire succéder le règne de la mode à celui de la coutume, l'innovation à la tradition ; « ils remplacent aussi les divisions nettes et persistantes entre les multiples variétés de l'association humaine avec leurs conflits sans fin par une segmentation incomplète et variable, aux limites indistinctes, en voie de perpétuel renouvellement et de mutuelle pénétration[2]. »

Si les premiers théoriciens des foules opposaient la vie mentale des foules à celle de l'individu, William McDougall devait introduire une distinction entre les foules et les groupes hautement organisés : les premières rabaissent les performances individuelles, les seconds les augmentent. Comme le remarqua Freud, l'image qu'a des foules McDougall est aussi peu flatteuse que celle que nous trouvons dans les ouvrages des théoriciens se situant dans la lignée de Le Bon. Il souligne la dimension d'homogénéité qu'on trouve dans n'importe quelle foule qui est plus qu'un rassemblement fortuit. « Il doit, donc, y avoir une certaine similitude de constitution mentale, d'intérêt et de sentiment, entre les personnes qui forment

1. *Ibid.*, p. 70.
2. *Ibid.*

une foule, un certain degré d'homogénéité mentale du groupe. Plus le degré de cette homogénéité mentale est élevé, dans n'importe quel rassemblement humain, plus rapide est la formation d'une foule psychologique et plus les manifestations de la vie collective sont frappantes et intenses[1]. »

La formation d'une foule exige l'exaltation et l'intensification des émotions. McDougall en donne comme exemple la panique qui s'empare d'un groupe d'individus confronté à un danger. Il explique cette rapide propagation de la même émotion dans une foule comme le résultat de ce qu'il appelle « le principe de l'induction directe de l'émotion » : « Le principe d'induction directe de l'émotion par la voie de la réaction première de sympathie nous permet de comprendre le fait qu'un rassemblement de personnes (ou d'animaux) peut rapidement se transformer en foule frappée de panique par un objet menaçant qui n'est perceptible que par quelques-uns des individus présents[2]. » De la même façon, quelques individus courageux occupant une position importante dans une foule peuvent freiner un mouvement de panique.

Ce même principe d'induction directe explique la propagation d'autres émotions, et cela donne à tous ceux qui les partagent un sentiment de puissance irrésistible. Ce phénomène est lié à deux particularités de l'esprit de la foule :

> D'abord, l'individu, en devenant le membre d'une foule, perd dans une certaine mesure la conscience qu'il a de lui-même, sa conscience de lui-même en tant que personnalité distincte des autres, et avec cela disparaît aussi en partie la conscience de ses relations personnelles particulières ; il est jusqu'à un certain point dépersonnalisé. Deuxièmement, et cela est intimement lié au changement précédent, se produit une diminution de son sentiment de responsabilité personnelle : l'individu se sent enveloppé, éclipsé et emporté par des forces qu'il ne peut pas contrôler[3].

1. William McDougall, *The Group Mind*, Cambridge, Cambridge University Press, 1920, p. 23.
2. *Ibid.*, p. 25.
3. *Ibid.*, p. 40.

Les foules ont pour effet d'abaisser l'intelligence moyenne de leurs membres, les intelligences les plus basses déterminant le niveau auquel toutes sont obligées de se soumettre, et d'augmenter leur suggestibilité. Cela aboutit à une description que nous connaissons bien :

> Nous pouvons résumer le caractère psychologique de la foule simple ou inorganisée en disant qu'elle est excessivement émotive, impulsive, violente, versatile, incohérente, indécise et extrême dans ses actes, et qu'elle manifeste uniquement les émotions les plus grossières et les sentiments les moins raffinés ; extrêmement suggestible, légère dans ses délibérations, hâtive dans ses jugements, incapable de raisonnement sinon sous ses formes les plus simples et les plus imparfaites ; facile à ébranler et à mener, sans conscience de soi, dépourvue de respect de soi et de sens des responsabilités, et capable d'être emportée par la conscience de sa propre force, si bien qu'elle a tendance à produire toutes les manifestations que nous avons appris à attendre de n'importe quelle puissance irresponsable et absolue[1].

Mais quand nous passons aux groupes hautement organisés, la situation est totalement différente : « Il y a [...] une condition qui peut élever le comportement d'une foule provisoire et inorganisée à un plan supérieur, la présence d'un but commun clairement défini dans l'esprit de chacun de ses membres[2]. » Avant de décrire les traits structurels qui définissent un but commun de ce genre, je dirai brièvement quelles sont, pour McDougall, les cinq conditions préalables qui permettent à la conscience du groupe de s'élever au-dessus du niveau de la foule inorganisée[3]. La première, c'est une certaine continuité temporelle dans la composition du groupe. La deuxième, c'est que les membres du groupe se soient « formé une idée correcte du groupe, de sa nature, de sa composition, de ses fonctions et de ses capacités, et des relations entre les individus et le groupe ». La troisième – bien que cela ne soit pas essentiel – est que, par interaction avec d'autres groupes, les membres du groupe aient une vision

1. *Ibid.*, p. 45.
2. *Ibid*, p. 48.
3. *Ibid*, p. 49-50.

comparative du groupe auquel ils appartiennent. La quatrième est « l'existence d'un ensemble de traditions, de coutumes et d'habitudes dans l'esprit des membres du groupe qui déterminent leurs relations mutuelles et leurs relations avec le groupe dans son ensemble ». La cinquième et dernière condition est l'existence d'une différenciation ou organisation des activités au sein du groupe, qui peut être fondée sur les traditions ou les coutumes mentionnées dans la quatrième condition ou être imposée au groupe par un pouvoir extérieur.

Comme exemple de groupe bien organisé, McDougall prend l'armée japonaise dans la guerre russo-japonaise. Ce type de groupe associe la différenciation fonctionnelle, par laquelle l'individu se voit lui-même comme partie d'un tout, à l'attribution de la capacité de délibérer et de choisir aux membres les plus capables du groupe (dans le cas de l'armée, au commandant en chef). Cette synthèse entre les meilleurs aspects de l'action collective et la délibération et la décision individuelles élève le niveau intellectuel et moral du groupe bien au-dessus de celui de ses membres individuels. Voici le passage essentiel sur ce point :

> Ceci est le caractère essentiel d'une organisation efficace de n'importe quel groupe humain ; elle permet de faire en sorte que, si le but commun de l'action collective est voulu par tous, le choix des moyens soit laissé à ceux qui sont les mieux placés et dans la meilleure position pour délibérer et choisir ; et elle permet la coordination des actions volontaires des parties qui rapproche du but commun par les moyens ainsi choisis. De cette façon, les actes collectifs d'un groupe bien organisé, au lieu d'être, comme les actes d'une simple foule, des actes purement impulsifs ou instinctifs, impliquant un degré d'intelligence et de morale très inférieur à celui de l'individu moyen appartenant à la foule, deviennent des actes vraiment volontaires exprimant un degré d'intelligence et de morale très supérieur à celui d'un membre moyen du groupe : c'est-à-dire que le tout est élevé au-dessus du niveau de ses membres individuels ; et même, en raison de l'exaltation de l'émotion et de la coopération organisée dans la délibération, au-dessus de celui de ses membres les plus éminents[1].

1. *Ibid.*, p. 52-53.

Pour finir, je dois dire quelques mots de la conception qu'a McDougall de la volonté collective – c'est-à-dire d'un but commun présent dans les esprits des différents membres du groupe. McDougall commence par opérer une distinction quasi rousseauiste entre la volonté générale ou collective et la volonté de tous les individus. L'existence d'un but commun ne suffit pas à constituer une volonté collective. Il en donne comme exemple une foule de Blancs lynchant un nègre censé avoir commis un crime dans le sud des États-Unis. Même si le groupe est dominé par une volonté commune de mener à bien l'exécution avec une détermination implacable, cela ne suffit pas à constituer une volonté collective. Qu'est-ce qui manque ? L'identification à une image hautement chargée affectivement de l'identité du groupe comme tel. Comment une telle identification peut-elle se faire ? Ici, nous devons considérer la relation entre volonté individuelle et volonté collective dans la psychologie sociale de McDougall. Ce qu'il appelle le « sentiment d'estime de soi », le sentiment d'identité particulière, peut, selon lui, être étendu à d'autres objets :

> [il peut être étendu] à tous les objets avec lesquels le moi s'identifie, qui sont considérés comme appartenant au moi ou comme faisant partie d'un moi plus large. Cette extension dépend dans une large mesure du fait que les autres nous identifient avec cet objet, de façon que nous ayons le sentiment d'être l'objet de tous les signes de respect, des attitudes et des actes des autres destinés à cet objet, et que nous soyons affectivement touchés par eux comme nous sommes touchés par les signes de respect, les attitudes et les actes qui nous sont destinés individuellement. On a aussi montré qu'un tel sentiment peut devenir plus large et affectivement plus riche que le pur sentiment d'estime de soi, par sa fusion avec un sentiment d'amour pour l'objet qui s'est développé de façon indépendante[1].

McDougall illustre ce point par une comparaison entre une armée patriotique et une armée de mercenaires. Un des points essentiels de sa conception est l'absence de frontière rigide entre

1. *Ibid.*, p. 54.

l'estime de soi et l'identification au groupe, parce que l'estime de soi est toujours l'estime pour un moi déjà socialisé qui présuppose la présence d'objets comme faisant partie de la construction même de ce moi :

> La principale différence entre le sentiment d'estime de soi et le sentiment de groupe développé est que ce dernier en général implique un élément de dévouement au groupe et à ses autres membres. Cela veut dire que le sentiment de groupe est une synthèse de l'estime de soi et des tendances altruistes, dans laquelle celles-ci sont harmonisées pour se soutenir et se renforcer mutuellement : les puissantes pulsions égoïstes étant sublimées vers des fins plus élevées que la recherche de son bien-être personnel[1].

Le point important est que, pour McDougall, l'unité même du groupe est fondée sur un même objet d'identification qui établit de manière équivalente l'unité des membres du groupe. Nous avions déjà trouvé quelque chose de semblable dans l'affirmation de Tarde selon laquelle une « communion d'idées et de passions » homogénéisatrice – l'équivalence créée par cette communion – est à l'œuvre non seulement dans le cas des foules, mais aussi dans celui des publics. Cette notion d'équivalence – développée, évidemment, bien au-delà de la théorisation de McDougall et de Tarde – joue un rôle essentiel dans le concept de populisme que j'exposerai dans la deuxième partie de ce livre. Mais avant, il nous faut analyser l'intervention décisive de Freud.

L'innovation freudienne

L'essai de Freud intitulé *Psychologie des foules et analyse du moi* (1921) constitua sans aucun doute la nouveauté la plus révolutionnaire jamais apparue dans le domaine de la psychologie des foules, malgré plusieurs impasses qui, il faut le reconnaître dès le début, empêchèrent Freud d'exploiter pleinement le potentiel de

1. *Ibid.*, p. 87.

quelques-unes de ses intuitions. Freud commence son essai en affirmant que le contraste entre la psychologie individuelle et la psychologie sociale perd une grande partie de son acuité si on l'examine sérieusement, puisque l'individu, depuis le début de sa vie, est presque toujours lié à l'autre « en tant que modèle, soutien et adversaire, et [que] de ce fait la psychologie individuelle est aussi, d'emblée et simultanément, une psychologie sociale[1] ». Mais Freud relativise le caractère constitutif de ce lien social en affirmant, dans le paragraphe suivant, que les relations sociales avec les parents, les frères et sœurs, l'objet d'amour et le médecin « s'opposent [...] à certains autres processus que nous nommons *narcissiques*, dans lesquels la satisfaction pulsionnelle se soustrait à l'influence d'autres personnes[2] ». C'est sur la différence entre pulsions sociales et pulsions narcissiques que Freud établit la différence entre psychologie sociale et psychologie individuelle. Cela a des conséquences importantes, nous le verrons, car Freud en conclut que ces deux psychologies ont eu des évolutions parallèles, et portent sur des aspects différents du lien social : alors que les membres ordinaires du groupe relèvent, en ce qui concerne le lien social qui les unit, de la psychologie sociale, le narcissisme (comme terrain de la psychologie individuelle) ne s'appliquerait totalement qu'au leader du groupe[3]. Il est cependant permis de s'interroger, même à ce stade de l'argumentation freudienne : en admettant que la satisfaction pulsionnelle soit *soustraite*, dans le narcissisme, à l'influence des autres, cette « soustraction » ne garde-t-elle pas, dans le rejet même de l'autre, les traces d'une référence à l'autre, et, en ce sens, ne continue-t-elle pas à faire partie d'un processus social ?

Nous reviendrons sur ce point plus tard. Il faut commencer par reconstruire les principales étapes de l'argumentation de Freud. Celui-ci considérait que la psychologie sociale, telle qu'elle avait été pratiquée par ses prédécesseurs, s'était plus intéressée à la description des changements qui affectent l'individu devenant membre d'une foule qu'à la nature du lien social. Tous les efforts visant à

---

1. Sigmund Freud, *Psychologie des foules et analyse du moi*, *op. cit.*, p. 137. Toutes les citations du texte de Freud sont empruntées à cette traduction.

2. *Ibid.*

3. *Ibid.*, p. 214.

déterminer la nature de ce lien aboutissaient au mot « suggestion ». Or, Freud propose de laisser de côté le mot « suggestion », qui aurait lui-même besoin d'être expliqué, et de faire appel au concept de libido en tant que catégorie-clé pour expliquer la nature du lien social. Le lien social serait un lien libidinal ; en tant que tel, il a un rapport avec tout ce qu'on appelle l'« amour ». Le noyau de cet amour est évidemment l'amour sexuel, mais la psychanalyse a montré qu'on ne pouvait dissocier de cet amour sexuel « ce qui, outre cela, relève du mot amour, ni d'une part l'amour de soi, ni d'autre part l'amour filial et parental, l'amitié et l'amour des hommes en général, ni même l'attachement à des objets concrets et à des idées abstraites ». Bien que les pulsions poussent, dans les relations entre les sexes, à l'union sexuelle, « dans d'autres cas [elles] sont certes détournées de ce but sexuel ou empêchées de l'atteindre, mais [...] n'en conservent pas moins assez de leur nature originelle pour garder une identité bien reconnaissable[1] ». Suit une description des liens libidinaux opérant dans l'Église et dans l'Armée, qui, d'un côté, lient les membres de ces institutions les uns aux autres, et, d'un autre côté, les lient tous ensemble à leurs chefs, le Christ dans l'Église, le commandant en chef dans l'Armée ; après quoi Freud décrit le processus de désagrégation qui résulte d'une perte soudaine de la figure du meneur.

Freud poursuit sa réflexion en analysant le sentiment d'aversion ou d'hostilité qui accompagne tout lien affectif intime entre deux personnes, et qui n'échappe à la perception que parce qu'il est refoulé. Quand cette hostilité se dirige contre des personnes très proches, on parle de sentiments ambivalents ; mais quand cette hostilité se dirige contre des étrangers, on y reconnaît clairement l'expression de l'amour de soi – du narcissisme. Cet amour de soi est, cependant, dissipé ou suspendu lorsque se forme un groupe. Dans ce cas, en effet, selon les mots de Freud, « les individus se conduisent comme s'ils étaient uniformes, supportent la singularité de l'autre, se mettent à égalité avec lui et n'éprouvent aucune sentiment de répulsion à son endroit. Une telle limitation du narcissisme ne peut, selon nos vues théoriques, être produite que par un

1. *Ibid.*, p. 167.

seul facteur, par le lien libidinal à d'autres personnes, L'amour de soi ne trouve de limite que dans l'amour de l'étranger, l'amour envers des objets[1] ». Cela nous oblige à étudier le type de lien affectif qui se noue entre les membres d'un groupe, ce qui, à son tour, implique d'examiner de plus près ce qui se passe quand on tombe amoureux. Les liens affectifs qui assurent l'unité du groupe sont à l'évidence des pulsions amoureuses qui ont été détournées de leurs buts originels et qui obéissent, selon Freud, à un mécanisme très précis : celui de l'identification.

L'identification est, selon Freud, « connue de la psychanalyse comme expression première d'un lien affectif à une autre personne » et est liée à la préhistoire du complexe d'Œdipe[2]. Il existe trois formes principales de l'identification. La première est l'identification au père. La deuxième est l'identification au choix d'objet de l'amour. La troisième, selon Freud, « peut naître chaque fois qu'est perçue à nouveau une certaine communauté avec une personne qui n'est pas objet des pulsions sexuelles. Plus cette communauté est significative, plus cette identification partielle doit pouvoir réussir et correspondre ainsi au début d'un nouveau lien[3] ». Ce troisième type d'identification est celui qui s'opère dans le lien réciproque entre membres d'un groupe, et Freud ajoute – d'une manière décisive, bien qu'elle soit problématique – que « cette communauté réside dans le type de lien qui rattache au meneur[4] ». Comment penser ce lien au meneur ? Freud tente de répondre à cette question à partir des formes diverses de l'« état amoureux ». La première manière d'être amoureux est de connaître la satisfaction sexuelle grâce à un objet. L'investissement d'objet disparaît d'ailleurs chaque fois que la satisfaction est obtenue. Ainsi, la conscience du réveil périodique du besoin conduit à l'amour comme sentiment affectueux, attaché à l'objet y compris dans les intervalles pendant lesquels le désir est absent. L'amour de l'enfant pour ses parents une fois que ses pulsions sexuelles initiales ont été refoulées est un attachement de ce genre. La vie future de l'individu

1. *Ibid.*, p. 184.
2. *Ibid.*, p. 187.
3. *Ibid.*, p. 191.
4. *Ibid.*

sera dominée par cette dualité amour sensuel/tendresse, qui peut ou bien surdéterminer le même objet ou bien s'investir dans des objets différents. L'investissement dans l'objet d'amour signifie que la libido narcissique déborde sur l'objet. Cela peut prendre diverses formes ou se manifester à des degrés différents ; dans tous les cas, le dénominateur commun est l'*idéalisation* de l'objet, qui échappe ainsi à la critique. C'est ainsi que « dans maintes formes de choix amoureux, il devient même évident que l'objet sert à remplacer un idéal du moi propre, non atteint. On l'aime à cause des perfections auxquelles on a aspiré pour le moi propre et qu'on voudrait maintenant se procurer par ce détour pour satisfaire son narcissisme[1] ».

Parvenu à ce point de son argumentation, Freud pense, en trois paragraphes particulièrement denses, le système d'alternatives que sa démarche a ouvertes. Quand nous sommes amoureux, « le moi devient de moins en moins exigeant et prétentieux, l'objet de plus en plus magnifique et précieux ; il entre finalement en possession de la totalité de l'amour de soi du moi ; si bien que l'autosacrifice de celui-ci en devient une conséquence naturelle. L'objet a pour ainsi dire absorbé le moi. [...] Toute la situation se laisse résumer intégralement en une formule : *l'objet s'est mis à la place de l'idéal du moi*[2] ». Qu'en est-il alors de la relation entre l'état amoureux et l'identification ? Ici, l'argumentation de Freud devient un peu hésitante, mais ce sont ces hésitations qui la rendent particulièrement éclairante. Il commence par dire que la différence entre l'identification et les formes extrêmes de l'état amoureux – qu'il qualifie de « fascination » et « sujétion amoureuse » – sont à trouver dans le fait que, dans l'identification, le moi s'est « introjecté » l'objet, tandis que dans l'état amoureux « il est appauvri, il s'est abandonné à l'objet, a mis celui-ci à la place de son élément constitutif le plus important[3] ».

Ici, cependant, les hésitations commencent, car « une telle représentation fait croire à des contrastes qui n'existent pas. Il ne s'agit pas, du point de vue économique, d'appauvrissement ou d'enrichissement,

1. *Ibid.*, p. 197.
2. *Ibid.*, p. 198. Souligné par Freud.
3. *Ibid.*, p. 199.

on peut aussi décrire l'état amoureux extrême comme étant celui où le moi se serait introjecté l'objet[1] ». Aussi essaie-t-il de déplacer la différence : dans le cas de l'identification, l'objet s'est perdu, le moi s'est introjecté l'objet, et « le moi se modifie partiellement selon le modèle de l'objet perdu ». Dans l'état amoureux, en revanche, l'objet serait surinvesti par le moi, et ce surinvestissement se ferait aux dépens du moi. Cette nouvelle hypothèse, cependant, ne satisfait pas complètement Freud, qui, arrivé à ce point du débat, se pose lui-même la question cruciale : « Est-il donc certain que l'identification suppose le renoncement à l'investissement d'objet, ne peut-il y avoir identification, l'objet étant conservé[2] ? » Ici, il entrevoit une autre possibilité, « savoir *si l'objet est mis à la place du moi ou de l'idéal du moi*[3] ».

Ici, nous arrivons au moment-clé de l'argumentation de Freud. De là, il passe à une brève comparaison entre l'hypnose et l'état amoureux, et à la caractérisation du groupe par la formation de liens équivalents entre personnes résultant de leur attachement à un même meneur (un amour dont, évidemment, les pulsions sexuelles ont été inhibées). La définition du lien social est la suite de cette analyse : « *Une telle foule primaire est une somme d'individus, qui ont mis un seul et même objet à la place de leur idéal du moi et se sont en conséquence, dans leur moi, identifiés les uns aux autres*[4]. » Nous devons garder deux conclusions implicites de cette analyse pour la suite de notre réflexion. La première, si nous suivons rigoureusement ce que dit Freud à ce point de son développement, c'est que l'identification se produit entre ceux qui sont menés mais non entre eux et le meneur. Il devient donc impossible pour le leader d'être le *primus inter pares*. La deuxième, c'est que le fondement de toute identification serait exclusivement l'amour éprouvé en commun pour le chef. La réflexion tortueuse et quelque peu hésitante de Freud sur la différence entre l'identification et l'état amoureux aboutit apparemment à une stricte différenciation des fonctions dans la constitution du lien social : l'identification entre frères, l'amour

1. *Ibid.*, p. 199.
2. *Ibid.*
3. *Ibid.* Souligné par Freud.
4. *Ibid.*, p. 202. Souligné par Freud.

du père. De là, on passe facilement au mythe de la horde comme forme constitutive de la société et à la distinction entre psychologie individuelle et psychologie sociale en termes de différenciation entre les actes mentaux narcissiques et sociaux.

Que penser de cette démarche théorique remarquable ? Une des conclusions possibles est celle qu'en tire Mikkel Borch-Jacobsen[1]. Selon lui, Freud, loin d'approcher d'une manière critique le politique, où apparaîtrait l'aliénation de l'essence du lien social, conçoit le social comme formé par le politique, comme dépendant pour sa constitution d'un meneur aimé. La société serait conçue comme une masse homogène dont la cohésion serait exclusivement assurée par la présence du chef. Il est vrai que, pour Freud, le politique a un rôle fondateur en ce qui concerne l'instauration du lien social. Il est vrai également que la vision qu'a Freud de l'amour partagé pour le chef comme point commun entre ceux qui s'identifient les uns aux autres peut sembler aller dans le sens de la lecture de Borch-Jacobsen. Je pense cependant que sa conclusion va trop loin, car l'insistance unilatérale sur la relation avec le leader ignore simplement tous les passages du texte de Freud dans lesquelles d'autres combinaisons sociales sont présentées comme des possibilités réelles. Ces passages ne mettent pas nécessairement en question le rôle du politique dans l'institution du lien social, mais ils évoquent d'autres types de politique, qui n'ont pas tous les implications autoritaires mises en évidence par Borch-Jacobsen. Si nous développons toutes les implications de ces autres possibilités, apparaît une image beaucoup plus complexe du social, et la signification de l'intervention théorique de *Psychologie des foules et analyse du moi* apparaît sous un nouveau jour. L'effort de Freud pour limiter la validité sociale de son propre modèle s'oriente essentiellement dans deux directions.

Tout d'abord, nous avons les passages dans lesquels il affirme la possibilité que – autre mode d'agrégation sociale –, à travers l'organisation, la société acquière les caractéristiques de l'individu. La définition du groupe – citée ci-dessus – comme consistant en individus mettant un même objet à la place de leur idéal du moi, et

1. Mikkel Borch-Jacobsen, « La bande primitive », *Le Lien affectif*, Paris, Aubier, 1991, p. 13-31.

s'identifiant les uns aux autres dans leur moi, est précédée d'une réserve importance : « À la suite des observations précédentes, nous sommes toutefois pleinement préparés à donner la formule de la constitution libidinale d'une foule. Tout au moins d'une foule telle que nous l'avons considérée, qui donc a un meneur, et non d'une foule secondaire qui, par excès d'"organisation", a acquis les propriétés d'un individu[1]. » Freud conteste également l'idée de McDougall selon laquelle les faiblesses intellectuelles de la foule peuvent être surmontées en retirant à celle-ci les tâches intellectuelles et en les réservant à des individus se trouvant dans la foule. L'alternative que Freud a en tête est beaucoup plus radicale : « Il s'agit de doter la foule des propriétés mêmes qui étaient caractéristiques de l'individu et qui s'effacèrent chez lui du fait de la formation de foule[2]. » Que Freud se soit exprimé ici littéralement, et pas seulement par analogie, on en a une preuve supplémentaire par son rejet pur et simple, dans une note ajoutée dans l'édition de 1923, d'une critique de Hans Kelsen, qui avait affirmé que parer l'« âme de la foule » d'une organisation reviendrait à hypostasier celle-ci en lui attribuant une fonction mentale qui est le propre des individus.

Comment comprendre cette opposition entre deux modes d'agrégation sociale – l'un fondé sur l'« organisation », par laquelle la société acquiert les caractéristiques secondaires de l'individu, l'autre sur le lien libidinal avec le leader ? Concernent-ils des types de groupes différents ? Ou s'agit-il plutôt de logiques sociales qui, à des degrés divers, interviennent dans la constitution de tous les groupes sociaux ? Je pense que la deuxième hypothèse est la bonne. Pour moi, la foule entièrement organisée et le leader purement narcissique sont deux réductions à l'absurde, impossibles, les deux extrêmes d'un continuum dans lequel les deux logiques sociales s'articulent de manières différentes. Mais pour prouver que l'« organisation » et le leader narcissique ont bien ce statut dans l'économie du texte de Freud, je devrais pouvoir montrer certains exemples dans le texte d'une telle combinaison des deux principes. C'est ce que je vais essayer de faire maintenant.

1. *Ibid.*, p. 202. Traduction légèrement modifiée.
2. *Ibid.*, p. 162.

En fait, ce n'est pas difficile parce que Freud donne de nombreux exemples de combinaisons de ce type. Dans un chapitre au titre suggestif, « Un stade dans le moi », Freud analyse le miracle de la disparition des acquis individuels dans la foule, miracle à interpréter – nous dit-il encore une fois – « dans le sens où l'individu abandonne son idéal du moi et l'échange contre l'idéal du groupe, incarné dans le meneur ». Freud est cependant obligé d'ajouter immédiatement ;

> Le miracle, qu'il nous soit permis d'ajouter cette correction, n'est pas également grand dans tous les cas. La séparation du moi et de l'idéal du moi n'est, chez de nombreux individus, guère avancée, les deux coïncident encore facilement, le moi a souvent conservé l'autosatisfaction narcissique antérieure. Le choix du meneur est très facilité par cet état de choses. Il lui suffit souvent de posséder les propriétés typiques de ces individus, avec un relief particulièrement net et pur, et de donner l'impression d'une force et d'une liberté libidinale plus grandes ; alors le besoin d'un chef énergique vient à sa rencontre et le revêt de la surpuissance à laquelle sans cela il n'aurait peut-être aucunement prétendu[1].

Que nous dit exactement Freud avec ce nouvel élément d'explication ? Simplement ceci : que chaque fois que le besoin d'un leader fort rencontre l'individu seulement à mi-chemin, le meneur ne sera accepté que s'il présente, d'une manière particulièrement marquée, des traits en commun avec ceux qu'il est censé mener. En d'autres termes : les menés sont, dans une large mesure, in *pari materia* avec le meneur – c'est-à-dire que le leader devient le *primus inter pares*. Cette mutation structurelle a trois conséquences très importantes. La première, c'est que le « quelque chose en commun » qui permet aux individus membres de la foule de s'identifier les uns aux autres ne peut être uniquement l'amour pour le leader, il faut aussi qu'existe une caractéristique commune au meneur et aux menés. La deuxième, c'est que l'identification n'est pas seulement une identification entre des mois, parce que la séparation entre le moi et l'idéal du moi est loin d'être complète. Cela signifie qu'un

1. *Ibid.*, p. 222.

certain degré d'identification avec le leader devient possible. Dans les « Annexes » à la *Psychologie des foules et analyse du moi*, Freud indique cette possibilité quand il compare l'Armée et l'Église catholique. Alors que dans l'armée le soldat serait ridicule s'il s'identifiait au général en chef, l'Église exige du croyant plus que l'identification aux autres chrétiens : « Il doit en outre s'identifier au Christ et aimer les autres chrétiens comme le Christ les a aimés. L'Église exige donc qu'en ces deux cas soit complétée la position libidinale donnée par la formation en foule. L'identification doit venir s'ajouter là où le choix d'objet s'est produit, et l'amour d'objet là où se trouve l'identification[1]. » La troisième, c'est que, si le leader dirige parce qu'il présente d'une manière particulièrement nette des traits qui lui sont communs avec tous les membres de la foule, il ne peut plus être le chef despotique et narcissique dans toute sa pureté. D'une part, comme il participe de la substance même de la communauté qui rend l'identification possible, son identité est divisée : il est le père, mais il est aussi un des frères. D'autre part, puisque le droit qu'il a de commander se fonde sur la reconnaissance par les autres membres de la foule d'un trait chez le leader qu'ils ont en commun avec lui, le chef est, dans une large mesure, responsable devant la communauté. La nécessité d'un meneur existe toujours – pour des raisons structurelles que Freud n'étudie pas vraiment, mais sur lesquelles nous reviendrons un peu plus loin – mais c'est un meneur beaucoup plus démocratique que celui qu'implique l'idée de despote narcissique. En réalité, nous ne sommes pas loin de cette combinaison particulière de consensus et de coercition que Gramsci a appelée l'hégémonie.

Achevons cette analyse en soulignant que Freud était tellement conscient de l'impossibilité de réduire le processus de formation des foules au rôle central joué par le chef autoritaire de la horde qu'au début du chapitre VI de *Psychologie des foules et analyse du moi*, il nous fournit un inventaire des autres situations et combinaisons sociales possibles – il s'agit en réalité d'une sorte de description programmatique d'un terrain vierge restant à occuper intellectuellement. Ce passage mérite d'être cité *in extenso* :

1. *Ibid.*, p. 230.

Il y aurait maintenant encore beaucoup à examiner et à décrire dans la morphologie des foules. On devrait partir de la constatation qu'une simple multitude d'hommes n'est pas une foule, aussi longtemps que ces liens ne se sont pas instaurés en elle, mais on devrait concéder que, dans la première multitude humaine venue, la tendance à former une foule psychologique apparaît très facilement. On devrait prêter attention aux foules diverses, plus ou moins stables, qui prennent corps spontanément, étudier les conditions de leur naissance et de leur déclin. Ce qui devrait nous occuper avant tout, c'est la différence entre les foules qui ont un meneur et les foules sans meneur. Les foules avec meneur ne seraient-elles pas les plus primitives et les plus accomplies ? Le meneur ne pourrait-il pas, dans les autres, avoir pour substitut une idée, une abstraction, ce vers quoi les foules religieuses, avec leur chef suprême impossible à montrer, font bel et bien la transition ? Une tendance commune, un désir partagé par le grand nombre ne fourniraient-ils pas ce même substitut ? Cette abstraction pourrait à son tour s'incarner plus ou moins parfaitement dans la personne d'un meneur, en quelque sorte secondaire, et il résulterait de la relation entre idée et meneur d'intéressantes combinaisons. Le meneur ou l'idée menante pourraient aussi, pour ainsi dire, devenir négatifs ; la haine envers une personne ou une institution déterminées pourrait tout aussi bien avoir une action unificatrice et susciter les mêmes liens affectifs que l'attachement positif. La question est alors de savoir si le meneur est réellement indispensable à l'essence de la foule et autres choses encore[1].

Conclusion : vers un point de départ

Existe-t-il un thème récurrent qui donne leur cohérence aux réflexions sur la société de masse, de Taine à Freud ? Je pense que ce thème récurrent existe, et que c'est celui de la renégociation théorique progressive de la dualité entre homogénéité sociale (ou indistinction) et différenciation sociale. Au début de ce processus, dans ce que nous avons appelé le degré zéro de l'évaluation positive de l'action de masse, cette *dualité* est en réalité un dualisme : pour

1. *Ibid.*, p. 181-182.

Taine, la société ne peut ouvrir la porte à des forces homogénéisatrices qu'aux dépens de sa cohésion interne. L'égalisation des conditions ne peut que signifier l'effondrement de toute hiérarchie et de toute différenciation – c'est-à-dire la ruine de l'ordre social. Comme nous l'avons vu, le bain de sang qu'était à ses yeux la Révolution française fut le résultat direct de l'uniformité créée par l'absolutisme, qui avait fait disparaître tous les corps intermédiaires liant l'individu à l'État. Pour Taine, l'homogénéité sociale et la ruine de l'organisation sociale étaient synonymes.

À partir de ce point de départ sans ambiguïté, j'ai relaté les efforts successifs visant à rendre la logique sociale homogénéisatrice (ou logique d'équivalences) compatible avec le fonctionnement réel d'un corps social viable. La dualité homogénéisation/différenciation fut maintenue, mais elle prit de moins en moins le caractère d'un dualisme. D'abord, la distinction tranchée entre le normal et le pathologique se brouilla ; parallèlement, de nombreuses fonctions qui avaient été auparavant pensées comme appartenant exclusivement à l'individu furent transférées au groupe. Le Bon voyait la foule comme une partie inévitable de la communauté, et il imagina un genre de catéchisme manipulateur pour la faire rester dans ses limites. Pour Tarde, le moment des équivalences d'homogénéisation est à trouver dans ce qu'il appelait l'imitation – c'est-à-dire dans les pratiques répétitives qui suivent en général les moments de création ou d'invention. Le moment des équivalences est donc le ciment même du tissu social. Cela, nous l'avons vu, est encore plus vrai chez Tarde par la suite, quand il affirme la différence entre les foules et les publics : bien que les publics soient plus compatibles que les foules avec un fonctionnement ordonné de la société, ils sont également fondés sur la logique homogénéisatrice de la similitude. Quant à McDougall, si, d'un côté, il établit une nette différence entre les foules et les groupes organisés, d'un autre côté, par la notion de « volonté collective » fondée sur l'identification commune à un objet, il introduisit le principe d'équivalence comme condition de la constitution d'un groupe hautement organisé. La différenciation et l'homogénéité, qui étaient aux antipodes pour Taine, n'étaient plus opposées. Nous arrivons ici à la théorisation de Freud.

Avec Freud, les derniers vestiges de dualisme disparaissent. L'apport de Freud fut de fournir un cadre intellectuel à l'intérieur duquel tout ce qui avait jusque-là été présenté comme une somme hétérogène de principes incommensurables put être pensé à partir d'une matrice théorique unifiée. Si la lecture que je fais de son texte est la bonne, tout tourne autour de la question-clé de l'identification, et le point de départ de toute explication d'une pluralité de possibilités sociopolitiques doit se trouver dans le *degré* de distance entre le moi et l'idéal du moi. Dans le cas d'une augmentation de cette distance (pourquoi augmente-t-elle ? – c'est une question que nous devrons nous poser), nous trouvons la situation décrite par Freud : identification des pairs les uns aux autres en tant que membres de la foule et transfert du rôle de l'idéal du moi au leader. En ce cas, le principe fondateur de l'ordre commun transcenderait ce dernier, et vis-à-vis de ce principe, l'identification par équivalence entre membres de la foule augmenterait. En cas, au contraire, de diminution de la distance entre le moi et l'idéal du moi, se déroulera le processus que j'ai décrit un peu plus haut : le meneur sera l'objet d'élection des membres de la foule, mais il sera aussi un membre de la foule, participant au processus général d'identification mutuelle. En ce cas, il y aurait une immanentisation partielle du fondement de l'ordre communautaire. Enfin, dans l'hypothèse imaginaire (*reductio ad absurdum*) dans laquelle la distance entre le moi et l'idéal du moi serait entièrement effacée, nous aurions une situation également envisagée par Freud en tant que cas-limite : le transfert total – par l'organisation – des fonctions de l'individu à la communauté. Les divers mythes d'une société *totalement* réconciliée – qui présupposent invariablement l'absence de meneur, c'est-à-dire la dissolution du politique – ont en commun une vision de ce type.

Avec ce système de possibilités multiples à notre disposition, nous pouvons maintenant revenir à la question du populisme. Nous avons commencé notre réflexion en énumérant les stratégies discursives par lesquelles le populisme était ou bien récusé ou bien rabaissé comme phénomène politique, en tout cas jamais pensé dans sa spécificité comme une forme légitime parmi d'autres de construction du lien politique. Nous pouvons déjà fortement soupçonner que les raisons de ce refus du populisme ne sont pas totalement sans relation avec celles qui sont utilisées dans ce que j'ai appelé le « dénigrement des masses ». Dans les deux cas, nous retrouvons les mêmes accusations de marginalité, caractère transitoire, pure rhétorique, vague, manipulation, etc. Un autre soupçon nous vient aussi à l'esprit : dans les deux cas, le refus est lié à un même préjugé – c'est-à-dire au rejet du milieu indifférencié qu'est la foule ou le peuple au nom de la structuration sociale et de l'institutionnalisation. Il est vrai que les mobilisations populistes n'ont pas le caractère totalement informe des actions de foules décrites par Taine, mais quand nous passons de Taine aux phénomènes plus organisés décrits par Le Bon, Tarde ou McDougall, les différences entre le populisme et le comportement des foules se font de plus en plus subtiles. Avec Freud, cependant, nous sommes arrivés à une approche plus complexe et plus prometteuse dans laquelle ces variations peuvent être perçues comme des alternatives pouvant être expliquées dans le cadre d'une matrice théorique unifiée. Cela sera mon point de départ pour élaborer le concept de populisme dans la deuxième partie de ce livre.

Il me reste néanmoins à faire deux remarques avant de m'atteler à cette tâche. La première, c'est que Freud, en raison du cadre psychanalytique dans lequel il construit sa théorie, a une approche essentiellement génétique de son objet d'étude. Ses catégories exigent donc évidemment une reformulation structurelle pour pouvoir être utiles en tant qu'outils d'analyse socio-économique. Dans le contexte de notre réflexion sur le populisme, nous ne pouvons nous consacrer pleinement à cette tâche, mais nous ferons les premiers pas dans cette direction au début du chapitre suivant. La deuxième, même si je prends Freud comme point de départ, c'est que ce livre ne doit pas être vu comme une recherche « freudienne ». Il y a beaucoup de sujets auxquels Freud ne s'est pas intéressé, et beaucoup de voies, très importantes pour notre sujet, qu'il n'a pas explorées. C'est la raison pour laquelle ma recherche doit faire appel à une multiplicité de traditions intellectuelles. J'espère que cette intertextualité ne la rendra pas trop éclectique.

DEUXIÈME PARTIE

La construction du « peuple »

4

Le « peuple » et la production discursive du vide

Quelques aperçus ontologiques

Revenons un instant à la fin du chapitre I. J'y ai affirmé qu'une des manières possibles d'aborder le populisme serait de prendre littéralement quelques-uns des adjectifs péjoratifs qui lui ont été attachés, et de montrer que ces connotations péjoratives n'existent qu'à condition d'accepter, comme point de départ de l'analyse, une série de présupposés hautement contestables. Les deux présupposés péjoratifs auxquels je pensais étaient les suivants : (1) que le populisme est vague et indéterminé, aussi bien par le public auquel il s'adresse et par son discours que par ses postulats politiques ; (2) que le populisme est une pure rhétorique. À ces deux postulats, j'ai opposé deux hypothèses : (1) que le vague et l'indétermination ne constituent pas des défauts d'un discours sur la réalité sociale, mais que, dans certaines circonstances, ils sont inscrits dans la réalité sociale comme telle ; (2) que la rhétorique n'est pas un épiphénomène par rapport à une structure conceptuelle autodéfinie, puisque aucune structure conceptuelle ne trouve sa cohérence interne sans faire appel à des procédés rhétoriques. S'il en était ainsi, il faudrait en conclure que le populisme est la voie royale permettant de comprendre quelque chose à la constitution ontologique du politique comme tel. C'est ce que je vais essayer de montrer dans ce chapitre. Mais auparavant je dois expliciter certains présupposés ontologiques qui présideront à mon analyse. J'ai examiné ces questions, de manière préliminaire, dans d'autres ouvrages[1]. Aussi me contenterai-je de résumer les

1. Ernesto Laclau et Chantal Mouffe, *Hegemony and Socialist Strategy*, Londres, New York, Verso, 1985, chapitre III ; Ernesto Laclau, « New Reflections on the Revolution

principales conclusions auxquelles je suis arrivé, et seulement dans la mesure où elles concernent la réflexion développée dans le présent ouvrage.

Trois séries de catégories sont essentielles dans mon approche théorique :

1. *Le discours.* Le discours constitue le terrain premier de constitution de l'objectivité comme telle. Par discours, comme je l'ai précisé à plusieurs reprises, je n'entends pas une chose limitée aux domaines de la parole et de l'écriture, mais un ensemble d'éléments dans lequel les *relations* jouent un rôle constitutif. Cela signifie que ces éléments ne préexistent pas au complexe relationnel mais se constituent à travers lui. Ainsi, « relation » et « objectivité » sont synonymes. Saussure affirme qu'il n'y a pas de termes positifs dans le langage mais seulement des différences : une chose n'est ce qu'elle est que par les relations qui la distinguent d'une autre. Ce qui est vrai du langage au sens strict est vrai aussi de tout élément signifiant (c'est-à-dire objectif) : une action n'est ce qu'elle est que par ce qui la distingue d'autres actions possibles et d'autres éléments signifiants – mots ou actions – qui peuvent être successifs ou simultanés. Il n'y a que deux types de relations possibles entre ces éléments signifiants : la combinaison et la substitution. Une fois que les écoles de Copenhague et de Prague eurent radicalisé le formalisme linguistique, il devint possible de dépasser la limite saussurienne restreignant la réflexion aux substances phoniques et conceptuelles, et de développer toutes les implications ontologiques résultant de ce progrès fondamental : toute référence linguistique strictement régionale fut, dans une large mesure, abandonnée.

Étant donné la place centrale donnée à la catégorie de « relation » dans mon analyse, il est évident que mon horizon théorique diffère d'autres approches contemporaines. Alain Badiou, par exemple, considère la théorie des ensembles comme le terrain d'une ontologie fondamentale. Mais étant donné la place de la notion d'exten-

of Our Time », dans le livre du même titre, Londres, New York, Verso, 1990 ; Ernesto Laclau, *Emancipation(s)*, Londres, New York, Verso, 1996, *passim*.

sionalité dans la théorie des ensembles, la catégorie de relation ne peut au mieux jouer pour lui qu'un rôle marginal. Dans diverses approches holistiques, je trouve également des aspects qui sont en dernière instance incompatibles avec ma perspective. Le fonctionnalisme, par exemple, a une conception relationnelle de la totalité sociale, mais pour les fonctionnalistes les relations sont subordonnées à la fonction et, ainsi, téléologiquement réintégrées à une totalité structurelle qui est nécessairement antérieure à et plus importante que le donné de l'articulation des différences. Même dans la perspective structuraliste classique, par exemple celle de Lévi-Strauss – dont toute téléologie est incontestablement absente –, la totalité accède à son unité ailleurs que dans le jeu des différences, c'est-à-dire dans les catégories fondamentales de l'esprit humain, qui réduisent toute variation à une combinaison d'éléments dominés par une série sous-jacente d'oppositions. Dans ma perspective, il n'y a rien au-delà du jeu des différences, aucun fond qui privilégie *a priori* certains éléments de la totalité par rapport à d'autres. Quelle que soit l'importance qu'un élément peut acquérir, celle-ci doit être expliquée par le jeu des différences comme tel. Comment ? Cela m'amène à ma deuxième série de catégories.

2. *Les signifiants vides et l'hégémonie*. Je vais présenter rapidement ces catégories, sur lesquelles je reviendrai à plusieurs reprises dans ce chapitre. On trouvera dans mon article « Why Do Empty Signifiers Matter to Politics ? » une version plus développée de cette réflexion théorique[1]. La tâche est double :

(a) Étant donné que nous nous intéressons à des identités qui sont de pures différences, nous devons, d'une certaine façon, déterminer le tout à l'intérieur duquel ces identités, comme différentes, se constituent (le problème ne se poserait évidemment pas si nous nous intéressions à des identités positives n'ayant de relations qu'extérieures).

(b) Puisque nous ne postulons pas la nécessité d'un quelconque centre structurel, doté d'une capacité *a priori* de « détermination en dernière instance », les effets centralisateurs qui parviennent à constituer un horizon totalisant précaire doivent être produits par

1. Ernesto Laclau, *Emancipation(s)*, *op. cit.*, p. 36-46.

l'interaction des différences elles-mêmes. Comment cela est-il possible ?

Dans « Why Do Empty Signifiers Matter to Politics ? », j'ai développé une réflexion structurée en plusieurs étapes. D'abord, si nous avons un ensemble de pures différences, la totalité doit être présente dans chaque acte individuel de signification. La saisie conceptuelle de la totalité est la condition de la signification comme telle. Mais deuxièmement, pour saisir conceptuellement cette totalité, nous devons saisir ses limites – c'est-à-dire que nous devons la différencier d'une chose *autre* qu'elle. Cependant, cette chose ne peut être qu'une nouvelle différence, et puisque nous parlons d'une totalité qui intègre toutes les différences, cette *autre* différence – qui fournit l'extérieur nous permettant de constituer la totalité – serait intérieure et non extérieure à cette totalité, serait donc impropre au travail de totalisation. Donc, en troisième lieu, le seul moyen possible d'avoir un véritable extérieur serait que l'extérieur ne soit pas seulement un élément parmi d'autres, un élément neutre, mais un élément exclu, une chose que la totalité expulse d'elle-même afin de se constituer (prenons un exemple politique : c'est en diabolisant une partie de sa population qu'une société parvient au sentiment de sa propre cohésion). Cela crée cependant un nouveau problème : vis-à-vis de l'élément exclu, toutes les autres différences sont équivalentes entre elles – équivalentes dans leur refus commun de l'identité exclue. (Rappelons-nous que c'est une des possibilités de la formation de la foule posée par Freud : le trait commun qui permet aux membres d'une foule de s'identifier les uns aux autres est la haine qu'ils partagent contre quelqu'un ou quelque chose). Mais l'équivalence est précisément ce qui subvertit la différence, si bien que toute identité est construite à l'intérieur de cette tension entre la logique de la différence et la logique de l'équivalence. Quatrièmement, cela signifie qu'au lieu de la totalité nous avons seulement cette tension. Ce que nous avons, en dernière analyse, est une totalité manquée, le lieu d'une plénitude impossible à atteindre. Cette totalité est un objet qui est à la fois impossible et nécessaire. Impossible, parce que la tension entre l'équivalence et la différence est, en dernière instance, insurmontable ; nécessaire, parce que sans une sorte de clôture, aussi précaire soit-elle, il n'y aurait pas de signification ni d'identité. Cinquièmement :

nous avons seulement montré qu'il n'y a pas de moyens *conceptuels* de déterminer pleinement cet objet. Mais la représentation est plus large que la saisie conceptuelle. La nécessité demeure pour cet objet impossible d'avoir accès d'une certaine façon au champ de la représentation. Mais les seuls moyens dont dispose la représentation sont les différences particulières. L'analyse que j'ai développée est que, à ce stade, il se peut qu'une différence, sans cesser d'être une différence *particulière*, assume la représentation d'une totalité incommensurable. De cette façon, son corps est divisé entre la particularité qu'elle est encore et la signification plus universelle dont elle est porteuse. Cette opération par laquelle une particularité prend une signification universelle incommensurable avec elle-même est ce que j'appelle *l'hégémonie*. Étant donné que cette totalité ou cette universalité incarnée est, comme nous l'avons vu, un objet impossible, l'identité hégémonique devient quelque chose de l'ordre d'un signifiant vide, transformant sa particularité en corps incarnant une totalité impossible à atteindre. Il devrait être clair que la catégorie de totalité ne peut être éradiquée mais que, en tant que totalité manquée, elle constitue un horizon et non un fondement. Si la société était unifiée par un contenu ontique déterminé – la détermination en dernière instance par l'économie, l'esprit du peuple, la cohérence systémique ou autre chose –, la totalité serait *directement* représentée au niveau strictement conceptuel. Mais puisque ce n'est pas le cas, une totalisation hégémonique exige un investissement radical – autrement dit, non déterminable *a priori* – et la participation à des jeux de signification très différents de l'appréhension purement conceptuelle. Comme nous le verrons, la dimension affective joue ici un rôle essentiel.

3. *La rhétorique*. Il y a déplacement rhétorique chaque fois qu'un terme littéral est remplacé par un terme figuré. Je voudrais signaler un aspect de la rhétorique qui est très important pour l'analyse qui précède. Cicéron, en réfléchissant à l'origine des procédés rhétoriques[1], imagina un stade primitif de la société dans lequel il y avait

1. Voir Patricia Parker, « Metaphor and Catachresis », *in* J. Bender et D. E. Wellberg (dir.), *The Ends of Rhetoric : History, Theory, Practice*, Stanford, Stanford University Press, 1990.

plus de choses à nommer que de mots disponibles, si bien qu'il fut nécessaire d'employer les mots dans plusieurs sens, en les éloignant de leur sens littéral, primordial. Pour Cicéron, évidemment, cette pénurie de mots représentait un manque purement empirique. Mais supposons que ce manque ne soit pas empirique, qu'il soit lié à un blocage *constitutif* du langage qui exige comme condition de son propre fonctionnement la nomination d'une chose *essentiellement* innommable. Dans ce cas, le langage original ne serait pas littéral mais figuré, puisque sans nomination de l'innommable il n'y aurait pas de langage du tout. Dans la rhétorique classique, l'emploi d'un terme figuré qui ne pouvait être remplacé par un terme littéral était appelé une catachrèse (le « pied » d'une chaise, par exemple, est une catachrèse). Ce raisonnement peut être généralisé si nous considérons que toute déformation du sens résulte, au fond, du besoin d'exprimer une chose que le mot employé littéralement ne permettrait pas de transmettre. En ce sens, la catachrèse est plus qu'une figure particulière : c'est le dénominateur de la rhétoricité comme telle. C'est en cela que je peux rattacher cette réflexion à mes remarques sur l'hégémonie et les signifiants vides : si le signifiant vide résulte de la nécessité de nommer un objet qui est à la fois impossible et nécessaire, de ce point zéro de la signification qui est néanmoins la précondition de tout processus signifiant, l'opération hégémonique sera forcément catachrestique. Comme nous le verrons, la construction politique du « peuple » est, pour cette raison, essentiellement catachrestique.

Il sera nécessaire de revenir à la rhétorique pour révéler les procédés discursifs intervenant dans la production du « peuple ». Mais pour le moment, nous pouvons en rester là. Il y a néanmoins un dernier point à préciser. J'ai dit que, dans une relation hégémonique, une différence particulière assume la représentation d'une totalité qui l'excède. Cela donne une place essentielle à une figure particulière appartenant à l'arsenal de la rhétorique classique : la synecdoque (la représentation du tout par la partie). Cela indique aussi que la synecdoque n'est pas simplement un procédé rhétorique parmi d'autres, qu'il suffit d'ajouter dans une taxonomie à d'autres figures comme la métaphore et la métonymie, mais qu'elle a une fonction ontologique différente. Je ne peux pas me lancer ici dans une analyse de cette question qui, dans la mesure où elle touche aux fondements de la classification rhétorique, sort du cadre du sujet de ce livre. Je dirai simplement, au passage, que les classifications de la rhétorique ont été subordonnées aux catégories de l'ontologie classique, et que le questionnement de cette dernière ne peut manquer d'avoir des conséquences importantes sur les principes de la rhétorique.

La plupart des conditions nécessaires pour commencer notre analyse du populisme sont maintenant réunies.

Demandes et identités populaires

Il faut commencer par prendre une décision : quelle va être notre plus petite unité d'analyse ? Nous pourrions décider de prendre comme unité minimale la foule comme telle, auquel cas nous verrons le populisme comme l'idéologie ou le type de mobilisation d'une foule déjà constituée – c'est-à-dire comme l'expression (l'épiphénomène) d'une réalité sociale différente de cette expression ; ou nous pouvons voir le populisme comme une manière de constituer l'unité de la foule elle-même. Si nous choisissons la première réponse, nous sommes aussitôt confrontés à toutes les difficultés que j'ai décrites dans le chapitre I. Si nous choisissons la deuxième, comme je pense que nous devons le faire, nous sommes obligés d'en accepter les implications : le « peuple » ne constitue pas une expression idéologique, mais une relation réelle entre des acteurs sociaux. Autrement dit, c'est une manière de constituer l'unité du groupe. Évidemment, ce n'est pas le seul moyen de parvenir à ce résultat. D'autres logiques sont à l'œuvre dans le social, qui rendent possibles des types d'identité différents de l'identité populiste. Par conséquent, si nous voulons déterminer la spécificité d'une pratique articulatoire populiste, nous devons isoler des unités plus petites que la foule pour définir le type d'unité que le populisme rend possible.

L'unité la plus petite dont nous partirons correspond à la catégorie de « demande sociale ». Comme je l'ai signalé ailleurs[1], la notion

1. « Populism : What is in the Name ? », *in* Francisco Panizza (dir.), *Populism and the Mirror of Democracy*, Londres, New York, Verso, 2005.

de « demande » est ambiguë : le mot peut désigner une pétition, mais il peut aussi désigner une réclamation, une exigence (comme lorsque quelqu'un « demande une explication »)[1]. Mais cette ambiguïté sémantique est utile pour notre propos, dans la mesure où c'est dans le passage de la pétition à la réclamation que nous trouverons un des premiers traits permettant de définir le populisme.

J'aimerais prendre un exemple pour voir comment émergent des demandes isolées et examiner le début de leur articulation. Cet exemple, imaginaire, correspond néanmoins à une situation que connaissent bien les pays du Tiers-Monde. Imaginons qu'une masse de migrants d'origine rurale s'installent dans un bidonville situé à la périphérie d'une grande ville industrielle en développement. Apparaissent des problèmes de logement, et ceux qui sont concernés par ces problèmes demandent aux autorités locales une solution. Ici, nous avons une *demande* qui, à l'origine, n'est peut-être qu'une *pétition.* Si la demande est satisfaite, les choses en resteront là ; mais si elle ne l'est pas, les gens peuvent s'apercevoir que leurs voisins ont d'autres demandes qui ne sont pas non plus satisfaites – des problèmes concernant l'eau, la santé, la scolarisation des enfants, *et cetera.* Si la situation reste inchangée pendant un certain temps, les demandes insatisfaites s'accumuleront et le système institutionnel sera de plus en plus incapable de les intégrer d'une manière différenciée (chacune isolément des autres), ce qui établit entre elles une relation d'équivalence. Cela pourrait facilement aboutir, si des facteurs extérieurs n'interviennent pas, à la constitution d'un fossé de plus en plus grand entre le système institutionnel et les gens.

Nous avons donc affaire ici à la formation d'une frontière intérieure, à la dichotomisation de l'éventail politique local à travers l'émergence d'une chaîne de demandes non satisfaites équivalentes. Les *pétitions* se transforment en *réclamations*, en *exigences*. Nous appellerons demande démocratique une demande qui, satisfaite ou non, demeure isolée[2]. Pour désigner les demandes qui, à travers leur articulation fondée sur leur équivalence, constituent une subjecti-

1. Le mot anglais *demand* a été ici traduit en français par demande, le mot *request* par *pétition*, et le mot *claim* par *réclamation*, *exigence* (*N.d.T.*).

2. Sur la composante « démocratique » de la notion de « demande démocratique », voir l'appendice de ce chapitre.

vité sociale plus large, nous parlerons de *demandes populaires* : elles commencent ainsi, à un niveau embryonnaire, à constituer le peuple comme acteur historique potentiel. Ici, nous avons, sous une forme rudimentaire, une configuration populiste. Nous avons déjà deux préconditions évidentes du populisme : 1) la formation d'une frontière intérieure antagoniste séparant le peuple du pouvoir ; 2) une articulation de demandes équivalentes qui rend possible l'émergence du peuple. Il y a une troisième précondition qui ne se réalise que lorsque la mobilisation politique atteint un niveau supérieur : l'unification de ces différentes demandes – dont l'équivalence, jusque-là, n'avait pas dépassé un vague sentiment de solidarité – en un système stable de signification.

Si nous restons un instant au niveau local, nous voyons clairement que ces équivalences – sans lesquelles le populisme ne peut exister – peuvent se consolider uniquement quand d'autres étapes sont franchies, à la fois par l'extension des chaînes d'équivalences et par leur unification symbolique. Prenons comme exemple les émeutes préindustrielles de la faim décrites par George Rudé[1]. Au niveau le plus élémentaire c'est la « force de l'exemple » – correspondant à la « contagion » des théoriciens du comportement des foules – qui peut établir une équivalence éphémère. Examinons les émeutes du blé de 1775 dans la région parisienne, par exemple : « loin d'être une éruption simultanée déclenchée par un point central de contrôle, elles [les émeutes] furent une série d'explosions mineures, éclatant en réaction non seulement à une initiative locale mais aussi à la force de l'exemple [...]. À Magny, par exemple, on dit que le peuple avait été excité par la révolte de Pontoise (à vingt-cinq kilomètres de là) ; à Villemomble, au sud de Gonesse, on affirma, à l'appui des prix bas proposés par les acheteurs, "que le prix du pain avait été fixé à 2 sous à Paris et le blé à 12 francs à Gonesse" ; on pourrait citer d'autres cas du même genre[2] ». L'insuccès de ces premières émeutes, si on les compare à celles qui eurent lieu pendant la Révolution, s'explique par le fait que, d'une

1. George Rudé, *The Crowd in History : A Study of Popular Disturbances in France and England (1730-1848)*, New York, Londres, Sydney, John Wiley and Sons, 1964.

2. *Ibid.*, p. 29.

part, leurs chaînes d'équivalences ne s'étendirent pas aux demandes d'autres secteurs sociaux ; d'autre part, au fait que les paysans n'avaient à leur disposition aucun discours national contre le *statu quo* dans lequel ils auraient pu inscrire leurs demandes comme un maillon supplémentaire d'une chaîne d'équivalences. George Rudé est parfaitement clair sur ce point :

> [leur échec] était dû à l'isolement de ces premiers émeutiers, qui se trouvèrent confrontés à l'opposition réunie de l'armée, de l'Église, du gouvernement, de la bourgeoisie urbaine, et des paysans propriétaires [...]. Une fois encore – et cela est de la plus haute importance – les idées nouvelles de « liberté », souveraineté populaire, et de Droits de l'homme, qui devaient plus tard unir les classes inférieures et les classes moyennes contre un ennemi commun, n'avaient pas encore commencé à circuler parmi les pauvres des villes et des campagnes [...]. Leur seule cible était le fermier ou le paysan prospère, le grainetier, le meunier ou le boulanger [...]. Il n'était pas question de renverser le gouvernement ou l'ordre établi, de proposer de nouvelles solutions, ni même de chercher à réparer des torts par l'action politique. Telle est l'émeute de la faim du XVIIIe siècle dans sa forme la plus pure. Des mouvements comparables apparaîtront pendant la Révolution, mais ils n'auront jamais tout à fait le même degré de spontanéité et d'innocence politique[1].

Nous avons ici affaire à un double schéma : d'une part, plus la chaîne des équivalences s'étend, plus sera mélangée la nature des chaînons entrant dans sa composition. « La foule peut se révolter parce qu'elle a faim ou craint d'avoir faim, parce qu'elle subit une profonde injustice sociale, parce qu'elle cherche une réforme sociale ou l'âge d'or, ou parce qu'elle veut détruire un ennemi ou acclamer un "héros" ; mais c'est rarement pour une de ces raisons seulement[2]. » D'un autre côté, si l'affrontement doit être davantage qu'un simple épisode, les forces impliquées doivent attribuer à *certains* éléments de la chaîne d'équivalences un rôle d'ancrage qui les distingue des autres. Dans cette perspective, George Rudé opère

1. *Ibid.*, p. 31.
2. *Ibid.*, p. 217.

une distinction entre les motifs apparents d'une émeute et « les motifs sous-jacents, les mythes et croyances traditionnels – ce que les psychologues de la foule et les spécialistes des sciences sociales ont qualifié de croyances "fondamentales" ou "généralisées" – qui jouèrent un rôle non négligeable dans les troubles de ce genre[1] ». Il analyse l'instinct « niveleur », l'hostilité aux innovations capitalistes, l'identification de la « justice » au roi en tant que protecteur ou « père » de son peuple, et une série de thèmes millénaristes ou religieux récurrents. On retrouve dans tous ces thèmes un modèle clairement identifiable : ils ont un rôle différent du contenu matériel réel des demandes en jeu – faute de quoi ils ne pourraient fonder ni donner une cohérence à ces demandes. Au sujet de l'« instinct niveleur », par exemple, voici ce qu'écrit George Rudé :

> Il y a l'« instinct niveleur » traditionnel [...] qui pousse les pauvres à rechercher un certain degré de justice sociale élémentaire aux dépens des riches, *les grands*, et ceux qui exercent l'autorité, qu'il s'agisse des représentants officiels du gouvernement, des seigneurs féodaux, des capitalistes, ou des dirigeants révolutionnaires appartenant à la classe moyenne. C'est le terrain commun sur lequel, au-delà des slogans des partis en lutte, le *sans-culotte* militant retrouve l'émeutier combattant pour « l'Église et le Roi » ou le paysan luttant pour l'âge d'or. [...] L'instinct « niveleur » de la foule peut être aussi facilement mis au service d'une cause révolutionnaire que d'une cause antirévolutionnaire[2].

Les autres exemples mentionnés par Rudé sont tout aussi éloquents : pendant les *Gordon riots*, la foule s'attaqua aux *riches* catholiques plutôt qu'aux catholiques en général ; pendant les troubles pour « l'Église et le Roi », le peuple napolitain massacra des Jacobins non seulement parce qu'ils étaient les alliés des Français athées, mais surtout parce qu'ils circulaient en carrosse ; et pendant les guerres de Vendée, si les paysans se soulevèrent contre le Paris de la Révolution, c'est parce qu'ils haïssaient plus profondément les riches de la ville que le propriétaire de leur village. La conclusion

1. *Ibid.*, p. 224.
2. *Ibid.*, p. 224-225.

est indiscutable : si l'« instinct niveleur » peut s'associer aux contenus sociaux les plus différents, il ne peut avoir de contenu qui lui soit propre. Cela signifie que les images, les mots, *et cetera*, au moyen desquels on le reconnaît, qui donnent à des contenus concrets successifs un sentiment de continuité, fonctionnent exactement comme ce que j'ai appelé des signifiants vides.

Cela constitue pour nous un bon point de départ pour notre approche du populisme. Les trois dimensions structurelles nécessaires pour élaborer un concept développé de populisme sont contenues, *in nuce*, dans les mobilisations locales dont je viens de parler ; l'unification d'une pluralité de demandes dans une chaîne d'équivalences ; la constitution d'une frontière intérieure partageant la société en deux camps ; la consolidation de la chaîne des équivalences par la construction d'une identité populaire qui, qualitativement, n'est pas la simple addition des maillons équivalents. Le reste de ce chapitre sera consacré à l'analyse de chacun de ces trois aspects. Mais le concept de populisme auquel nous parviendrons à la fin de cette exploration sera un concept provisoire, puisqu'il sera fondé sur le recours à deux suppositions simplificatrices – heuristiquement nécessaires. Ces deux suppositions seront éliminées l'une après l'autre dans le chapitre V. C'est alors seulement que nous serons en mesure de présenter un concept de populisme pleinement développé.

Les aventures des équivalences

Pour passer des émeutes localisées au populisme, il est nécessaire d'élargir les dimensions de notre analyse. Le populisme, dans ses formes classiques, présuppose une plus vaste communauté, de façon que la logique des équivalences traverse de nouveaux groupes sociaux plus hétérogènes. Mais cet élargissement révèle plus clairement certains traits de cette logique, que les mobilisations de taille plus limitée avaient tendance à cacher.

Revenons à la distinction que nous avons établie entre demandes démocratiques et demandes populaires. Nous savons une chose au sujet de ces dernières : leur constitution présuppose l'équivalence d'une pluralité de demandes. Mais nous avons très peu parlé des demandes démocratiques : la seule chose que nous sachions, c'est qu'elles restent isolées. Mais isolées de quoi ? Seulement du processus de constitution des équivalences. Ce n'est pas un isolement monadique, car nous savons que si une demande n'entre pas dans une relation d'équivalence avec d'autres demandes, c'est parce que c'est une demande qui a été *satisfaite* (dans le chapitre V, j'analyserai un autre type d'isolement, lié au statut des signifiants flottants). Or, une demande qui est satisfaite ne reste pas isolée ; elle s'inscrit dans une totalité institutionnelle/différentielle. Nous avons donc deux manières de construire le social : soit à travers l'affirmation de la particularité – dans notre cas, une particularité des demandes – dont les seuls liens avec les autres particularités sont d'une nature différentielle (nous l'avons vu : pas de termes positifs, uniquement des différences) ; soit à travers un abandon partiel de la particularité, soulignant ce que toutes les particularités ont, équivalentiellement, en commun. Cette deuxième manière de construire le social implique, comme nous le savons, le tracé d'une frontière antagonique ; la première, non. J'ai parlé de *logique de la différence* à propos de la première manière de construire le social, de *logique de l'équivalence* à propos de la seconde. Apparemment, nous pourrions arriver à la conclusion qu'une des préconditions de l'émergence du populisme est l'extension de la logique de l'équivalence aux dépens de la logique de la différence. À bien des égards, cela est vrai, mais en rester là serait remporter la victoire trop facilement, car cela supposerait que l'équivalence et la différence s'excluent mutuellement. Les choses sont en fait beaucoup plus complexes.

Arrivés à ce point de la réflexion, nous pouvons revenir à notre analyse de la totalisation discursive. Nous avons vu qu'il n'y a pas de totalisation sans exclusion, et que l'exclusion en question présuppose la scission de toute identité entre sa nature différentielle, qui la lie/sépare des autres identités, et son lien d'équivalence avec tous les autres par rapport à l'élément exclu. La totalisation partielle que le lien hégémonique parvient à créer n'élimine pas cette scission mais, au contraire, doit opérer à partir des possibilités structurelles qui en dérivent. Donc, la différence et l'équivalence doivent se refléter mutuellement. De quelle manière ? Je donnerai deux exemples opposés, dont je tirerai plus tard une conclusion théorique.

Dans une société faisant de l'État-providence son horizon ultime, seule la logique de la différence serait acceptée comme mode légitime de construction du social. Dans cette société, conçue comme un système en constante expansion, tout besoin social devrait être traité de façon différente ; et il n'y aurait aucun fondement à créer une frontière interne. Puisqu'elle serait incapable de se différencier de toute autre chose, cette société ne pourrait pas se totaliser, elle ne pourrait pas créer un « peuple ». Mais ce qui se passe, en réalité, c'est que les obstacles rencontrés dans l'établissement de cette société – les appétits des entrepreneurs privés, les intérêts établis, etc. – forcent ses défenseurs eux-mêmes à identifier des ennemis et à réintroduire un discours de la division sociale fondé sur une logique d'équivalence. C'est de cette façon que peuvent émerger les sujets collectifs constitués autour de la défense de l'État-providence. On peut dire la même chose du néolibéralisme : lui aussi se présente comme une panacée permettant de créer une société sans fracture – à ceci près que dans le cas du néolibéralisme cet objectif est atteint grâce au marché, non grâce à l'État. Le résultat est le même : à un certain moment, Margaret Thatcher rencontra des « obstacles », commença à dénoncer les parasites de la Sécurité sociale et autres, et finit par tenir un des discours de division sociale les plus agressifs de l'histoire contemporaine du Royaume Uni.

Du point de vue de la logique de l'équivalence, la situation est la même. Les équivalences peuvent affaiblir, mais elles ne peuvent domestiquer les différences. En premier lieu, il est clair que l'équivalence *n'essaie pas* d'éliminer les différences. Dans notre exemple initial, c'est parce que des demandes sociales particulières restèrent insatisfaites que l'équivalence fut à l'origine établie ; si la particularité de ces demandes disparaît, il n'y pas non plus de fondement à l'équivalence. Donc, la différence continue à opérer à l'intérieur de l'équivalence, à la fois comme son fondement et dans une relation de tension avec elle. Je prendrai un exemple. Au cours de la Révolution française, et en particulier pendant la période jacobine, le « peuple », nous le savons, constitua une construction fondée sur des équivalences, et toute la dynamique politique de la période serait inintelligible si nous ne la pensions pas en termes de tension entre l'universalité de la chaîne des équivalences et la particularité des demandes de chacun de ses maillons. Prenons le cas des demandes ouvrières dans une chaîne de ce type[1]. Toute la période révolutionnaire est marquée par la tension – entre autres – entre les demandes ouvrières et le discours d'équivalence de la démocratie populaire radicale. D'une part, les demandes des ouvriers, qui appartenaient au camp révolutionnaire, se reflétaient de manière contradictoire dans le discours révolutionnaire officiel : ce dernier ne pouvait pas simplement les ignorer, et cela conduisit à un mouvement heurté de reconnaissance partielle et de répression partielle. D'autre part, on perçoit certaines hésitations dans les actions des ouvriers. Quand les sans-culottes – avec Hébert et ses compagnons – contrôlaient la Commune de Paris, il y eut une large reconnaissance politique des demandes sociales des ouvriers ; mais après leur chute en avril 1794, et la fermeture qui suivit des « sociétés populaires » de sans-culottes, on assista à la dissolution des organisations ouvrières embryonnaires. Plus tard, la même année, les protestations ouvrières se réveillèrent à la suite de la publication de la loi sur le maximum général qui fixait le nouveau montant des salaires à Paris et elles furent un élément important dans la chute de Robespierre, puis de la Commune, dont les conseillers allèrent à leur exécution au milieu d'une masse hostile d'ouvriers qui criaient à leur passage : « *Foutu maximum !* » Plus tard, les nouvelles autorités laissèrent opérer les lois du marché ; cela mena à une rapide inflation et à une détérioration de la valeur des salaires. Cette fois-ci, au milieu d'une vague de chômage, la protestation sociale prit la forme d'émeutes de la faim plus traditionnelles. Cette histoire complexe nous montre que la tension équivalence/différence exista en permanence pendant la période révolutionnaire. Ceux qui contrôlaient l'État ne cédèrent pas aux demandes ouvrières, mais ils ne purent pas non plus les ignorer ; quant aux ouvriers, ils ne purent jamais se permettre, pour affirmer leur autonomie, d'aller jusqu'à abandonner le camp révolutionnaire. À aucun moment il ne fut question pour eux de se lancer dans la lutte des classes indépendante qui

1. *Ibid.*, chapitre VIII.

aurait ouvert un nouveau chapitre, comme le prétendait Daniel Guérin dans un livre aujourd'hui discrédité[1].

Où tout cela nous conduit-il ? J'ai montré que l'équivalence et la différence sont en dernière analyse incompatibles ; néanmoins, elles ont besoin l'une de l'autre en tant que conditions nécessaires de la construction du social. Le social n'est rien d'autre que le lieu de cette tension irréductible. Qu'en est-il, dans ce cas, du populisme ? Si aucune séparation ultime entre les deux logiques n'est possible, pourquoi le privilège accordé aux équivalences serait-il le propre du populisme ? Plus particulièrement, que signifierait « privilège » dans ce contexte ? Examinons la question attentivement. Ce que j'ai dit plus haut au sujet de la totalisation, de l'hégémonie et du signifiant vide nous donne la clé indispensable pour résoudre cette énigme. D'un côté, toute identité sociale (c'est-à-dire discursive) est constituée au point de rencontre de la différence et de l'équivalence – exactement comme les identités linguistiques sont le siège des relations syntagmatiques de combinaison et des relations paradigmatiques de substitution. Mais d'un autre côté, il y a une inégalité[2] essentielle dans le social, puisque, nous l'avons vu, la totalisation exige qu'un élément différentiel assume la représentation d'une totalité impossible. (Les symboles de Solidarność, par exemple, ne restèrent pas les demandes particulières d'un groupe d'ouvriers de Gdansk, mais finirent par signifier un camp populaire beaucoup plus étendu contre un régime oppresseur). Ainsi, une certaine identité est choisie dans le champ entier des différences, et on lui fait incarner cette fonction totalisatrice. C'est exactement – pour répondre à la question précédente – ce que *privilège* signifie. En ressuscitant une vieille catégorie phénoménologique, nous pourrions dire que cette fonction consiste à poser l'*horizon* du social, la limite de ce qui est représentable à l'intérieur de cet horizon (nous avons déjà analysé la relation entre limite et totalité).

1. Daniel Guérin, *La Lutte de classes sous la première République (1793-1797)*, Paris, Gallimard, 1946, 2 volumes.

2. Le mot inégalité est ici employé comme équivalent de l'anglais *unevenness*, qui désigne une inégalité entre éléments de niveaux différents, et doit être distingué de l'anglais *inequality*. (*N.d.T.*)

La différence entre totalisation populiste et totalisation institutionnaliste est à chercher au niveau de ces signifiants privilégiés, hégémoniques, qui structurent, comme des points nodaux, l'ensemble de la formation discursive. La différence et l'équivalence sont présentes dans les deux cas, mais un discours institutionnaliste est un discours qui tente de faire coïncider les limites de la formation discursive avec celles de la communauté. Donc le principe universel de « différentialité » se transformerait en équivalence dominante à l'intérieur d'un espace communautaire homogène (pensons, par exemple, au « une nation » de Disraeli). Dans le cas du populisme, c'est le contraire qui arrive : une frontière d'exclusion divise la société en deux camps. Le « peuple », dans ce cas, est moins que la totalité des membres de la communauté : c'est un élément partiel qui aspire néanmoins à être conçu comme la seule totalité légitime. La terminologie traditionnelle – qui a été traduite dans le langage commun – éclaire cette différence : le peuple, peut être conçu soit comme *populus* – ensemble de tous les citoyens –, soit comme *plebs* – ensemble des plus démunis. Mais même cette distinction ne rend pas exactement compte de ce que je cherche à exprimer. Car cette distinction pourrait facilement être vue comme une distinction *juridiquement* reconnue, auquel cas elle ne serait qu'une différenciation au sein d'un espace homogène qui donne une légitimité universelle à tous les éléments qui le composent – autrement dit, la relation entre les deux termes ne serait pas une relation d'antagonisme. Pour concevoir le peuple du populisme, il est nécessaire d'ajouter quelque chose : nous avons besoin d'une *plebs* qui prétende être le seul *populus* légitime, c'est-à-dire d'une partie qui veuille jouer le rôle de la totalité de la communauté. (« Tout le pouvoir aux soviets » – ou l'équivalent d'un tel mot d'ordre dans d'autres discours – serait une affirmation strictement populiste.) Dans le cas d'un discours institutionnaliste, nous avons vu que la différentialité exige d'être considérée comme le seul équivalent légitime : toutes les différences sont considérées comme également valides dans le cadre d'une totalité plus large. Dans le cas du populisme, cette symétrie est brisée : c'est une partie qui s'identifie au tout.

Donc, nous le savons déjà, une exclusion radicale va s'opérer *à l'intérieur* de l'espace communautaire. Dans le premier cas, le principe de différentialité peut se constituer comme la seule équivalence dominante ; dans le second, cela ne suffit pas ; le rejet d'un pouvoir actif dans la communauté exige l'identification de tous les maillons de la chaîne populaire à un principe d'identité qui permette la cristallisation de toutes les demandes différentes autour d'un dénominateur commun – lequel exige, évidemment, une *expression symbolique positive.* C'est là que s'opère la transition de ce que nous avons appelé les *demandes démocratiques* aux *demandes populaires.* Les premières peuvent être intégrées à une formation hégémonique en expansion ; les secondes constituent un défi à la formation hégémonique comme telle. Au Mexique, pendant la période d'hégémonie du Parti révolutionnaire institutionnel (PRI), le jargon politique avait établi une distinction entre les demandes ponctuelles qui pouvaient être intégrées par le système d'une manière *transformiste* (pour employer le terme gramscien) et ce qu'on appelait le *paquete* – c'est-à-dire un ensemble de demandes simultanées présentées comme un tout unifié. C'est seulement sur ces dernières demandes que le régime n'était pas prêt à négocier : il y répondait en général par une féroce répression.

Arrivés à ce point de notre réflexion, nous pouvons revenir un instant à notre analyse de Freud. L'idée de Freud d'une foule qui, par son organisation, aurait assumé toutes les fonctions de l'individu et éliminé le besoin d'un leader correspond, presque point par point, à une société entièrement régie par ce que j'ai appelé la logique de la différence. Nous savons qu'une telle société est impossible et, nous l'avons vu, nous avons de bonnes raisons de penser que Freud avançait là un concept-limite, non une hypothèse réellement viable. Mais l'idée opposée, celle d'un groupe durable dont le seul *lien* libidinal serait l'amour partagé pour le leader, est tout aussi impossible. La dimension de particularité différentielle – qui, nous l'avons vu, continue à opérer sous la relation d'équivalence – aurait dans ce cas disparu, et l'équivalence se serait effondrée pour devenir simple identité, auquel cas il n'y aurait plus de foule du tout. Signaler que l'amour pour le leader est une condition centrale de *consolidation* du lien social et affirmer que cet amour est l'origine de ce lien sont deux choses différentes. Je pense que Freud passe trop vite de l'une à l'autre. Les seuls exemples qu'il fournisse de groupes fondés uniquement sur cet amour pour le leader sont empruntés à des situations de courte durée, comme celui d'un groupe de jeunes filles en proie à l'hystérie parce que l'une d'entre elles a reçu une lettre décevante de son amoureux ; ou bien encore, celui d'un groupe de jeunes filles amoureuses d'un chanteur ou d'un pianiste – l'identification dans un cas de ce genre n'étant qu'une manière de surmonter l'envie ou la jalousie. Mais à chaque fois que nous passons à l'un des autres groupes qu'il analyse, cette explication devient manifestement insuffisante. Les soldats n'entrent pas dans l'armée *à cause de* leur amour pour le général en chef, quel que soit le rôle que cet amour puisse jouer par la suite dans la consolidation de l'unité du groupe. Mais si nous complétons cette analyse par les références de Freud à une gradation à l'intérieur du moi, que j'ai analysées plus haut, nous nous retrouvons face à une image des choses très différente – une image qui correspond réellement, sur tous les points importants, à notre analyse de l'articulation nécessaire entre équivalence et différence.

Nous avons avancé d'un pas, et d'un seul, dans notre approche du populisme. Nous savons, pour le moment, que le populisme exige la division dichotomique de la société en deux camps – dont l'un se présente comme une partie prétendant être le tout ; que cette dichotomie implique une division antagonique du champ social ; et que le camp populaire présuppose, comme condition de sa constitution, la construction d'une identité globale à partir de l'équivalence d'une pluralité de demandes sociales. Que signifient exactement ces découvertes ? Il est difficile de répondre avant de déterminer plus précisément ce qui est impliqué dans la construction discursive à la fois d'une frontière antagonique et de cette articulation particulière de l'équivalence et de la différence que nous qualifions d'« identité populaire ». C'est ce que je vais essayer de faire.

Antagonisme, différence et représentation

Qu'exige notre idée de frontière antagonique pour pouvoir accomplir le rôle que nous lui avons assigné – c'est-à-dire pour qu'il soit possible de penser la société comme deux camps irréductibles structurés autour de deux chaînes d'équivalences incompatibles ? Évidemment, nous ne pouvons passer d'un camp à l'autre dans les termes d'une quelconque continuité différentielle[1]. Si, à travers la logique interne d'un camp donné, nous étions capables de passer dans l'autre, nous aurions affaire à une relation différentielle, et le fossé séparant les deux camps ne serait pas vraiment radical. La radicalité du fossé implique son irreprésentabilité conceptuelle. Cela rappelle la formule de Lacan selon laquelle « il n'y a pas de rapport sexuel » : cette affirmation ne signifie évidemment pas que les gens n'ont pas de relations sexuelles ; ce qu'elle signifie, c'est que les deux parties d'une telle relation ne peuvent être subsumées sous une formule unique de sexuation[2]. Il en va de même avec l'antagonisme : le moment strict de la séparation – le moment antagonique comme tel – échappe à l'appréhension conceptuelle. Prenons un exemple simple. Supposons une explication historique procédant selon la séquence suivante : 1) il existe sur le marché mondial une augmentation de la demande qui se traduit par une augmentation des prix du blé ; 2) les producteurs de blé de tel ou tel pays sont donc incités à augmenter leur production ; 3) en conséquence, ils commencent à occuper des terres nouvelles, ce qui les amène à expulser de leurs terres des communautés paysannes traditionnelles ; 4) de sorte que les paysans n'ont d'autre solution que de résister à ces expulsions, etc. Il existe un hiatus évident dans cette explication : les trois premiers points se suivent naturellement en tant qu'éléments d'une séquence objective ; mais le quatrième est d'une nature totalement différente ; c'est un appel à notre sens commun, à notre connaissance de la « nature humaine », destiné à apporter à la séquence le maillon que l'explication objective est incapable de fournir. Nous avons un discours qui *intègre* de fait ce maillon, mais cette intégration ne s'effectue pas par une appréhension conceptuelle.

Il n'est pas difficile de trouver la signification de ce hiatus conceptuel. Si nous étions capables de reconstituer la série complète des

1. Voir Ernesto Laclau et Chantal Mouffe, *Hegemony and Socialist Strategy*, *op. cit.*, chapitre III.

2. Ce point est bien développé par Joan Copjec dans « Sex and the Euthanasia of Reason », *Read my Desire*, Cambridge/Londres, MIT Press, 1995, p. 201-236.

événements à travers des moyens purement conceptuels, le fossé antagonique ne pourrait pas être constitutif. Le moment conflictuel serait l'expression épiphénoménale d'un processus sous-jacent totalement rationnel, comme dans la ruse de la raison de Hegel. Entre la façon dont les gens « vivent » leurs relations antagoniques et la « véritable signification » de ces relations, il y aurait une brèche infranchissable. C'est pourquoi la « contradiction », au sens dialectique, est totalement incapable de saisir ce qui est en jeu dans un antagonisme social. B peut être – dialectiquement – la négation de A, mais je ne peux passer à B que par le développement de quelque chose qui était déjà contenu, depuis le début, dans A. Et quand A et B sont *aufgehoben* en C, nous voyons encore plus clairement que la contradiction fait partie d'une séquence dialectique qui est, conceptuellement, totalement maîtrisable. Si, cependant, l'antagonisme est strictement constitutif, la force antagonique démontre une extériorité qui peut, certainement, être surmontée, mais ne peut être dialectiquement récupérée.

On pourrait peut-être dire que cela se produit uniquement parce que nous avons identifié l'objectivité à ce qui est conceptuellement appréhensible dans un tout cohérent, alors que d'autres conceptions de ce qu'est un terrain objectif unifié – par exemple, les distinctions sémiologiques – ne s'exposent pas au même type de critique. Les différences de Saussure, par exemple, ne présupposent pas de liens logiques entre elles. C'est vrai, mais cela n'a pas de rapport avec la question qui est ici posée. Nous ne sommes pas en train de mettre en question l'universalité du terrain *logique*, mais celle de l'objectivité comme telle. Les différences saussuriennes présupposent encore un espace continu à l'intérieur duquel elles se constituent comme telles. L'idée d'antagonisme constitutif, de frontière radicale, exige, au contraire, un espace *fracturé*. Il nous faut analyser les différentes dimensions de cette fracture et ses conséquences pour l'émergence des identités populaires.

J'aborderai seulement ici les dimensions qui sont inhérentes à la fracture comme telle, en réservant pour la partie suivante la question relative à la construction discursive du « peuple ». Revenons à notre scène originale : l'existence d'une série de demandes sociales laissées insatisfaites rend possible le passage des demandes démocratiques isolées aux demandes populaires fondées sur une relation d'équivalence. Une première dimension de la fracture est que, à l'origine, il s'agit de l'expérience d'un *manque*, d'une brèche qui s'est ouverte dans la continuité harmonieuse du social. Ce qui manque, c'est une certaine plénitude de la communauté. Ceci est décisif : la construction du « peuple » va être la tentative de donner un nom à cette plénitude absente. Sans cette rupture initiale dans l'ordre social – aussi minime qu'elle soit à l'origine – la possibilité de construire un antagonisme, une frontière, ou en dernière instance, un « peuple » n'existe pas. Cette expérience initiale n'est pas seulement une expérience du manque. Le manque, nous l'avons vu, est lié à une demande non satisfaite[1]. Mais cela implique de faire intervenir l'instance qui n'a pas répondu à la demande. Une demande est toujours adressée à quelqu'un. C'est pourquoi nous sommes depuis le début confrontés à une division dichotomique entre des demandes sociales insatisfaites, d'une part, et de l'autre un pouvoir qui reste sourd à ces demandes. C'est ici que nous commençons à comprendre pourquoi la *plebs* se voit comme le *populus*, la partie comme le tout : puisque la plénitude de la communauté est précisément l'envers imaginaire d'une situation vécue comme *être déficient*, ceux qui sont responsables de cette situation ne peuvent constituer une partie légitime de la communauté : la rupture avec eux est inévitable.

Cela nous amène à notre seconde dimension. Nous l'avons vu, le passage des demandes démocratiques aux demandes populaires présuppose une pluralité de positions subjectives : les demandes, isolées au début, émergent en différents points du tissu social et la transition vers une subjectivité populaire consiste à établir un lien d'équivalence entre elles. Mais ces luttes populaires nous confrontent à un problème nouveau, auquel nous n'étions pas confrontés quand nous traitions de demandes démocratiques précises. La signification des demandes démocratiques est dans une large mesure déterminée par leurs positions différentielles à l'intérieur du cadre symbolique de la

1. Je dois être clair sur ce point : nous parlons ici seulement d'une positivation du manque, qui est possible uniquement parce qu'elle est fondée sur un manque plus fondamental qui précède toute forme de subjectivation.

société, et c'est seulement le fait de rester insatisfaites qui les fait apparaître sous un nouveau jour. Mais s'il y a un grand nombre de demandes sociales non satisfaites, c'est ce cadre symbolique lui-même qui commence à se désintégrer. En ce cas, pourtant, les demandes populaires sont de moins en moins soutenues par un cadre différentiel préexistant : elles doivent, dans une large mesure, en construire un nouveau. Et pour la même raison, l'identité de l'ennemi dépend aussi à chaque fois davantage d'un processus de construction politique. Je peux être relativement sûr de savoir qui est l'ennemi, quand, dans des combats limités, je suis aux prises avec un conseil municipal, les responsables du système de santé ou les responsables du système universitaire. Mais une lutte populaire implique l'équivalence entre tous ces combats partiels, et il devient alors beaucoup moins facile d'identifier l'ennemi global. En conséquence, la frontière politique interne sera beaucoup moins définie, et les équivalences intervenant dans cette détermination peuvent opérer dans plusieurs directions différentes.

Les véritables dimensions de cette indétermination se comprennent mieux si nous tenons compte de la considération suivante. Nous l'avons vu, aucun contenu particulier n'a inscrit, dans sa spécificité ontique, sa signification à l'intérieur d'une formation discursive – tout dépend du système d'articulation des différences et des équivalences à l'intérieur duquel il est situé. Un signifiant comme « travailleurs », par exemple, peut, dans certaines configurations discursives, s'épuiser dans une signification particulariste, sectorielle, alors que dans d'autres discours – le discours péroniste serait sur ce point un bon exemple – il peut devenir le nom du « peuple » *par excellence*. Ce qu'il faut souligner, c'est que cette mobilité implique aussi une autre possibilité qui a une importance essentielle pour comprendre la façon dont opèrent les variations populistes. Nous savons, grâce à la réflexion développée plus haut, que le populisme implique la division de la scène sociale en deux camps. Cette division présuppose (comme nous le verrons dans le détail un peu plus loin) la présence d'un certain nombre de signifiants privilégiés condensant la signification de la totalité d'un des deux camps (le « régime », l'« oligarchie », les « groupes dominants », *et cetera*, pour l'ennemi ; le « peuple », la « nation », la « majorité silencieuse », *et cetera*, pour les opprimés – le fait de savoir lesquels parmi ces signifiants vont jouer un rôle d'articulation dépend, évidemment, d'une histoire contextuelle). Mais dans ce processus de condensation, nous devons distinguer deux aspects : le rôle *ontologique* de la construction discursive de la division sociale et le contenu *ontique* qui, dans certaines circonstances, joue ce rôle. Ce qui importe, c'est que, à un certain stade, le contenu ontique peut épuiser sa capacité à jouer ce rôle, alors que demeure le besoin de ce rôle comme tel, et que – étant donné l'indétermination de la relation entre contenu ontique et fonction ontologique – cette fonction peut être remplie par des signifiants de signe politique radicalement opposé. C'est la raison pour laquelle entre le populisme de gauche et le populisme de droite il existe un *no man's land* nébuleux qui peut être traversé – et l'a été – selon toutes sortes d'orientations différentes.

Prenons un exemple. En France, il y avait traditionnellement un vote de gauche protestataire, essentiellement capté par le Parti communiste, qui remplissait ce que Georges Lavau a appelé une « fonction tribunicienne »[1] : il était la voix de ceux qui étaient exclus du système. Donc, s'opérait ainsi clairement une tentative visant à créer un « peuple de gauche », fondé sur la construction d'une frontière politique. Avec l'effondrement du communisme et la formation d'un *establishment* au centre, dans lequel le Parti socialiste et ses alliés n'étaient guère différents des gaullistes, la division entre la gauche et la droite devint de plus en plus floue. Le besoin d'un vote protestataire demeura néanmoins, et comme les signifiants de gauche avaient abandonné le camp de la division sociale, ce dernier fut occupé par les signifiants de droite. La nécessité ontologique d'exprimer la division sociale fut plus forte que l'attachement ontique à un discours de gauche, lequel, de toute façon, ne tentait plus de la construire. Cela se traduisit par un déplacement considérable des anciens électeurs du Parti communiste vers le Front national. Comme l'ont écrit Yves Mény et Yves Surel : « Dans le cas du Front national français, par exemple, de nombreux travaux se sont attachés à montrer que les transferts de voix au profit du parti d'extrême droite suivaient des logiques profondément atypiques.

1. Voir Georges Lavau, *À quoi sert le PCF*, Paris, Fayard, 1981.

Ainsi, les notions de "gaucho-lepénisme" ou d'"ouvriéro-lepénisme" reposent toutes deux sur la constatation qu'une proportion non négligeable des votes en faveur du FN provient d'électeurs qui "appartenaient" auparavant à l'électorat de la gauche classique, du Parti communiste en particulier[1]. » Je pense que l'actuel réveil du populisme de droite en Europe occidentale peut dans une large mesure s'expliquer de la même façon[2]. Étant donné que je parle du populisme, j'ai présenté l'asymétrie entre la fonction ontologique et sa satisfaction ontique en rapport avec les discours du changement radical, mais cette asymétrie se trouve également dans d'autres configurations discursives. Comme je l'ai dit ailleurs[3], quand les gens sont confrontés à une situation d'*anomie* radicale, le besoin d'une *forme quelconque* d'ordre devient plus important que l'ordre ontique réel qui permet d'y parvenir. L'univers hobbesien est la version extrême de ce vide : parce que la société se trouve confrontée à une situation de désordre *total* (l'état de nature), toutes les actions accomplies par le Léviathan sont légitimes – quel qu'en soit le contenu – du moment que ces actions ont pour résultat l'ordre.

Il existe une dernière dimension importante dans la construction des frontières politiques qui mérite notre attention. Elle concerne la tension que nous avons décelée entre la différence et l'équivalence à l'intérieur d'un complexe de demandes devenues « populaires » du fait de leur articulation. L'inscription d'une demande démocratique à l'intérieur d'une chaîne d'équivalences est une arme à double tranchant. D'un côté, cette inscription donne incontestablement à ladite demande une corporalité qu'elle n'aurait pas autrement : elle cesse d'être une occurrence flottante, transitoire, et devient un élément de ce que Gramsci a appelé une « guerre de position », c'est-à-dire

1. Yves Mény et Yves Surel, *Par le peuple, pour le peuple. Le populisme et les démocraties*, Paris, Fayard, 2000, p. 230. Les auteurs se réfèrent aux découvertes de Nonna Mayer, *Les Français qui votent FN*, Paris, Flammarion, 1999. Alors qu'en 1981, 61 % des ouvriers votèrent pour Mitterrand au premier tour des élections présidentielles, 70 % au second tour, en 1997 30 % votèrent pour Le Pen, contre 18 % trois ans plus tôt.

2. Voir Chantal Mouffe, « The "End of Politics" and the Challenge of Right-Wing Populism », *in* Francisco Panizza (dir.), *Populism and the Mirror of Democracy*, Londres, New York, Verso, 2005, p. 50-71.

3. Dans « Why Do Empty Signifiers… ».

un ensemble discursivo-institutionnel qui assure sa survie à long terme. D'un autre côté, le « peuple » (la chaîne des équivalences) a des lois stratégiques de mouvement qui lui sont propres, et rien ne garantit que ces lois ne conduisent pas à sacrifier, ou du moins à compromettre sensiblement, les contenus de certaines demandes démocratiques particulières. Cette possibilité est encore plus réelle du fait que chacune de ces demandes est liée aux autres *uniquement* à travers la chaîne des équivalences, qui résulte d'une construction discursive contingente, non d'une convergence imposée *a priori*. Dans leurs relations mutuelles, les demandes démocratiques sont dans la même situation que les porcs-épics de Schopenhauer dont parle Freud quelque part : s'ils sont trop éloignés les uns des autres, ils ont froid, mais s'ils se serrent de trop près pour se réchauffer, ils se blessent mutuellement avec leurs piquants[1]. Ce n'est pas tout : le terrain dans lequel se produit cette alternance difficile entre le froid et le chaud – c'est-à-dire le « peuple » – n'est pas seulement un terrain neutre qui agit comme une chambre de compensation pour les demandes particulières, car il se transforme dans la plupart des cas en hypostase qui commence à avoir des demandes qui lui sont propres. Nous reviendrons sur quelques-unes des variations politiques possibles de ce jeu inachevé – et interminable – d'articulation des différences et des équivalences. Je mentionnerai pour l'instant seulement l'une de ces possibilités, qui est bien réelle même si elle est extrême, parce qu'elle implique la dissolution du peuple : l'absorption de chacune des demandes individuelles, en tant que différentialité pure, dans le système dominant – avec son corollaire, la dissolution des liens d'équivalence avec les autres demandes. Le destin du populisme est ainsi étroitement lié à celui de la frontière politique : si cette frontière disparaît, le « peuple » se désintègre comme acteur historique.

Je prendrai comme exemple l'analyse de la désintégration du chartisme britannique qu'a proposée l'historien Gareth Stedman Jones dans un article pionnier devenu aujourd'hui un classique[2].

1. Sigmund Freud, *Psychologie des foules et analyse du moi*, *op. cit.*, p. 182.

2. Gareth Stedman Jones, « Rethinking Chartism », *Languages of Class : Studies in Working Class History 1832-1902*, Cambridge, Cambridge University Press, 1983.

L'auteur part de la critique de l'interprétation dominante, qui voit le chartisme comme un mouvement *social* qui aurait répondu aux perturbations provoquées par la Révolution industrielle. Pour Stedman Jones, cette image ne prend pas en compte le discours spécifique du chartisme (son langage, pour reprendre ses termes), discours qui le situe dans la grande tradition du radicalisme britannique. Cette tradition, dont les racines remontent à l'opposition des conservateurs du XVIIIe siècle à l'oligarchie *whig*, opéra un tournant fondamental vers une politique radicale à l'époque de la Révolution française et des guerres napoléoniennes. Le leitmotiv de cette tradition fut de considérer que les maux de la société ne venaient pas d'un élément inhérent au système économique, mais au contraire de l'abus de pouvoir des groupes de parasites et de spéculateurs qui détenaient le pouvoir politique – la « vieille corruption » pour reprendre la formule de William Cobbett : « Si la terre avait pu être socialisée, la dette nationale liquidée, et le monopole des banquiers sur l'offre d'argent aboli, c'est parce que toutes ces formes de propriété avaient une caractéristique commune, celle de ne pas être le produit du travail. C'est pour cette raison que le trait le plus souvent souligné de la classe dirigeante était sa paresse et son parasitisme[1]. » Comme ce discours était le discours dominant qui divisait la société en deux camps, les demandes ouvrières ne pouvaient être qu'un maillon supplémentaire dans la chaîne des équivalences – même si les événements leur donnèrent une place de plus en plus importante. Ce qui est, en tout cas, caractéristique de ce discours, c'est que ce n'était pas un discours *sectoriel* de la classe ouvrière mais un discours *populaire* adressé en principe à tous les producteurs contre les « fainéants ». « La distinction n'était pas fondamentalement entre les classes dominantes et les classes exploitées au sens économique, mais plutôt entre les bénéficiaires et les victimes de la corruption et du monopole du pouvoir politique. La juxtaposition était en premier lieu morale et politique, et les lignes de partage pouvaient passer autant à l'intérieur des classes qu'entre elles[2]. » Les thèmes dominants dans la dénonciation de l'ennemi étaient la consolidation

1. *Ibid.*, p. 157.
2. *Ibid.*, p. 169.

du pouvoir des propriétaires fonciers à travers une séquence historique dont les jalons furent l'occupation normande, la perte du droit de suffrage à l'époque médiévale, la dissolution des monastères et les *enclosures* au XVIIIe siècle, l'augmentation de la dette publique pendant les guerres avec la France et le retour de l'étalon-or, etc. Même si après 1832 il y eut, comme le signale Stedman Jones, une identification de plus en plus forte du « peuple » à la classe ouvrière, et une extension de la catégorie de « vieille corruption » aux capitalistes eux-mêmes, ni le caractère politique et moral de la dénonciation ni l'espoir de gagner le soutien des classes moyennes ne furent jamais abandonnés.

Dans cette grande aventure du chartisme, deux moments furent d'une importance capitale pour la question théorique qui est l'objet de notre réflexion. Le premier fut la vague de réformes administratives centralisatrices des années 1830. Au cours d'une période assez limitée, se succédèrent un certain nombre de mesures qui brisèrent toutes les structures de pouvoir local héritées du XVIIIe siècle. Cette centralisation autoritaire suscita une violente réaction, et le discours hostile à l'État du chartisme put sembler idéal pour galvaniser et unifier la protestation sociale. Mais ce n'est pas ce qui arriva. La fracture au sein du camp populaire après 1832 se révéla insurmontable. Les classes moyennes préférèrent chercher d'autres solutions à l'intérieur du cadre institutionnel existant plutôt que de risquer une alliance avec des forces qui leur semblaient de plus en plus menaçantes[1].

Mais ce qui se produisit par la suite fut encore plus révélateur. Dans les années 1840, l'État cessa de rechercher l'affrontement, comme il l'avait fait dans les années 1830. D'une part, des lois plus humaines furent adoptées dans des domaines comme le logement, la santé, et l'enseignement ; de l'autre, l'idée s'imposa de plus en plus que le pouvoir politique ne devait pas intervenir dans le fonc-

1. « La contestation des classes moyennes ne prit pas nécessairement la forme du chartisme. Une partie des classes moyennes exprima son désaccord avec la politique doctrinaire des Whigs dans les années 1830 en votant pour les Conservateurs lors des élections de 1841. Mais la peur et l'hostilité à l'extrémisme gouvernemental furent contrebalancées par l'angoisse que suscitait le caractère menaçant et potentiellement insurrectionnel de la contestation chartiste. Les électeurs votèrent en conséquence pour un gouvernement fort s'engageant à maintenir et à protéger les institutions existantes » (*ibid.*, p. 176).

tionnement des forces du marché. Cette situation priva le discours politique chartiste de ses deux fondements. Les acteurs sociaux durent alors apprendre à faire des différences entre les lois. Cela signifie, dans les termes qui sont les nôtres, qu'on a de moins en moins affaire à une confrontation avec un ennemi global, puisque les demandes particulières avaient une chance d'être satisfaites dans le cadre de négociations avec un pouvoir qui n'était plus un pouvoir uniquement hostile. Nous savons ce que cela signifie : l'effritement des liens d'équivalence et la désagrégation des demandes populaires en une pluralité de demandes démocratiques. Mais il se produisit aussi autre chose : l'opposition entre les producteurs et les parasites, qui avait été le fondement du discours chartiste des équivalences, perdit sa signification une fois que l'État relâcha son emprise sur l'économie – d'une manière qui n'était pas sans ressembler à celle que les chartistes eux-mêmes avaient préconisée. Il devint impossible de présenter les parasites comme la cause de tous les maux économiques. Là, comme l'a montré Stedman Jones, commence la séparation entre l'État et l'économie qui devait être la caractéristique du libéralisme du milieu de la période victorienne :

> Si la rhétorique chartiste convenait parfaitement lorsqu'il s'agissait de rassembler l'opposition aux mesures *whig* dans les années 1830, il lui fut difficile de modifier sa position face au changement de caractère de l'activité de l'État dans les années 1840. La critique chartiste de l'État et de l'oppression de classe qu'il avait engendrée était une critique totalisatrice. Elle ne convenait pas lorsqu'il s'agit de faire des différences entre des mesures législatives, car de telles distinctions revenaient à concéder que toutes les mesures poursuivies par l'État ne répondaient pas à des intentions mauvaises et que des réformes avantageuses pouvaient être menées à bien par des législateurs égoïstes dans un système qui n'avait pas été réformé[1].

Cette dernière citation montre en quoi consiste le schéma de la désintégration du « peuple ». Ce qui était en cause, ce n'était pas seulement le fait que le politique (l'instance de l'État) cessât de

1. *Ibid.*, p. 177.

jouer son rôle totalisateur dans la construction discursive de l'ennemi, mais aussi le fait qu'aucune autre instance ne pût jouer le même rôle. La crise populaire ne fut pas simplement due à l'incapacité de l'État à jouer le rôle de pilier assurant l'unité d'un système de domination. Elle fut aussi une crise de la capacité du « peuple » à totaliser sous une forme quelconque l'identité de l'ennemi ou sa propre identité globale de « peuple ». La séparation croissante entre l'économie et l'intervention de l'État n'était pas en elle-même un obstacle insurmontable à la construction d'une frontière politique et d'un peuple : il s'agissait seulement d'accorder moins de poids aux « fainéants » et aux « spéculateurs » et plus de poids aux capitalistes comme tels – un tournant que le discours chartiste avait déjà commencé à opérer. Mais cela aurait supposé que la position structurelle du « peuple » dans l'opposition *nous/eux* survive à la modification progressive de son contenu concret. Or, c'est précisément ce qui ne se produisit pas. Comme nous l'avons indiqué, le fossé entre les classes moyennes et la classe ouvrière s'approfondit, plusieurs mesures adoptées par l'État permirent de satisfaire des demandes sociales particulières et – cela est essentiel – cette rupture des relations d'équivalence eut des répercussions à long terme sur l'identité de la classe ouvrière elle-même. Tel est le véritable sens de la transition au libéralisme du milieu de la période victorienne : la politique cessa d'être le lieu d'une confrontation entre deux forces antagoniques pour devenir celui de la négociation de demandes particulières dans un État social en développement. Quand les organisations ouvrières refirent leur apparition avec les syndicats modernes, elles constatèrent que leurs demandes *spécifiques* seraient mieux servies par la négociation avec l'État que par le choix de l'affrontement direct avec lui. Cela, évidemment, n'exclut pas les moments d'explosion violente, mais ces explosions elles-mêmes ne purent dissimuler leur caractère *sectoriel*. Et même si la construction de l'hégémonie bourgeoise dans la deuxième moitié du XIXe siècle fut loin d'être un processus pacifique, le sens du développement à long terme est clair : le primat de la logique de la différence sur les ruptures fondées sur l'équivalence.

La structuration interne du « peuple »

J'ai analysé deux dimensions indispensables du populisme : le lien d'équivalence et la nécessité d'une frontière interne (ces deux dimensions étant, en réalité, étroitement corrélées). Je dois maintenant analyser le précipité que constitue la relation d'équivalence : l'identité populaire en tant que telle. J'ai dit plus haut que les relations d'équivalence ne dépasseraient pas un vague sentiment de solidarité si elles ne cristallisaient pas en une certaine identité discursive qui ne représente plus les demandes démocratiques *comme* équivalentes, mais le lien d'équivalence comme tel. C'est seulement ce moment de cristallisation qui constitue le « peuple » du populisme. Ce qui était seulement une médiation entre des demandes acquiert maintenant une consistance propre. Alors que le lien était initialement subordonné aux demandes, c'est maintenant lui qui réagit sur elles et, par un renversement de la relation, commence à agir comme leur fondement. Sans renversement de ce type, pas de populisme. (Cela ressemble à ce qu'analyse Marx dans *Le Capital* comme la transition de la forme générale de la valeur à la forme argent.)

Étudions maintenant les différents moments de cette construction du « peuple » comme cristallisation d'une chaîne d'équivalences dans laquelle l'instance cristallisatrice a, dans son autonomie, autant de poids que la chaîne infrastructurelle de demandes qui a rendu son émergence possible. Ce dont j'ai parlé antérieurement, la rupture dans la continuité de l'espace communautaire que constitue le fait que la *plebs* se présente comme la totalité du *populus*, pourrait être un bon point de départ. Cette asymétrie essentielle qui est à la racine de l'action populaire est aussi soulignée par Jacques Rancière dans des termes comparables :

> Le *demos* s'attribue comme part propre l'égalité qui appartient à tous les citoyens. Et, du même coup, cette partie qui n'en est pas une identifie sa propriété impropre au principe exclusif de la communauté et identifie son nom – le nom de la masse indistincte des hommes sans qualité – au nom même de la communauté. [...] Le peuple s'approprie

la qualité commune comme qualité propre. Ce qu'il apporte à la communauté, c'est proprement le litige[1].

Mais que signifie cette aspiration d'une partie à être vue comme la totalité sociale ? Où réside sa possibilité ontologique ? Pour que la totalité ait le statut d'une aspiration, il faut, pour commencer, qu'elle se différencie de l'ensemble réellement donné des relations sociales. Nous savons déjà pourquoi il en est ainsi : parce que le moment de la rupture antagonique est irréductible. Il ne peut être mené à une positivité plus profonde qui le transformerait en expression épiphénoménale de quelque chose de différent de lui-même. Cela signifie qu'aucune totalité institutionnelle ne peut inscrire en elle-même, comme des moments positifs, l'ensemble des demandes sociales. C'est pourquoi les demandes insatisfaites, celles dont l'inscription est impossible, auraient, nous l'avons vu, un être *déficient*. Mais en même temps, la *plénitude* de l'être communautaire est très présente, pour elles, comme ce qui est absent : comme ce qui, dans l'ordre social positif existant, doit rester insatisfait. Donc, le *populus* en tant que donné – en tant qu'ensemble des relations sociales telles qu'elles sont réellement – se révèle à lui-même comme fausse totalité, comme partie qui est source d'oppression. D'un autre côté, la *plebs*, dont les demandes partielles s'inscrivent dans l'horizon d'une totalité au sens plein – une société juste qui n'existe qu'idéalement –, peut aspirer à constituer un *populus* véritablement universel qui est nié par la situation existant réellement. C'est parce que ces deux visions du *populus* sont rigoureusement incommensurables qu'une certaine particularité, la *plebs*, peut s'identifier au *populus* conçu comme totalité idéale.

Qu'implique cette identification ? J'ai déjà dit comment s'opère la transition des demandes particulières aux demandes populaires – à travers la construction de liens d'équivalence. Maintenant, je dois expliquer comment cette pluralité de liens devient une singularité à travers sa condensation autour d'une identité populaire. Quels sont, pour commencer, les matériaux

1. Jacques Rancière, *La Mésentente. Politique et philosophie*, Paris, Galilée, 1995, p. 27-28.

bruts entrant dans ce processus de condensation ? Évidemment, ce sont seulement les demandes individuelles dans leur particularisme. Mais si un lien d'équivalence s'établit entre elles, il doit exister un genre de dénominateur commun qui incarne la totalité de la série. Puisque ce dénominateur commun doit venir de la série elle-même, ce ne peut être qu'une demande individuelle qui, pour un ensemble de raisons conjoncturelles, occupe une position centrale. (Souvenons-nous de l'exemple que nous avons pris, celui de Solidarność.) Il s'agit ici de l'opération hégémonique, que j'ai déjà décrite. Il n'y a pas d'hégémonie sans construction d'une identité populaire à partir d'une pluralité de demandes démocratiques. Nous allons donc localiser l'identité populaire à l'intérieur du complexe de relations qui explique les conditions aussi bien de son émergence que de sa dissolution.

Deux aspects de la constitution des identités populaires sont importants pour nous. Le premier, c'est que la demande qui cristallise l'identité populaire est intérieurement divisée. D'une part, elle reste une demande particulière ; de l'autre, sa propre particularité commence à signifier quelque chose de très différent d'elle-même : la chaîne totale des liens des demandes équivalentes. Bien qu'elle reste une demande particulière, elle devient aussi le signifiant d'une universalité plus large. (Après 1989, par exemple, pendant une brève période, en Europe de l'Est, le « marché » signifia bien davantage qu'un simple dispositif économique : ce mot recouvrait, à travers des liens d'équivalence, des contenus tels que la fin du régime bureaucratique, les libertés civiles, le fait de rattraper le retard pris sur l'Ouest, *et cetera*.) Mais cette signification plus universelle se transmet nécessairement aux autres maillons de la chaîne, qui ainsi sont eux-mêmes divisés entre le particularisme de leurs propres demandes et la signification populaire que leur donne leur inscription dans la chaîne. Se produit là une tension : plus une demande est faible, plus elle dépend pour sa formulation de son inscription populaire ; inversement, plus elle devient autonome discursivement et institutionnellement, moins elle dépend de l'articulation des équivalences. La rupture de cette dépendance peut conduire, comme nous l'avons vu dans le cas du chartisme, à une désintégration quasi complète du camp populaire équivalentiel.

Deuxièmement, notre réflexion doit s'ajuster, à ce stade, avec ce que j'ai dit plus haut de la production des « signifiants vides ». Comme nous le savons, toute identité populaire a besoin de se condenser autour de quelques signifiants (mots, images) qui renvoient à la chaîne des équivalences comme totalité. Plus la chaîne est étendue, moins ces signifiants seront attachés à leurs demandes particularistes originelles. Autrement dit, la fonction de représentation de l'« universalité » relative de la chaîne prévaudra sur celle d'expression de la revendication particulière qui est le support matériel de cette fonction. En d'autres termes : l'identité populaire devient de plus en plus pleine du point de vue *extensionnel*, car elle représente une chaîne de demandes toujours plus longue ; mais du point de vue *intensionnel* elle devient de plus en plus pauvre, car elle doit se dépouiller des contenus particuliers afin d'embrasser des demandes sociales qui sont très hétérogènes. Autrement dit : une identité populaire fonctionne comme un signifiant tendanciellement vide.

Mais ce qui a une importance fondamentale, c'est de ne pas confondre le *vide* avec l'*abstraction* – c'est-à-dire de ne pas concevoir le dénominateur commun exprimé par le symbole populaire comme un trait positif partagé en dernière instance par tous les maillons de la chaîne. Si tel était le cas, nous n'aurions pas transcendé la logique de la différence. Nous aurions affaire à une différence abstraite, qui appartiendrait néanmoins à l'ordre différentiel et serait, en tant que telle, conceptuellement appréhensible. Mais dans une relation d'équivalence, les demandes ne partagent rien de positif, en dehors du fait qu'elles restent toutes insatisfaites. Il existe donc une négativité spécifique inhérente au lien d'équivalence.

Comment ce moment de la négativité entre-t-il dans la constitution d'une identité populaire ? Revenons un instant au point que j'ai analysé plus haut : dans une situation de désordre radical, la demande est une demande d'ordre, *de n'importe quel type*, et l'ordre social *concret* qui satisfera cette demande est une considération secondaire (on peut dire la même chose de termes similaires comme « justice », « égalité », « liberté », etc.). Ce serait une perte de temps que d'essayer de donner une définition positive de l'« ordre » ou de la « justice » – c'est-à-dire d'attribuer à ces termes un contenu conceptuel, aussi minime qu'il soit. Le rôle sémantique de ces termes n'est pas d'exprimer *un quelconque* contenu positif, mais, comme nous l'avons vu, de fonctionner comme les noms d'une plénitude qui est constitutivement absente. C'est parce qu'il n'existe pas de situation humaine dans laquelle on ne trouve pas une forme quelconque d'injustice que la « justice », en tant que mot, a un sens. Puisqu'il désigne une plénitude indifférenciée, il n'a aucun contenu conceptuel dans l'absolu : ce n'est pas un terme *abstrait* mais, au sens strict, un terme *vide*. Une discussion ayant pour objet de savoir si l'ordre fasciste ou socialiste créera une société juste ne relève pas d'une déduction logique partant d'un concept de la « justice » accepté par les deux parties ; elle relève d'un investissement radical dont les étapes discursives ne sont pas des connections logico-conceptuelles mais des connections attributives-performatives. Si je parle d'une série d'abus sociaux, d'une injustice générale, et si je les attribue à l'« oligarchie », par exemple, j'accomplis deux opérations liées entre elles : d'une part, je constitue le peuple en trouvant l'identité commune d'une série de revendications sociales dans leur opposition à l'oligarchie ; de l'autre, l'ennemi cesse d'être purement conjoncturel et acquiert des dimensions plus globales. C'est pourquoi une chaîne d'équivalences *doit* s'exprimer à travers l'investissement d'un élément *singulier* : parce que nous avons affaire non à une opération conceptuelle consistant à trouver un trait abstrait commun sous-jacent dans toutes les doléances sociales, mais à une opération performative qui constitue la chaîne comme telle. Cela ressemble au processus de condensation dans le rêve : une image n'exprime pas sa particularité mais une pluralité de courants très différents de la pensée inconsciente qui trouvent leur expression dans cette image unique. On sait qu'Althusser s'est servi de cette notion de condensation pour analyser la Révolution russe[1] : tous les antagonismes de la société russe étaient condensés dans une unité de rupture autour des demandes « le pain, la paix, la terre ». Le moment du vide est ici décisif : sans des termes vides comme « justice », « liberté », *et cetera*, investis dans les trois demandes, ces dernières seraient restées

1. Louis Althusser, « Contradiction et surdétermination (notes pour une recherche) », *Pour Marx*, Paris, François Maspero, 1965, p. 85-128.

enfermées dans leur particularisme ; mais en raison du caractère radical de cet investissement, quelque chose du vide de la « justice » et de la « liberté » se transmit à ces demandes, qui devinrent ainsi les *noms* d'une universalité qui transcendait leur contenu particulier réel. Mais le particularisme n'est pas pour autant éliminé : comme dans toutes les formations hégémoniques, les identités populaires constituent toujours les points de tension/négociation entre universalité et particularité. Maintenant, la raison pour laquelle nous parlons de « vide » et non d'« abstraction » devrait être claire : la paix, le pain, la terre n'étaient pas le dénominateur commun *conceptuel* de toutes les demandes sociales en Russie en 1917. Comme dans tous les processus de surdétermination, les doléances qui n'avaient rien à voir avec ces trois demandes s'exprimaient néanmoins à travers elles.

Parvenu à ce point de ma réflexion, je peux traiter de deux aspects du populisme auxquels la littérature sur le sujet se réfère souvent mais pour lesquels, comme nous l'avons vu, aucune explication satisfaisante n'a été fournie. Le premier concerne la prétendue « imprécision » et le « vague » des symboles populistes. Cela a en général constitué une étape – comme le montrent de façon évidente les auteurs dont j'ai cité les analyses – menant à leur dévalorisation. Si, cependant, la question est approchée dans la perspective que j'ai esquissée, concernant la production des signifiants vides, les conclusions sont toutes différentes. Le caractère vide des signifiants qui donnent son unité ou sa cohérence à un camp populaire n'est pas le résultat d'un quelconque sous-développement idéologique ou politique ; il exprime simplement le fait que toute unification populiste prend place sur un terrain social radicalement hétérogène. Cette hétérogénéité ne tend pas, à partir de son propre caractère différentiel, à se fondre autour d'une unité qui résulterait de son simple développement interne ; donc n'importe quel type d'unité va avancer à partir d'une inscription, la surface de cette inscription (les symboles populaires) étant irréductible aux contenus qui y sont inscrits. Les symboles populaires sont, sans aucun doute, l'expression des demandes démocratiques qu'ils rassemblent ; mais le moyen d'expression ne peut être réduit à ce qu'il exprime : ce n'est pas un médium transparent. Pour revenir à mon exemple précédent : dire que l'oligarchie est responsable de l'insatisfaction des demandes sociales n'est pas déclarer quelque chose qui puisse être lu à partir des demandes sociales elles–mêmes ; cette affirmation est fournie *de l'extérieur* de ces demandes sociales par un discours sur lequel elles peuvent être inscrites. Ce discours, évidemment, augmentera l'efficacité et la cohérence des combats dont il sera le point de départ. Mais plus ces demandes sociales sont hétérogènes, moins le discours leur fournissant une surface d'inscription sera capable de faire appel au cadre différentiel commun d'une situation locale concrète. Comme je l'ai dit, dans un combat local, je peux être relativement clair quant à la nature de mes demandes et de la force contre laquelle nous combattons. Mais quand j'essaie de constituer une identité populaire plus large et un ennemi plus global à travers une articulation de demandes sectorielles, l'identité des forces populaires et de l'ennemi devient plus difficile à déterminer. C'est ici que le moment du vide surgit nécessairement, après l'établissement de liens d'équivalence. Donc, le « vague » et l'« imprécision » existent, mais ceux-ci ne résultent pas d'une forme quelconque de situation marginale ou primitive ; ils sont inscrits dans la nature même du politique. S'il fallait en donner une preuve, pensons simplement aux mobilisations populistes qui éclatent périodiquement au cœur des sociétés hyperdéveloppées.

Un deuxième problème qui n'est pas totalement résolu dans la littérature sur le populisme est le caractère central du rôle du leader. Comment l'expliquer ? Les deux explications les plus fréquentes sont la « suggestion » – une catégorie empruntée aux théoriciens de la foule – et la « manipulation » – ou, très fréquemment, une combinaison des deux (une combinaison qui ne pose pas de problèmes majeurs puisque ces catégories sont interchangeables). Selon moi, ce type d'explication est inutile. À supposer que nous acceptions la thèse de la « manipulation », celle-ci expliquerait tout au plus l'intention subjective du leader, mais ne nous permettrait pas de savoir pourquoi la manipulation fonctionne – c'est-à-dire que nous ne saurions rien du type de relation qui est subsumé sous l'étiquette de manipulation. Donc, suivant notre méthode, nous adopterons une approche structurale et nous nous demanderons s'il n'y a pas quelque chose dans le lien d'équivalence qui annonce des aspects-clés des fonctions du leader. Nous savons déjà que plus le lien d'équivalence est étendu, plus le signifiant unifiant la chaîne sera vide (autrement dit, plus le particularisme spécifique du symbole populaire ou de l'identité populaire sera subordonné à sa fonction « universelle » de signifier la chaîne comme totalité). Mais nous savons aussi autre chose : que le symbole ou l'identité populaire, en tant que surface d'inscription, n'exprime pas passivement ce qui est inscrit en elle, mais constitue réellement ce qu'elle exprime à travers le processus même de son expression. En d'autres termes : la position du sujet populaire n'exprime pas simplement une unité de demandes constituées en dehors d'elle et avant elle, mais est le moment décisif dans l'établissement de cette unité. C'est pourquoi j'ai dit que cet élément unificateur n'est pas un médium neutre ou transparent. S'il l'était, l'unité que la formation discursive hégémonique aurait précédé le moment de nommer la totalité (c'est-à-dire que le nom serait une question totalement indifférente). Mais si – étant donné l'hétérogénéité radicale des liens entrant dans la chaîne d'équivalences – la seule source de leur articulation cohérente est la chaîne comme telle, et si la chaîne existe seulement pour autant qu'un de ses maillons joue le rôle de condenser tous les autres, en ce cas l'unité de la formation discursive est transférée de l'ordre conceptuel (logique de la différence) à l'ordre nominal. Cela, évidemment, est plutôt le cas dans des situations où il y a un effondrement ou un recul de la logique différentielle/institutionnelle. Dans ces cas-là, le nom devient le fondement de la chose. Un assemblage d'éléments hétérogènes maintenus ensemble équivalentiellement seulement par un nom est, cependant, nécessairement, une singularité. Moins une société est maintenue unie par des mécanismes différentiels immanents, plus elle dépend, pour sa cohésion, de ce moment transcendant singulier. Mais la forme extrême de la singularité est une individualité. De cette façon, presque imperceptiblement, la logique équivalentielle conduit à la singularité, et la singularité à l'identification de l'unité du groupe au nom du leader. Dans une certaine mesure, nous sommes dans une situation comparable à celle du souverain de Hobbes : en principe, il n'y a aucune raison pour qu'un corps collectif ne puisse remplir les fonctions du Léviathan ; mais sa pluralité même montre qu'il est aux prises avec la nature indivisible de la souveraineté. Donc, le seul souverain « naturel » pourrait être, pour Hobbes, un individu. La différence entre cette situation et celle que nous discutons est que Hobbes parle du gouvernement réel, alors que nous parlons de la formation d'une totalité signifiante, et cette dernière ne mène pas nécessairement au premier. Le rôle de Nelson Mandela en tant que symbole de la nation fut compatible avec un grand pluralisme au sein de son mouvement. Cependant, l'unification symbolique du groupe autour d'une individualité – et sur ce point je suis d'accord avec Freud – est inhérente à la formation d'un « peuple ».

L'opposition entre la « nomination » et la « détermination conceptuelle » s'est introduite, presque subrepticement, dans notre réflexion. C'est cette opposition que je dois maintenant clarifier, car plusieurs questions d'une importance capitale pour notre sujet en dépendent.

La nomination et l'affect

J'ai parlé de la transformation du nom en fondement de la chose. Quel est exactement le sens de cette formule ? Nous examinerons la question à partir de deux angles différents : le premier concerne les *opérations signifiantes* qui sont exigées pour qu'un nom joue un tel rôle ; le deuxième la *force*, derrière ces opérations, qui les rend possibles. Cette dernière question pourrait être reformulée dans des termes qui nous sont déjà familiers : que signifie « investissement » quand nous parlons d'« investissement radical » ? Ces questions seront abordées par l'intermédiaire de deux développements contemporains de la théorie lacanienne : les travaux de Slavoj Žižek et ceux de Joan Copjec.

Le point de départ de Žižek est une réflexion, dans le cadre de la philosophie analytique contemporaine, sur les relations entre les noms et les choses[1]. Nous avons ici une approche classique (celle du descriptivisme), qui a son origine dans l'œuvre de Bertrand Russell mais qui fut adoptée plus tard par la plupart des représentants

1. Slavoj Žižek, *The Sublime Object of Ideology*, Londres, New York, Verso, 1989, p. 89-97.

de la philosophie analytique. Selon cette tradition, tout nom a un contenu donné par un faisceau de traits descriptifs. Le mot « miroir », par exemple, a un contenu intentionnel (la capacité à refléter des images, etc.), donc j'utilise ce mot chaque fois que je trouve un objet existant réellement qui manifeste un contenu de ce genre. John Stuart Mill avait établi une différence entre les noms communs, qui ont un contenu descriptible, et les noms propres, qui n'en ont pas. Mais cette distinction fut mise en question par Bertrand Russell, qui affirmait que les noms propres « ordinaires » – différents des « logiques » – les catégories déictiques – sont des descriptions abrégées. « George W. Bush », par exemple, serait une description abrégée de « le président américain qui a envahi l'Irak ». (Les philosophes descriptivistes qui suivirent et les logiciens commencèrent à se demander si un contenu descriptif ne pouvait pas être attaché même à des noms propres logiques). Les difficultés surgirent en raison de la pluralité de descriptions pouvant être données d'un même objet. Bush, par exemple, pourrait aussi être décrit comme « l'homme qui ne boit pas d'alcool après avoir été un alcoolique ». John Searle a affirmé que toute description n'est qu'une description parmi une multitude d'autres possibles ; tandis que pour Michael Dummett il devrait y avoir une description « fondamentale » à laquelle toutes les autres seraient subordonnées. Mais ce n'est pas le débat qui nous intéresse. Ce qui est important pour nous, c'est de distinguer l'approche descriptiviste de l'approche antidescriptiviste, dont le principal représentant est Saul Kripke[1]. Selon Kripke, les mots se réfèrent aux choses non par un certain nombre de traits descriptifs qu'ils ont en commun avec elles, mais par un « baptême inaugural » qui élimine totalement la description. Les noms seraient, en ce sens, des désignateurs rigides. Supposons que Bush n'ait jamais fait de politique ; le nom « Bush » lui serait toujours appliqué, alors même que tous les traits descriptifs que nous lui associons aujourd'hui seraient absents ; si un nouvel individu réunissant l'ensemble de ces traits faisait son apparition, nous dirions néanmoins qu'il n'est pas Bush. La même chose est vraie des noms communs : l'or – pour prendre

1. Saul Kripke, *La Logique des noms propres* [1980], traduit de l'anglais par Pierre Jacob et François Récanati, Paris, Minuit, 1982.

un des exemples de Kripke – continuerait à être l'or même si nous apprenions que toutes les propriétés qui lui sont traditionnellement attribuées sont une illusion. Dans ce cas-là, nous dirions que l'or est différent de ce que nous pensions qu'il était, et non que ce métal n'est pas de l'or. Si nous traduisons ces débats en termes saussuriens, les descriptivistes établissent une corrélation fixe entre signifiant et signifié ; dans l'approche antidescriptiviste, en revanche, le signifiant s'affranchit de toute dépendance vis-à-vis du signifié. Il devient évident, à ce stade, que l'opposition sur laquelle j'ai conclu la dernière partie – l'opposition entre détermination conceptuelle et nomination – réapparaît ici sous la forme de l'opposition entre descriptivisme et antidescriptivisme. Et il est tout aussi évident que les prémisses de notre argumentation la situent clairement à l'intérieur du camp antidescriptiviste.

Non, cependant, sans un changement de terrain essentiel. C'est ici que Žižek entre en scène. Alors qu'il est d'accord dans l'ensemble avec l'approche antidescriptiviste, il pose – fidèle en cela à sa posture lacanienne – une nouvelle question à Kripke et à ses disciples : à supposer que l'objet reste le même au-delà de ses changements descriptifs, qu'est-ce qui reste exactement le même ? Quel est le X qui reçoit les attributions descriptives successives ? La réponse de Žižek, fidèle à Lacan, est la suivante. Ce X est un effet rétroactif de la nomination :

> Le problème fondamental de l'antidescriptivisme est de déterminer ce qui constitue l'identité de l'objet désigné sous le faisceau toujours changeant de traits descriptifs – ce qui rend l'objet identique à lui-même, même une fois que toutes ses propriétés ont changé ; en d'autres termes, comment concevoir le corrélat objectif du « désignateur rigide » du nom en tant qu'il dénote le même objet dans tous les mondes possibles, dans toutes les situations contrefactuelles. Ce qui est ignoré, du moins dans la version standard de l'antidescriptivisme, est que cette garantie de l'identité d'un objet dans toutes les situations contrefactuelles – *à travers un changement de ses traits descriptifs* – est l'effet rétroactif de la nomination elle-même ; c'est le nom lui-même, le signifiant, qui soutient l'identité de l'objet[1].

1. Slavoj Žižek, *The Sublime Object of Ideology*, *op. cit.*, p. 94-95.

Maintenant, nous devons reconnaître que, quels que soient les mérites de la solution de Žižek, c'est une solution qui serait inacceptable dans une perspective kripkéenne, parce qu'elle implique l'introduction de prémisses ontologiques incompatibles avec cette perspective. Non seulement Kripke n'accepterait pas la solution de Žižek, mais il ne reconnaîtrait même pas la validité du problème posé. La théorie de Kripke n'est pas – contrairement à celle de Lacan – une théorie de la productivité de la nomination, mais une théorie de la désignation *pure* dans laquelle le référent – le X de Žižek – est simplement pris comme allant de soi. Mais si on peut dire que la notion de nomination comme production rétroactive de l'objet n'aurait aucun sens pour Kripke, elle en a beaucoup pour nous, étant donné que notre approche de la question des identités populaires est fondée, précisément, sur la dimension performative de la nomination. Laissons donc ici Kripke, et intéressons-nous à la position de Žižek.

Selon Žižek, le point de capiton dont le nom rend possible l'unité d'une formation discursive – l'objet petit *a* de Lacan – n'a pas d'identité positive qui lui soit propre : « nous le cherchons vainement dans la réalité positive parce qu'il n'a aucune consistance positive – parce qu'il est seulement l'objectivation d'un vide, d'une discontinuité ouverte dans la réalité par l'émergence du signifiant[1] ». Ce n'est pas à travers une profusion de signifiés mais, au contraire, à travers la présence d'un pur signifiant que cette fonction nodale est accomplie.

> Si nous affirmons que le point de capiton constitue un « point nodal », une sorte de nœud de significations, cela n'implique pas que ce soit simplement le mot « le plus riche », le mot dans lequel se condense toute la richesse sémantique du champ qu'il « fixe » : le point de capiton est plutôt le mot qui, *en tant que mot*, au niveau du signifiant lui-même, unifie un champ donné, constitue son identité ; c'est, pour ainsi dire, le mot auquel les « choses » elles-mêmes se réfèrent pour se reconnaître dans leur unité[2].

1. *Ibid.*, p. 95.
2. *Ibid.*, p. 95-96.

Deux des exemples donnés par Žižek sont très révélateurs, puisqu'ils montrent l'inversion qui est caractéristique de cette fonction nodale. Le premier est celui des publicités pour Marlboro. Toutes les allusions à l'Amérique – « une terre de gens honnêtes et durs, aux horizons illimités » – sont fixées par l'inversion de la relation entre l'Amérique et Marlboro : Marlboro n'exprime pas l'identité américaine, c'est cette dernière qui se construit dans la reconnaissance d'elle-même comme le pays des Marlboro. Les mêmes mécanismes opèrent dans les publicités pour Coca-Cola : « Coke, c'est l'Amérique » ne peut être renversé en « l'Amérique, c'est Coke », parce que c'est seulement dans le rôle de Coke comme signifiant pur que l'identité américaine cristallise.

Si nous examinons le cheminement intellectuel que j'ai évoqué, du descriptivisme classique à Lacan, nous voyons un mouvement qui suit une direction évidente : l'émancipation croissante de l'ordre du signifiant. Cette transition peut aussi être présentée comme l'autonomie progressive de la nomination. Pour le descriptivisme, les opérations que la nomination peut accomplir sont strictement limitées par la camisole à l'intérieur de laquelle elles ont lieu : les traits descriptifs habitant tout nom réduisent l'ordre du signifiant à n'être que le médium transparent à travers lequel une superposition purement conceptuelle entre le nom et la chose (le concept étant leur nature commune) s'exprime. Avec l'antidescriptivisme, nous avons le début d'une autonomisation du signifiant (du nom). Mais cette divergence entre la nomination et la description ne conduit pas à un accroissement de la complexité des opérations que la « nomination » peut accomplir, car bien que la désignation ne soit plus seconde par rapport à la description, l'identité de ce qui est désigné est assurée à l'avance et dans une indépendance totale par rapport au processus de nomination. C'est seulement avec l'approche lacanienne que nous avons affaire à une véritable nouveauté : l'identité et l'unité de l'objet résultent de l'opération même de nomination. Mais cela n'est possible que si la nomination n'est subordonnée ni à la description ni à une désignation précédente. Afin d'accomplir ce rôle, le signifiant ne doit pas seulement devenir contingent, il doit aussi devenir vide.

Ces remarques, je pense, montrent très clairement pourquoi le nom devient le fondement de la chose. Nous pouvons maintenant revenir à la question des identités populaires, et la lier à quelques-unes des conclusions théoriques qui découlent de mon analyse précédente. Il y a quatre points à souligner dans cette relation. Le premier concerne la relation entre le point de capiton lacanien et les autres éléments d'une configuration discursive. Il est clair que, sans points nodaux, il n'y aurait pas de configuration du tout. Sans Marlboro, l'américanité – dans l'exemple de Žižek – serait un ensemble de thèmes diffus qui ne s'articuleraient pas en totalité signifiante. C'est exactement ce que nous avons vu dans le cas des identités populaires : sans le point de capiton d'une identification équivalentielle, les équivalences démocratiques resteraient simplement virtuelles. Deuxièmement, il y a la question de la relation entre l'universalité et le particularisme dans la détermination de l'identité du point nodal. À cela nous devons ajouter une autre question : si la fonction du point nodal est associée à l'universalité, cette universalité exprime-t-elle le plein ou le vide ? Žižek penche pour la deuxième solution : « La réalité historique est, évidemment, toujours symbolisée ; la manière dont nous la vivons est toujours médiée par différents modes de symbolisation ; tout ce que Lacan ajoute à ce savoir phénoménologique partagé est le fait que l'unité d'une "expérience de signification" donnée, elle-même horizon d'un champ idéologique de signification, devrait être un signifiant sans "signifié", un signifiant "pur"[1]. »

Ma réponse à cette question est différente. L'idée d'un « signifiant sans signifié » est, pour commencer, absurde : un tel signifiant ne pourrait être que du « bruit » et comme tel serait en dehors du système de signification. Quand nous parlons de « signifiants vides », nous parlons de tout autre chose : nous voulons dire qu'il y a un lieu, dans le système de la signification, qui est constitutivement irreprésentable ; en ce sens, il reste vide, mais c'est un vide que je peux signifier, parce que nous parlons d'un vide dans la signification. (On peut penser ici à l'analyse que fait Paul de Man du zéro pascalien[2] : le « zéro » est l'absence de nombre, mais en

1. *Ibid.*, p. 97.

2. Ernesto Laclau, « The Politics of Rhetoric », *in* Tom Cohen, J. Hillis Miller, Andrzej Wartminski et Barbara Cohen (dir.), *Material Events : Paul de Man and the Afterlife of Theory*, Minneapolis, Minnesota University Press, 2001, p. 229-253.

donnant un nom à cette absence, je transforme le zéro en un « un »). De plus, mon analyse antérieure des identités populaires en tant que signifiants vides me permet de montrer que l'alternative exclusive plénitude/vide est discutable : comme nous l'avons vu, l'identité populaire exprime/constitue – à travers l'équivalence d'une pluralité de demandes insatisfaites – la plénitude de la communauté comme ce qui est nié et, comme tel, reste inachevé – une plénitude vide, si l'on veut. Si nous ne traitions pas le signifiant du vide comme un lieu particulier, mais comme un signifiant qui n'est attaché à *aucun* signifié tout en restant néanmoins dans la signification, cela signifierait forcément que c'est le nom d'une totalité *complètement accomplie*, qui, comme telle, n'aurait pas de défauts structurels.

Quelle forme prend donc la représentation du « vide » ? J'ai dit que la totalisation du camp populaire – la cristallisation discursive du moment de plein/vide – ne peut avoir lieu que si un contenu partiel assure la représentation d'une universalité avec laquelle elle est incommensurable. Cela est essentiel. Même dans les exemples que donne Žižek, nous voyons cette articulation entre contenu particulier et fonction universelle : Marlboro et Coca-Cola peuvent fonctionner comme des points de capiton dans les images de publicité, et ainsi être des signifiants d'une certaine totalisation, mais il y a encore les entités particulières, Marlboro et Coca-Cola, celles qui accomplissent ce rôle. C'est parce qu'il n'est possible ni de les réduire à leur pure identité particulariste ni d'éliminer cette dernière totalement au nom de leur rôle de point de capiton (si cette élimination totale était possible nous aurions, en effet, un signifiant sans signifié) que quelque chose comme une opération hégémonique devient possible[1].

Cela m'amène au troisième point que je voudrais préciser. L'articulation entre universalité et particularité qui est constitutivement inhérente à la construction d'un « peuple » n'est pas une chose qui s'opère seulement au niveau des mots et des images : elle est aussi

1. Cela ne veut pas dire qu'un tel reste de particularisme appartienne à l'ordre du signifié : c'est le complexe d'un ensemble signifiant articulé qui inclut à la fois signifiants et signifiés.

déposée dans les pratiques et les institutions. Comme je l'ai dit plus haut, notre notion de discours, qui est proche des jeux de langage de Wittgenstein, implique l'articulation des mots et des actions, si bien que la fonction de fixation nodale n'est jamais une opération simplement verbale mais s'insère dans des pratiques matérielles qui peuvent revêtir une fixité institutionnelle. Cela revient à dire que tout déplacement hégémonique devrait être conçu comme un changement dans la configuration de l'État, à condition que ce dernier soit conçu, non dans un sens juridique restreint, comme la sphère publique, mais au sens gramscien élargi, comme le moment éthico-politique de la communauté. Tout État manifestera cette combinaison de particularisme et d'universalité inhérente à l'opération hégémonique. Cela montre bien qu'à la fois les conceptions hégélienne et marxiste de l'État tentent de rompre l'articulation nécessaire entre l'universel et le particulier. Pour Hegel, la sphère de l'État est la forme la plus élevée d'universalité qui puisse être atteinte sur le terrain de l'éthique sociale : la bureaucratie est la classe universelle, tandis que la société civile – le système des besoins – est le royaume de la particularité pure. Pour Marx, la situation est inversée : l'État est l'instrument de la classe dominante, et une « classe universelle » ne peut émerger que dans une société civile réconciliée avec elle-même – une société dans laquelle l'État (le pouvoir politique) doit nécessairement dépérir. Dans les deux cas, la particularité et l'universalité s'excluent mutuellement. C'est seulement avec Gramsci que l'articulation des deux instances devient pensable : pour lui il y a une particularité – une *plebs* – qui revendique hégémoniquement la constitution d'un *populus*, alors que le *populus* (l'universalité abstraite) ne peut exister qu'incarnée dans une *plebs*. Quand nous arrivons à ce point, nous sommes proches du « peuple » du populisme.

Il y a un quatrième et dernier point à signaler concernant la relation entre la particularité/l'universalité/la nomination et la constitution des identités populaires. Revenons un instant à mon développement sur la *singularité*. Je traiterai dans le chapitre V des principales dimensions et des principaux effets de la logique de l'hétérogénéité, mais je peux ici anticiper certaines d'entre elles dans la mesure où elles sont nécessaires pour illuminer la place centrale de la nomination dans le populisme. L'homogénéité sociale est ce qui constitue le cadre symbolique d'une société – ce que nous avons appelé la logique de la différence. Je peux passer d'une institution à une autre, d'une catégorie sociale à une autre, non parce qu'il y a une connection logique entre elles – bien que plusieurs rationalisations puissent essayer plus tard de reconstruire les interconnections institutionnelles en termes de liens logiques –, mais parce que toutes les différenciations s'appellent et se réfèrent les unes aux autres à l'intérieur d'un ensemble systématique. Le langage en tant que système de différences est l'expression archétypale de cette interconnection symbolique. Une première forme d'hétérogénéité apparaît quand, comme nous l'avons vu, une demande sociale particulière ne peut être satisfaite à l'intérieur de ce système : la demande *excède* ce qui est différentiellement représentable à l'intérieur du système. L'hétérogène est ce qui manque de tout lieu différentiel à l'intérieur de l'ordre symbolique (c'est l'équivalent du Réel lacanien).

Il y a cependant un autre type d'hétérogénéité qui est également important : celui qui dérive des relations mutuelles entre demandes insatisfaites. Ces demandes ne sont plus unies/séparées les unes des autres à travers le système symbolique, parce que c'est précisément la dislocation de ce système qui les a fait naître. Mais elles ne tendent pas non plus spontanément à s'unir les unes les autres, car du point de vue de leur spécificité, elles peuvent être de nature totalement hétérogène. Ce qui constitue pour elles un lien initial est le simple fait qu'elles reflètent toutes l'échec du système institutionnel. J'ai déjà traité *in extenso* de cette question, et je n'y reviendrai pas. *Mais ce que je peux ajouter maintenant est que l'unité de l'ensemble équivalentiel, de la volonté collective irréductiblement nouvelle dans laquelle les équivalences particulières cristallisent, dépend entièrement de la productivité sociale d'un nom.* Cette productivité résulte exclusivement de l'opération du nom en tant que pur signifiant – c'est-à-dire n'exprimant pas une quelconque unité conceptuelle qui la précède (comme ce serait le cas si nous avions adopté une perspective descriptiviste).

Ici, nous pouvons suivre la vision lacanienne dans la présentation qu'en donne Žižek : l'unité de l'objet est un effet rétroactif de sa nomination. Cela a deux conséquences : la première, c'est que le nom, une fois qu'il est devenu le signifiant de ce qui est hétérogène et excessif dans une société particulière, exercera une attraction irrésistible sur toute demande qui est vécue comme insatisfaite et, comme telle, comme excessive et hétérogène vis-à-vis du cadre symbolique existant ; la deuxième, c'est que, puisque le nom – pour jouer ce rôle constitutif – doit être un signifiant vide, il est en dernière analyse incapable de déterminer quel type de demandes entre dans la chaîne des équivalences. En d'autres termes : si les noms du « peuple » constituent leur propre objet – c'est-à-dire donnent une unité à un ensemble hétérogène –, le mouvement inverse fonctionne aussi : ils ne contrôlent jamais totalement les demandes qu'ils incarnent et représentent. Les identités populaires sont toujours les lieux de la tension entre ces deux mouvements opposés, et de l'équilibre précaire qu'ils parviennent à établir entre eux. De cela résulte une ambiguïté idéologique nécessaire, dont les conséquences politiques deviendront apparentes au fur et à mesure de la progression de notre réflexion.

Ici, je peux revenir au développement concernant la rhétorique que j'ai déjà abordé à plusieurs reprises. Il est étroitement lié à la question du « singulier » et de l'« hétérogène » que nous venons de discuter, car un déplacement rhétorique ou une réagrégation a précisément pour fonction d'émanciper un nom de ses références conceptuelles univoques. Je me permettrai d'introduire dans la discussion un exemple que j'ai déjà discuté ailleurs. Imaginons un quartier en proie à la violence raciale, et où les seules forces locales capables d'organiser une offensive antiraciste sont les syndicats. Au sens strict, les syndicats n'ont pas pour fonction de combattre le racisme mais de mener des négociations sur les salaires et d'autres questions du même genre. Cependant, si la campagne antiraciste est prise en charge par les syndicats, c'est parce qu'il y a une relation de contiguïté entre les deux questions dans le même quartier. Une relation de déplacement entre questions, acteurs, etc., est ce qu'on appelle en rhétorique une métonymie. Supposons ensuite que ce lien entre les luttes antiraciste et syndicale continue pendant un certain temps : les gens commenceront alors à avoir le sentiment qu'il existe un lien naturel entre les deux types de combats. Donc, la relation de contiguïté commencera à se transformer en une relation d'analogie, la métonymie en métaphore. Ce déplacement rhétorique implique trois changements principaux. Le premier, c'est que malgré le particularisme différentiel des deux types initiaux de combat et de demandes, une certaine homogénéité équivalentielle entre eux est en train d'être créée. Le deuxième, c'est que la nature des syndicats change au cours de ce processus : ils cessent d'être la pure expression d'intérêts sectoriels à un moment donné, et deviennent plutôt – si se développent diverses articulations équivalentielles – un point nodal dans la constitution d'un peuple (pour reprendre le distinction gramscienne : de classe « corporative » qu'ils étaient, ils deviennent une classe « hégémonique »). Troisièmement, le mot « syndicat » devient le nom d'une *singularité*, au sens défini ci-dessus : il ne désigne plus une universalité abstraite, dont l'essence serait répétée, au-delà des variations accidentelles, dans tous les contextes historiques, et devient le nom d'un acteur social concret, dont la seule essence est l'articulation spécifique d'éléments hétérogènes qui, à travers ce nom, cristallisent en une volonté collective unifiée. Une autre manière de dire la même chose est qu'il n'y a pas d'élément social dont le sens ne soit surdéterminé. Résultat : ce sens ne peut être conceptuellement appréhendé, si par « conceptuel » nous entendons un signifié qui éliminerait entièrement l'opacité du processus signifiant. Cela démontre une nouvelle fois que les mécanismes rhétoriques, comme je l'ai affirmé dès le début de ce livre, constituent l'anatomie du monde social.

Une dernière dimension, essentielle, doit cependant être ajoutée à notre analyse. Toute notre approche du populisme tourne, comme nous l'avons vu, autour des thèses suivantes : 1) l'émergence du « peuple » exige le passage – via des équivalences – de demandes isolées hétérogènes à une demande « globale » qui implique la formation de frontières politiques et la construction discursive du pouvoir comme force antagonique ; 2) mais puisque ce passage ne résulte pas d'une simple analyse des demandes hétérogènes elles-mêmes – il n'y a pas de transition logique, dialectique ou sémiotique d'un niveau à un autre –, quelque chose de qualitativement nouveau doit intervenir. C'est pourquoi la nomination peut avoir l'effet rétroactif que j'ai décrit. Ce moment qualitativement différencié et irréductible est ce que j'ai appelé l'« investissement radical ». Mais nous n'avons pas encore exploré les implications de cette notion d'investissement. Les différentes opérations signifiantes auxquelles je me suis référé jusqu'ici peuvent expliquer les *formes* de cet investissement, mais non la force qu'est l'investissement. Il est évident, cependant, que si une entité devient l'objet d'un investissement – comme c'est le cas dans l'état amoureux ou dans la haine – l'investissement est nécessairement de l'ordre de l'affect. C'est cette dimension affective que je dois maintenant mettre en évidence.

Non sans avoir pris au préalable une précaution. Il serait erroné de penser que, en ajoutant l'affect à ce que j'ai dit jusqu'ici à propos de la signification, je réunis deux types différents de phénomènes qui seraient séparables – du moins analytiquement. La relation entre la signification et l'affect est en réalité beaucoup plus intime. Comme nous l'avons déjà vu, le pôle paradigmatique du langage (le pôle associatif de Saussure) est partie intégrante de son fonctionnement – c'est-à-dire qu'il n'y aurait pas de signification sans substitutions paradigmatiques. Mais les relations paradigmatiques consistent, comme nous l'avons vu, en substitutions opérant tant au niveau du signifiant que du signifié, et ces associations sont régies par l'inconscient. Un langage dans lequel les relations de *valeur* seraient établies seulement entre unités *formellement* spécifiables est impossible. Donc, l'affect est requis pour que la signification soit possible. Mais nous arrivons à la même conclusion si nous considérons la question à partir du point de vue de l'affect. L'affect n'est pas une chose qui existe à part, indépendamment du langage ; il se constitue uniquement à travers les investissements différentiels d'une chaîne signifiante. C'est exactement ce que signifie « investissement ». La conclusion est évidente : les complexes que nous appelons « formations discursives ou hégémoniques » qui articulent logique de la différence et de l'équivalence seraient inintelligibles sans une composante affective. (C'est une preuve supplémentaire – si on en avait encore besoin – qu'il est vain de mépriser les aspects affectifs du populisme au nom d'une rationalité à l'abri de toute contamination.)

Nous pouvons donc conclure que toute totalité sociale résulte d'une articulation indissociable entre dimensions signifiante et affective. Mais en discutant la constitution des identités populaires, nous traitons d'un type très particulier de totalité : non pas d'une totalité qui est seulement composée de parties, mais d'une totalité dans laquelle une partie fonctionne comme le tout (dans notre exemple : une *plebs* prétend être la même chose que le *populus*). C'est exactement la même chose si nous voyons la question sous l'angle de l'hégémonie : comme nous le savons, une relation hégémonique est une relation dans laquelle une certaine particularité signifie une universalité impossible à atteindre. Quelle est cependant la possibilité ontologique d'une telle relation ? Pour approcher cette question, j'examinerai deux analyses particulièrement éclairantes dans les travaux récents de Joan Copjec. Elles appartiennent au champ psychanalytique, mais leurs conséquences pour notre analyse politique sont manifestes et très importantes[1].

Le premier article de Joan Copjec, « Le tombeau de la persévérance : sur Antigone », propose une réflexion, dans les passages qui nous intéressent, sur la pulsion de mort chez Freud. Pour Freud, affirme Joan Copjec, la mort est le but de toute pulsion. Qu'est-ce que cela veut dire ? Essentiellement, que toute pulsion « a pour but le passé, une époque antérieure à celle où le sujet se trouve maintenant, inséré dans le temps et avançant vers la mort » (p. 33). Cet état antérieur d'inanimation ou d'inertie, qui constitue une illusion rétrospective (Joan Copjec renvoie ici au mythe du *Timée*, dans lequel la Terre, étant un globe où tout est inclus, n'a besoin d'organes d'aucune sorte – elle n'a pas d'extérieur), est lu par la psychanalyse en termes de dyade mère primordiale/enfant, laquelle « était censée contenir toutes les choses et tous les bonheurs et à laquelle le sujet s'efforce de retourner tout au long de sa vie ». (Nous reconnaissons facilement dans cette image une chose qui est déjà présente dans notre analyse politique : l'idée d'une plénitude que des demandes insatisfaites reproduisent constamment comme la présence d'une

1. Joan Copjec, *Imagine There's no Woman : Ethics and Sublimation*, Cambridge, MIT Press, 2003. Toutes les citations de Joan Copjec sont empruntées à cette édition. Les numéros de pages sont donnés entre parenthèses dans le corps du texte.

absence.) Si cette plénitude est une plénitude mythique, sa recherche réelle ne peut conduire qu'à la destruction, si ce n'est que Joan Copjec mentionne deux faits :

> (1) il n'y a pas de pulsion unique, complète, mais seulement des pulsions partielles et, en conséquence, *aucune volonté réalisable de destruction* ; et (2) le deuxième paradoxe de la pulsion, qui établit que la pulsion inhibe, au cours de son activité, la réalisation de son but. Ainsi, un obstacle inhérent – l'objet de la pulsion – *freine* et *défait* en même temps la pulsion, l'infléchit, l'empêchant ainsi d'atteindre son but, et la divise en pulsions partielles (p. 34).

Donc, les pulsions se contentent de ces objets partiels que Lacan appelle les objets *a*.

Il est important de voir comment l'argument de Joan Copjec se construit dans les textes de Freud et de Lacan. Au départ, nous avons le concept freudien de *Nebenmensch* (mère primordiale), et la séparation initiale entre *das Ding* (la Chose), la plénitude inaccessible, et ce qui est représentable. Quelque chose de la mère primordiale ne peut être traduit dans la représentation ; ainsi est ouverte une brèche dans l'ordre du signifiant. Si la question en restait là, nous serions sur le terrain d'une opposition kantienne entre le noumène et sa représentation phénoménale, entre l'être et le penser. C'est ici que Lacan radicalise la pensée de Freud : la Chose perdue n'est pas une *impossibilité de la pensée*, mais un vide de l'Être : « ce n'est pas que la mère échappe à la réprésentation ou à la pensée, mais que la jouissance qui m'attachait à elle a été perdue, et que cette perte affaiblit la totalité de mon être » (Joan Copjec, p. 36). Si, cependant, la jouissance n'est pas perdue, c'est parce qu'il en reste des traces dans les objets partiels. La nature de ces traces cependant doit être soigneusement explorée, parce qu'elles ne suivent plus le schéma de la représentation noumène/phénomène. L'objet partiel devient lui-même une totalité ; il devient le principe structurant de la scène entière :

> Le développement du concept de *Vorstellungrepräsentanz* [représentant-représentation dans la traduction française de Freud] apparaît, donc, briser la composante *Ding* du complexe *Nebenmensch* en deux parties, *das Ding* et *Vorstellungrepräsentanz*, bien que *das Ding* ne soit

> plus concevable comme un objet nouménal et ne soit conservée que par la caractérisation de *Vorstellungrepräsentanz* comme *partielle*. Il est évident, du point de vue théorique, que, quand cet objet partiel, entre en scène, il bloque la route à la vieille conception de *das Ding*, qui n'est plus maintenant qu'une illusion rétrospective… Le délégué traître et l'objet partiel agissent non comme témoignage d'un corps ou d'une Chose existant ailleurs, mais comme témoignage du fait que le corps et la satisfaction ont perdu le soutien du corps organique et la chose nouménale (p. 37).

Joan Copjec prend bien soin de souligner que cette mutation rompt avec l'idée selon laquelle l'objet partiel de jouissance agirait comme représentant de la Chose inaccessible. Citant la définition de Lacan de la sublimation comme « l'élévation d'un objet ordinaire à la dignité de la Chose », elle l'interprète en écrivant que « l'élévation ne semble pas impliquer [la] fonction de représentation, mais implique plutôt – dans un renversement de la compréhension habituelle de la sublimation – la substitution d'un objet ordinaire à la Chose » (p. 38).

Dans un deuxième article recueilli dans le même volume, « Le narcissisme, approche oblique », Joan Copjec ajoute une remarque importante : l'objet partiel n'est pas une *partie d'un tout* mais *une partie qui est le tout*. Elle cite Béla Balász et Deleuze, pour qui les gros plans ne sont pas simplement une manière de se concentrer sur un détail à l'intérieur d'un tout – mais plutôt une manière de redimensionner toute la scène à travers le détail : « Deleuze affirme que le gros plan n'est *pas* une manière de regarder de plus près une partie de la scène, autrement dit qu'il ne révèle pas un objet qui peut être intégré en tant qu'élément de cette scène, un *détail* détaché du tout puis agrandi pour attirer notre attention. Le gros plan révèle plutôt la totalité de la scène elle-même, ou comme le dit Deleuze, son "exprimé" tout entier… L'objet partiel de la pulsion, dirai-je, est un exemple de la même logique ; il n'est pas une partie de l'organisme, mais implique un changement absolu » (p. 53). De cette façon, l'objet partiel cesse d'être une partie évoquant une totalité, et devient – en employant notre terminologie antérieure – le nom de cette totalité. Lacan rompt avec l'idée d'une dyade mère/

enfant en y ajoutant une troisième composante, détachée de la mère : le sein – pour parler correctement, l'objet de la pulsion :

> Ce terme, « objet du manque », ne peut être compris en dehors du mythe timéen/lamellien où il a son origine. L'objet partiel ou l'objet du manque est celui qui émerge à partir du manque, du vide, ouvert par la perte du Plein originel ou *das Ding*. À la place de la satisfaction mythique tirée du fait de ne faire qu'un avec la Chose maternelle, le sujet tire maintenant sa satisfaction de cet objet partiel... L'élévation de l'objet externe de la pulsion – restons-en à l'exemple du lait – au statut de sein (c'est-à-dire au statut d'objet capable de satisfaire quelque chose de plus que la bouche ou l'estomac) ne dépend pas de sa valeur culturelle ou sociale en relation à d'autres objets. Sa « valeur sein » excédentaire, disons, dépend uniquement du choix qu'en fait la pulsion comme objet de satisfaction (p. 60).

Le lecteur se demande peut-être ce que tout cela a à voir avec les identités populaires ? La réponse est très simple : tout. Joan Copjec est parfaitement consciente que les catégories psychanalytiques ne sont pas régionales, mais appartiennent au champ de ce qu'on pourrait appeler une ontologie générale. Elle affirme, par exemple, que la théorie des pulsions chez Freud occupe le terrain des questions ontologiques classiques. Il est vrai que sa réflexion – comme souvent dans la psychanalyse – a un caractère à prédominance génétique, mais elle peut être reformulée facilement en termes structurels. La totalité mythique de la dyade mère/enfant correspond à la plénitude inaccessible évoquée – comme son contraire – par les dislocations provoquées par les demandes insatisfaites. Mais l'aspiration à cette plénitude ou à la totalité ne disparaît pas simplement ; elle est transférée à des objets partiels qui sont les objets des pulsions. En termes politiques, c'est exactement ce que j'ai appelé une relation hégémonique : une certaine particularité assume le rôle d'une universalité impossible. C'est parce que le caractère partiel de ces objets ne résulte pas d'un récit particulier mais est inhérent à la structure même de la signification, que l'objet *a* de Lacan est l'élément-clé d'une ontologie sociale. Le tout va toujours être incarné par une partie. Dans les termes de notre analyse : il n'y a pas d'universalité qui ne soit hégémonique. Il y a cependant quelque chose de plus :

comme dans les exemples des gros plans et de la « valeur sein » du lait analysée par Joan Copjec, il n'y a rien dans la matérialité des parties particulières qui prédétermine l'une ou l'autre à fonctionner comme un tout. Néanmoins, une fois qu'une certaine partie a assumé une telle fonction, c'est sa matérialité même en tant que partie qui devient une source de plaisir. Gramsci a formulé son analyse politique en termes identiques : quelle sera la force sociale qui deviendra la représentation hégémonique de la société comme un tout, cela est le résultat d'une lutte contingente ; mais une fois qu'une force sociale devient hégémonique, elle le reste pendant toute une période historique. L'objet de l'investissement peut être contingent, mais il n'est certainement pas indifférent – on ne peut en changer à volonté. Nous arrivons ici à une explication complète de ce que signifie l'investissement radical ; c'est faire d'un objet l'incarnation d'une plénitude mythique. L'affect (c'est-à-dire la jouissance) constitue l'essence même de l'investissement, tandis que son caractère contingent explique l'élément « radical » de la formule.

J'aimerais revenir une fois encore sur ce point. Nous avons affaire non à des homologies contingentes ou externes mais à une même découverte, opérée sous deux angles différents – la psychanalyse et la politique – d'une chose qui concerne la structure même de l'objectivité. La principale conséquence ontologique de la découverte freudienne de l'inconscient est que la catégorie de représentation ne reproduit pas simplement, à un niveau secondaire, une plénitude qui la précède, qui pourrait être appréhendée de manière directe ; au contraire, la représentation est le niveau absolument primaire dans la constitution de l'objectivité. C'est pourquoi il n'est pas de signification qui ne soit surdéterminée dès son origine même. La plénitude de la mère primordiale étant un objet purement mythique, il n'y a pas de jouissance possible si ce n'est à travers un investissement radical dans un objet petit *a*. Ainsi, l'objet petit *a* devient la catégorie ontologique primaire. Mais on peut arriver à la *même* découverte (pas seulement à une découverte *analogue*) en partant du point de vue de la théorie politique. Aucune plénitude sociale ne peut être atteinte si ce n'est au travers de l'hégémonie ; et l'hégémonie n'est rien de plus que l'investissement, dans un objet partiel, d'une plénitude qui nous échappera toujours parce qu'elle est purement mythique (selon nos termes : c'est seulement l'envers positif d'une situation vécue comme « être déficient »). La logique de l'objet petit *a* et la logique hégémonique ne sont pas seulement semblables : elles sont identiques. C'est pourquoi, dans la tradition marxiste, le moment gramscien représente une rupture épistémologique d'une telle importance ; alors que le marxisme avait traditionnellement rêvé d'accéder à une totalité systématiquement fermée (détermination en dernière instance par l'économie, etc.), l'approche hégémonique rompt de manière décisive avec cette logique sociale essentialiste. Le seul horizon de totalisation possible est donné par une partie (la force hégémonique) qui assume la représentation d'une totalité mythique. En termes lacaniens : un objet est élevé à la dignité de la Chose. En ce sens, l'objet de l'investissement hégémonique n'est pas un second choix vis-à-vis de la chose *réelle,* qui serait une société totalement réconciliée (qui, comme totalité systémique, n'exigerait ni investissement ni hégémonie) : c'est seulement le nom que reçoit la plénitude à l'intérieur d'un horizon historique déterminé, qui en tant qu'objet partiel d'un investissement hégémonique n'est pas un *ersatz* mais le point de départ d'adhésions passionnées. La réflexion de Joan Copjec sur la capacité de la pulsion à obtenir satisfaction est ici particulièrement pertinente parce que, dans un registre différent, elle affirme la même chose que ce que j'essaie de montrer sur le terrain politique.

Tout cela a une implication évidente pour le sujet principal de ce livre, puisque – cela devrait être évident à ce stade de mon développement – il n'y a pas de populisme sans investissement affectif dans un objet partiel. Si une société parvenait à atteindre un ordre institutionnel d'une nature telle que toutes les demandes seraient satisfaites à l'intérieur de ses propres mécanismes immanents, il n'y aurait pas de populisme mais, pour des raisons évidentes, il n'y aurait pas de politique non plus. Le besoin de constituer un « peuple » (une *plebs* prétendant être un *populus*) apparaît seulement quand cette plénitude n'est pas atteinte, et que les objets partiels dans la société (les buts, les figures, les symboles) sont investis de manière à devenir le nom de son absence. Je pense que les développements qui précèdent expliquent pourquoi la dimension affective est essentielle dans ce processus.

Le populisme

J'ai maintenant introduit toutes les variables théoriques nécessaires pour tenter une première conceptualisation provisoire du populisme. Pour y parvenir, il faut tenir compte de trois aspects.

1. Premièrement, à ce stade, il devrait être clair que par « populisme » nous n'entendons pas un certain *type* de mouvement – identifiable soit à une base sociale particulière soit à une orientation idéologique déterminéee – mais une *logique politique*. Toutes les tentatives visant à définir la spécificité du populisme par une certaine base sociale (par exemple, la paysannerie ou les petits propriétaires), par la résistance à la modernisation économique ou par une manipulation opérée par des élites marginalisées sont, nous l'avons vu, par essence vouées à l'échec : elles seront toujours submergées sous une avalanche d'exceptions. Qu'entendons-nous alors par « logique politique » ? Comme je l'ai dit ailleurs[1], je considère que la logique sociale implique un système raréfié d'énoncés – c'est-à-dire un système de règles définissant un horizon à l'intérieur duquel certains objets sont représentables alors que d'autres sont exclus. Ainsi, nous pouvons parler de la logique de la parenté, du marché – même du jeu d'échecs (pour reprendre l'exemple de Wittgenstein). Mais la logique politique a une particularité qu'il importe de souligner. Alors que la logique sociale consiste à obéir à des règles, la logique politique est liée à l'institution du social. Cette institution, nous le savons, n'est pas une création arbitraire mais procède des demandes sociales et est, en ce sens, inhérente à tout processus de changement social. Ce changement, nous le savons également, s'opère à travers l'articulation variable de l'équivalence et de la différence, et le moment de l'équivalence présuppose la constitution d'un sujet politique global rassemblant une pluralité de demandes sociales. Cela implique à son tour, nous l'avons vu, la construction de frontières internes et l'identification d'un « autre » institutionnalisé. Chaque fois

1. Ernesto Laclau, « Constructing Universality », *in* Judith Butler, Ernesto Laclau et Slavoj Žižek, *Contingency, Hegemony, Universality : Contemporary Dialogues on the Left*, Londres, New York, Verso, 2000, p. 282-284.

que nous avons cette combinaison de moments structurels, quels que soient les contenus idéologiques ou sociaux du mouvement politique en question, nous avons affaire au populisme sous une forme ou sous une autre.

2. Deux autres aspects de notre réflexion antérieure doivent intervenir dans notre caractérisation conceptuelle du populisme : ceux qui concernent la nomination et l'affect. Commençons par la nomination. Si la construction du peuple est une construction *radicale* – autrement dit, une construction qui constitue les acteurs sociaux comme tels et n'exprime pas une unité du groupe déjà donnée –, l'hétérogénéité des demandes auxquelles l'identité populaire confère une unité précaire doit être irréductible. Cela ne signifie pas forcément que ces demandes ne sont pas analogues, ou en tout cas comparables à un niveau ou à un autre ; mais cela signifie bel et bien qu'elles ne peuvent pas s'inscrire dans un système structurel de différences qui leur conférerait un fondement infrastructurel. Ce point est essentiel : l'hétérogénéité ne signifie pas la différentialité. Il ne peut y avoir de système d'unité *a priori*, précisément parce que les demandes insatisfaites sont l'expression d'une dislocation systémique. Cela a deux conséquences que j'ai analysées : a) le moment d'unité des sujets populaires se donne au niveau nominal et non au niveau conceptuel, c'est-à-dire que les sujets populaires sont toujours des singularités ; b) précisément parce que ce nom n'est pas fondé conceptuellement (sectoriellement), les limites entre les demandes qu'il va intégrer et celles qu'il va exclure vont être brouillées et faire l'objet d'une interrogation permanente. Nous pouvons en déduire que le langage d'un discours populiste – qu'il soit de gauche ou de droite – va toujours être imprécis et fluctuant : non en raison d'une faiblesse cognitive, mais parce qu'il tente d'opérer performativement à l'intérieur d'une réalité sociale qui est dans une large mesure hétérogène et fluctuante. Je vois ce moment de vague et d'imprécision – termes qui, il faut être clair, n'ont aucune connotation péjorative – comme un élément essentiel de toute opération populiste.

Passons maintenant à l'affect. Notre réflexion précédente suppose implicitement qu'il n'y a pas d'affect sans inégalité constitutive. Si, pour reprendre la terminologie lacanienne, nous avions un Réel antérieur au Symbolique, nous aurions une plénitude continue sans différenciations internes. Mais la présence du Réel dans le Symbolique implique l'inégalité : les objets *a* présupposent un investissement différencié, et c'est cet investissement que nous nommons affect. Freud cite quelque part George Bernard Shaw, qui dit qu'être amoureux c'est exagérer la différence entre deux femmes. Comme l'a dit Ortega y Gasset, l'histoire serait détruite si nous étions justes à l'égard de tous ses moments. L'affect, en ce sens, signifie une discontinuité radicale entre un objet et l'objet suivant, et cette discontinuité ne peut être pensée qu'en termes d'investissement différencié. Nous devons examiner les différents moments de cette séquence structurelle pour poser correctement la question des identités populaires. D'abord, nous avons le moment de la plénitude mythique que nous recherchons en vain : la restauration de l'unité mère/enfant, ou, en termes politiques, de la société pleinement réconciliée. Puis nous avons la partialisation des pulsions : la pluralité des objets *a* qui, à un certain moment, incarnent la plénitude en dernière instance impossible à atteindre. C'est ici qu'il faut faire attention dans notre analyse, parce qu'incarner quelque chose peut avoir plusieurs sens. L'analyse de Joan Copjec révèle sur ce point toute sa pertinence. Elle rejette à juste titre une conception purement extérieure de la représentation, selon laquelle une chose qui ne peut se montrer serait remplacée par une succession d'*ersatz* indifférenciés. Dans ce cas, quelle relation pourrait être plus intime que celle qui existe entre ce qui est incarné et l'acte même de l'incarner ? Toutes nos analyses antérieures nous permettent de répondre correctement à cette question. Incarner une chose ne peut que signifier donner un nom à ce qui est incarné, mais puisque ce qui est incarné est une plénitude impossible, une chose qui n'a pas de cohérence propre, l'entité « incarnante » devient l'objet plein de l'investissement. L'objet incarnant est ainsi l'horizon ultime de ce qu'il est possible d'atteindre – non parce qu'il existe un au-delà hors d'atteinte, mais parce que cet au-delà, n'ayant pas d'entité propre, ne peut être présent que comme l'excès fantasmatique d'un objet à travers lequel la satisfaction peut être atteinte ; cet excès, selon Copjec, serait la « valeur sein » du lait. Pour dire les choses en termes psychanalytiques : alors que le désir ne connaît pas la satisfaction et ne vit qu'en se reproduisant à travers une succession d'objets, la pulsion peut trouver la satisfaction, mais cette satisfaction ne peut être atteinte qu'en « sublimant » un objet, en l'élevant à la dignité de la Chose. Traduisons cela en langage politique : une demande déterminée, qui était peut-être à l'origine une demande parmi d'autres, acquiert à un certain moment une importance inattendue et devient le nom de quelque chose qui l'excède, de quelque chose qu'elle ne peut contrôler mais qui devient cependant un destin auquel elle ne peut échapper. Quand une demande démocratique est passée par ce processus, elle devient une demande « populaire ». Mais cela ne peut être obtenu si elle garde sa particularité matérielle initiale. Elle doit devenir un point nodal de la sublimation ; elle doit acquérir une « valeur sein ». C'est alors seulement que le nom se sépare du « concept », le signifiant du signifié. Sans cette séparation, il n'y aurait pas de populisme.

3. Finalement, il y a un troisième aspect à considérer, dont j'analyserai toutes les implications dans le chapitre V. Mais je dois m'intéresser ici à quelques-unes d'entre elles, qu'il est impossible de passer sous silence même dans une approche préliminaire du populisme. J'ai affirmé que la logique de la différence et celle de l'équivalence, même si elles sont en dernière instance antagoniques, ont besoin l'une de l'autre. Elles occupent l'espace d'une tension permanente entre des dimensions mutuellement liées. J'en ai déjà indiqué la raison : une chaîne d'équivalences peut affaiblir le particularisme de ses maillons, mais elle ne peut s'en débarrasser totalement. C'est parce qu'une demande *particulière* est insatisfaite que s'établit une solidarité avec d'autres demandes insatisfaites, si bien que sans la présence active du particularisme du maillon, il ne pourrait y avoir de chaîne d'équivalences.

J'ai déjà évoqué cet aspect en disant que la différence et l'équivalence se reflètent mutuellement. Ce reflet est constitutif, mais la tension entre les deux pôles ne l'est pas moins. La tension et le reflet peuvent se combiner de façon contingente dans un équilibre instable, mais aucun des deux n'est capable d'éliminer totalement l'autre. Pensons à un exemple de ce que serait l'équivalence sous sa forme la plus pure : une révolte de paysans millénaristes. Nous aurions tendance à penser que dans un cas de ce genre il n'y a pas la moindre contamination entre la différence et l'équivalence, aucun reflet de l'une dans l'autre ; puisque, d'une part, l'ennemi est un ennemi total, la relation établie avec lui vise à sa totale destruction ; d'autre part, puisque le sens de la confrontation est donné par la défense, contre une menace, de quelque chose que la communauté *était déjà*, on pourrait penser que tout particularisme communautaire précédait la confrontation équivalentielle et ne dépendait pas d'elle pour se constituer. Étant donné que la confrontation entre les deux mondes est une confrontation qui n'admet aucun compromis, on pourrait penser que la réalité substantielle que peuvent avoir la différence ou l'équivalence serait antérieure à la confrontation, et n'en serait pas le résultat. En d'autres termes, l'espace communautaire serait exclusivement organisé par une logique de la différence ; et le moment d'équivalence deviendrait entièrement extérieur – c'est-à-dire que la différence et l'équivalence cesseraient de se refléter l'une dans l'autre ; ce qui était une tension entre deux dimensions serait résolu en une séparation totale. Mais cette conclusion serait erronée, puisque même dans le cas extrême d'une révolte millénariste, le moment du reflet opère. Une fois que la révolte commence, plus rien de la communauté ne demeure ce qu'il était avant elle. Même dans le cas où le but de la rébellion est la restauration d'une identité antérieure, elle doit réinventer cette identité, elle ne peut s'appuyer sur quelque chose d'entièrement donné à l'avance. La défense de la communauté contre une menace extérieure a disloqué cette communauté qui, afin de persister, ne peut se contenter de répéter quelque chose qui précédait le moment de la dislocation. C'est la raison pour laquelle celui qui veut défendre un ordre existant l'a déjà perdu par le fait même de le défendre. Pour dire les choses dans les termes qui sont les nôtres : la perpétuation d'un ordre menacé ne peut dépendre d'une logique purement différentielle ; sa réussite dépend de l'inscription de ces différences à l'intérieur d'une chaîne d'équivalences.

Cette conclusion a des conséquences fondamentales pour la question des identités populaires et du populisme. L'exemple du millénarisme est évidemment un cas extrême, mais en montrant que même dans ce cas le double moment réflexif dont nous parlons est bien présent, nous pouvons éclairer tout un jeu de variations qui s'inscrit dans la nature même du populisme. Si la logique des équivalences ne dissout pas les différences mais les inscrit en elle, et si le poids relatif des deux logiques dépend dans une large mesure de l'autonomie de ce qui s'inscrit vis-à-vis de l'hégémonie exercée par la surface d'inscription, l'espace de variation ouvert par le double reflet est, en réalité, très important. En d'autres termes : tout niveau social ou toute institution peut opérer comme une surface d'inscription des équivalences. Le point essentiel est que, puisque la dislocation à la racine de l'expérience populiste exige une inscription d'équivalences, tout « peuple » émergent, quel que soit son caractère, va présenter deux visages : un visage de rupture avec l'ordre existant, et un autre visage introduisant de l'« organisation » là où existait une dislocation fondamentale. Je me permettrai de donner deux exemples qui, je l'espère, rendront compréhensibles ces propositions quelque peu abstraites.

Prenons un exemple extrême, celui de la Longue Marche de Mao Tsé Toung. Nous avons ici affaire au « populisme » au sens analysé plus haut : une tentative de constituer le « peuple » comme acteur historique à partir d'une pluralité de situations antagoniques. Mao va jusqu'à parler de « contradictions au sein du *peuple* », si bien que le « peuple », entité qui aurait été un véritable anathème pour la théorie marxiste classique, fait son entrée en scène. C'est le double reflet analysé plus haut : le « peuple », loin d'avoir la nature homogène qu'on pourrait attribuer à de purs acteurs de classe (définis par leurs positions précises dans les rapports de production), est conçu comme l'articulation d'une pluralité de points de rupture. Mais ces points de rupture, en apparaissant à l'intérieur d'un cadre symbolique pulvérisé – à la suite de la guerre civile, de l'invasion japonaise, de la confrontation entre seigneurs de la guerre, etc. –, dépendent pour leur constitution même d'une surface populaire d'inscription qui les transcende. Nous avons ici les deux dimensions dont j'ai parlé : d'une part, la tentative de rompre avec le *statu quo*, avec l'ordre institutionnel antérieur ; de l'autre, la tentative de constituer un ordre là où il y avait anomie et dislocation. Ainsi, la chaîne des équivalences joue nécessairement un double rôle : elle rend possible l'émergence du particularisme des demandes mais, en même temps, elle se les subordonne comme une surface d'inscription nécessaire.

Passons maintenant à un autre exemple situé apparemment à l'extrêmité opposée : les mobilisations politiques des partisans d'Adhemar de Barros, un politicien corrompu du sud du Brésil dont les campagnes des années 1950 avaient pour mot d'ordre « *Rouba mais faz* » (« Il vole, mais il agit »). L'inscription par de Barros de demandes radicales fut essentiellement clientéliste : il échangeait des voix contre des faveurs politiques. À première vue, il y a très peu de points communs entre le projet émancipateur global de Mao et les pratiques mafieuses de Barros. Je dirais néanmoins, pour l'un comme pour l'autre, que nous avons affaire à deux formes de populisme. Pourquoi ? L'élément commun est donné par la présence d'un élément anti-institutionnel, d'un certain défi à la normalisation politique, à « l'ordre ordinaire des choses ». Dans les deux cas il y a un appel aux petites gens. Walter Benjamin évoque quelque part la fascination exercée sur le peuple par le grand criminel, le bandit, dont le charme vient du fait qu'il se situe en dehors de la loi, et qu'il la défie[1]. Puisque tout système institutionnel est inévitablement, partiellement au moins, restrictif et frustrant, il y a quelque chose d'attirant dans toute figure qui lui lance un défi, quelles que soient les raisons et les formes du défi en question. Il y a dans toute société une réserve de sentiments bruts contre le *statu quo* qui cristallisent dans certains symboles *d'une manière relativement indépendante des formes de leur articulation politique*, et c'est leur présence que nous percevons intuitivement quand nous qualifions un discours ou une mobilisation de « populiste ». Le clientélisme, pour revenir à notre exemple, n'est pas nécessairement populiste ; il peut adopter des formes purement institutionnelles, mais il suffit qu'il soit construit comme un appel public aux « petits » en dehors des voies politiques normales pour qu'il acquière une connotation populiste. Mais dans ce cas, ce que j'ai appelé la « surface populaire d'inscription » peut être n'importe quelle institution ou idéologie : ce qui la rend populiste, c'est une certaine inflexion de ses thèmes, non le caractère

1. Walter Benjamin, *Reflections, Essays, Aphorisms, Autobiographical Writings*, New York, Shocken Books, 1986, p. 281.

particulier de cette idéologie ou de cette institution. Je traiterai de quelques-unes de ces variations typologiques dans la troisième partie.

Nous sommes maintenant parvenus à une première notion du populisme. Mais comme je l'avais annoncé, mon analyse s'est fondée, pour des raisons heuristiques, sur deux suppositions simplificatrices que je dois maintenant éliminer. La première, c'est que toute mon approche des signifiants vides a supposé la présence d'une frontière dichotomique stable au sein de la société (sans frontière de ce type, il n'y aurait pas d'équivalences, et par conséquent pas non plus de signifiants vides). Mais cette supposition va-t-elle de soi ? Qu'en est-il si les deux forces situées de part et d'autre de cette frontière la déplacent dans de nouvelles directions ? La deuxième est que je n'ai pas exploré toutes les conséquences de la permanence du particularisme des demandes au sein de la chaîne des équivalences. J'ai en particulier considéré comme une évidence que *n'importe quelle* demande antisystème pouvait être intégrée en tant que nouveau maillon à l'intérieur d'une chaîne d'équivalences déjà existante. Mais qu'en est-il si le particularisme des demandes qui sont déjà des maillons entre en conflit avec les nouvelles demandes qui tentent de s'intégrer à la chaîne ? Cela ne crée–t-il pas les conditions d'une extériorité d'un type nouveau, qui ne peut plus être conçue comme un camp à l'intérieur d'un espace de représentation stable dominé par une frontière dichotomique ? Telles sont les deux questions que je vais maintenant examiner. Si la première va nous conduire à la notion de « signifiant flottant », la deuxième impliquera une étude plus précise de la question de l'hétérogénéité sociale qui est apparue à divers moments de mon analyse.

Appendice : pourquoi qualifier certaines demandes de démocratiques ?

Certains lecteurs des premières versions de ce chapitre ont été gênés par mon utilisation de la catégorie de « demandes démocratiques ». Pourquoi qualifier ces demandes de « démocratiques » ? Pourquoi ne pas les qualifier de « spécifiques » ou, simplement, d'« isolées » ? Qu'ont-elles de particulièrement démocratique ? Ces questions sont légitimes et appellent une réponse. Je dirai d'abord que je n'entends par « démocratiques », dans ce contexte, rien qui ait un quelconque rapport avec un *régime* démocratique. Comme le montre abondamment mon texte, ces demandes ne sont pas téléologiquement destinées à être articulées sous une forme politique particulière. Un régime fasciste peut intégrer et articuler des demandes démocratiques aussi bien qu'un régime libéral. Je voudrais dire aussi que le concept de demandes démocratiques a encore moins de rapport avec un jugement normatif portant sur leur légitimité. Il reste strictement descriptif. Les seules caractéristiques que je garde de la notion habituelle de démocratie sont les suivantes : a) que ces demandes sont adressées *au* système *par* des gens qui en sont exclus – ce qui veut dire qu'elles ont une dimension implicitement égalitaire ; b) que leur émergence même présuppose un certain type d'exclusion ou de privation (ce que j'ai appelé ici « être déficient »).

N'est-ce pas une notion un peu particulière de la démocratie ? Je ne crois pas. J'essaierai de la défendre en revenant sur la généalogie de l'usage que je fais de ce concept. Le point de départ de cette reconstruction généalogique devrait être la catégorie marxiste de « révolution démocratique bourgeoise ». Selon cette conception, la démocratie était liée à la lutte de la bourgeoisie naissante contre le féodalisme et l'absolutisme. Les demandes démocratiques étaient donc intrinsèquement bourgeoises, et par essence liées à l'instauration de régimes « démocratiques libéraux ». Les demandes socialistes, qui impliquaient le dépassement de la société capitaliste et correspondaient à une étape plus avancée de développement historique, étaient différentes des demandes démocratiques bourgeoises. Donc, dans les pays où la question politique principale à l'ordre du jour était le renversement du féodalisme, la tâche des forces socialistes était de soutenir la révolution démocratique bourgeoise qui devait établir, pour toute une période, une société capitaliste pleinement développée. C'est plus tard seulement, en raison des contradictions internes du capitalisme, que les demandes socialistes viendraient au premier plan de la lutte politique. Donc, la différence principale était entre les demandes socialistes et les demandes démocratiques ; l'inscription de ces dernières dans le cadre de l'hégémonie bourgeoise et de l'établissement d'un État libéral était considérée comme une évidence.

La netteté de ces distinctions fut obscurcie par l'apparition des phénomènes qui devaient plus tard être désignés par la formule de « développement inégal et combiné ». Que se passe-t-il quand, dans un pays où le renversement du féodalisme reste la première tâche à accomplir, la bourgeoisie en tant que force sociale est trop faible pour mener à son terme sa propre révolution démocratique ? Dans un cas de ce genre, la révolution démocratique reste à l'ordre du jour, mais son caractère bourgeois devient de plus en plus problématique. La direction de cette révolution doit être transférée à d'autres acteurs historiques, et toutes sortes d'articulations non orthodoxes entre tâches et acteurs deviennent possibles. La formule des bolcheviks de « dictature démocratique des ouvriers et des paysans » infléchit la notion de démocratie vers de nouvelles directions inattendues, et la « révolution permanente » de Trotsky exigea un lien encore plus souple entre révolution, acteurs et tâches démocratiques. Les luttes antifascistes des années 1930 et la vague de révolutions du Tiers-Monde après 1945 accentuèrent ce processus de désintégration de l'idée de « révolution démocratique bourgeoise » ; d'une part, le lien entre les demandes démocratiques et le libéralisme se révéla purement contingent (beaucoup de régimes formellement antilibéraux étaient le seul cadre possible pour faire avancer les demandes démocratiques) ; d'autre part, dans les cas où les demandes démocratiques imposaient de défendre les institutions libérales contre les attaques autoritaires, il devenait difficile d'affirmer le caractère « bourgeois » de ces institutions. La médiation articulatoire dont dépendait la signification des forces, des institutions et des événements pouvait changer. Je me rappelle avoir vu en Argentine, dans les années 1960, un grand titre de journal proclamer en première page : « La Constitution nationale devient subversive ».

C'est dans le cadre de cette grande mutation historique que nous pouvons apprécier le sens de l'intervention de Gramsci. Toute sa théorie de l'hégémonie n'a de sens que si l'inscription populaire des demandes démocratiques ne procède pas d'un diktat *a priori* ou déterminé téléologiquement, mais est une opération contingente qui peut aller dans plusieurs directions. Cela signifie qu'il n'y a pas de demande ayant une « destinée manifeste » en ce qui concerne son inscription populaire – et, en fait, la question n'est pas seulement celle de la contingence de l'inscription, puisque aucune demande ne se constitue pleinement comme demande sans *un genre quelconque* d'inscription. Quand nous arrivons à ce point de la théorisation de Gramsci, nous ne sommes pas loin de la notion de « demande démocratique » que j'ai proposée dans ce livre. Mais ce n'est pas totalement vrai, car, pour Gramsci, l'essence ultime de l'instance articulatoire, ou la volonté collective, est toujours ce qu'il appelle une classe fondamentale de la société, et l'identité de cette classe n'est pas elle-même pensée comme le résultat de pratiques articulatoires ; cela revient à dire qu'elle appartient encore à un ordre ontologique différent de celui des demandes démocratiques. C'est ce que Chantal Mouffe et moi, dans *Hegemony and Socialist Strategy*, avons appelé le dernier reste d'essentialisme chez Gramsci. Si nous l'éliminons, le peuple en tant qu'instance articulatoire – le lieu de ce que nous avons appelé les demandes démocratiques – ne peut être que le résultat de la surdétermination hégémonique d'une demande démocratique particulière qui fonctionne, comme nous l'avons expliqué, comme signifiant vide (comme un objet petit *a* au sens lacanien)

Cela explique, je l'espère, pourquoi j'ai qualifié ces demandes de démocratiques – non pas en raison d'un attachement nostalgique à la tradition marxiste mais parce qu'il y a un ingrédient de la notion de « démocratie » dans cette tradition qu'il est vital de conserver : la notion de non-satisfaction de la demande, qui la fait s'opposer à un *statu quo* existant et rend possible le déclenchement de la logique des équivalences, laquelle aboutit à l'émergence d'un peuple. Supposons qu'au lieu de demandes « démocratiques » nous parlions de demandes « spécifiques ». Cette dernière dénomination évoquerait immédiatement l'idée d'une pleine positivité, fermée sur elle-même. Mais nous savons que cette positivité n'existe pas : ou bien la demande est construite différentiellement – ce qui veut dire que sa positivité n'est pas monadique mais posée dans un ensemble de relations – ou bien elle est liée par des liens d'équivalence à d'autres demandes. Nous savons aussi que cette alternative se superpose à une autre, entre demandes satisfaites et demandes insatisfaites. Mais une demande satisfaite cesse d'être une demande. C'est seulement l'absence de satisfaction – qui peut prendre des formes allant du rejet pur et simple à une « situation d'équilibre instable entre satisfaction et non-satisfaction » – qui donne à une demande sa matérialité et sa présence discursive. La qualification de « démocratique » (qui, en fait, n'est pas une qualification puisqu'elle répète comme adjectif ce qui était déjà inclus dans la notion de demande) désigne ce contexte équivalentiel/discursif qui est la condition d'émergence de la demande, ce que ne font pas les qualificatifs de « spécifique » ou « isolée ».

Le problème demeure, évidemment, de la relation entre demandes démocratiques et demandes populaires, tel qu'il a été ici présenté, et le concept de démocratie en un sens plus conventionnel. Je traiterai partiellement cette question dans le chapitre VI.

5

Signifiants flottants et hétérogénéité sociale

Le flottement : némésis ou destinée du signifiant ?

Commençons par résumer les conditions d'émergence d'une identité populaire que nous avons découvertes jusqu'à présent. La première, c'est la présence d'un signifiant vide qui exprime et en même temps constitue une chaîne d'équivalences. La deuxième, c'est l'autonomisation du moment de l'équivalence vis-à-vis des maillons intégrateurs, étant donné que, même s'il n'y a d'équivalence que parce qu'il y a une pluralité de demandes, ce moment d'équivalence n'est pas seulement subordonné à ces demandes mais joue un rôle essentiel en rendant possible cette pluralité. Comme nous l'avons vu, l'inscription équivalentielle tend à donner solidité et stabilité aux demandes, mais elle restreint aussi leur autonomie car elle doit opérer dans des paramètres stratégiques établis pour la chaîne dans son ensemble. Donnons un exemple : pendant les années 1940 et 1950, le Parti communiste italien avança des demandes démocratiques sur toutes sortes de fronts. En agissant ainsi, il leur donna une surface d'inscription qui leur permit d'être mieux définies dans leurs objectifs et plus efficaces dans leurs mouvements tactiques, mais, du même coup, ces demandes devinrent moins autonomes et plus subordonnées aux objectifs de la stratégie communiste. La tension entre ces deux moments est inhérente à l'établissement de toute frontière politique, et, en fait, à toute construction du « peuple » comme acteur historique. Finalement, la question posée est celle des limites de ce double jeu de subordination et d'autonomisation des demandes particulières. La chaîne ne peut vivre que dans une tension instable entre ces deux extrêmes, et elle se désintègre si l'une des deux s'impose entièrement au détriment de l'autre. L'unilatéralisation du moment de la subordination transforme les signifiants populaires en une entéléchie inopérante incapable de servir de *fondement* aux demandes démocratiques. C'est ce qui est arrivé à de nombreux discours populistes dans les pays d'Afrique avec l'émergence d'élites bureaucratiques après le processus de décolonisation. D'un autre côté, l'autonomisation, au-delà d'un certain point, conduit à une pure logique de la différence et à l'effondrement du camp populaire fondé sur l'équivalence (comme nous l'avons vu avec l'exemple de la crise du mouvement chartiste).

Dans ce tableau, il y cependant une supposition simplificatrice qu'il nous faut maintenant éliminer. Car ma présentation de la question semble présupposer que, si une demande n'est pas articulée à l'intérieur d'une chaîne d'équivalences, la seule autre possibilité pour elle est d'être intégrée différentiellement, d'une manière non antagonique, au système symbolique existant. Mais cela présuppose que la frontière intérieure reste la même, sans déplacements – hypothèse assez peu réaliste, qui n'était acceptable que pour des raisons heuristiques, afin de présenter la notion de « signifiant vide » sous sa forme la plus pure. Ce modèle initial simplifié peut être illustré par le diagramme suivant, que j'ai utilisé dans un autre ouvrage[1] :

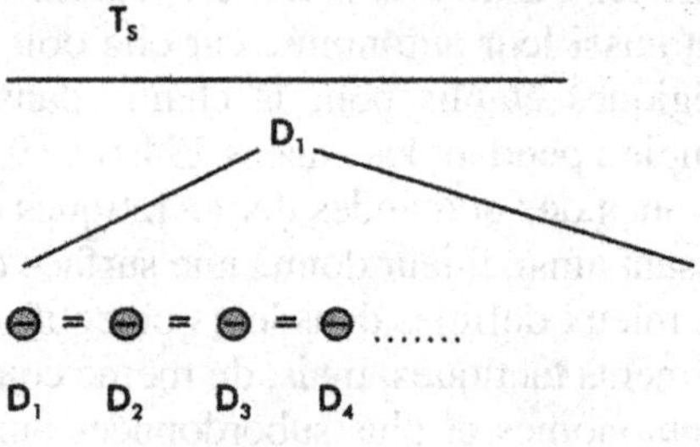

L'exemple que j'avais à l'esprit était celui d'un régime oppresseur – en l'occurrence le tsarisme – séparé par une frontière politique des demandes émanant de la plupart des secteurs de la société (D_1, D_2, D_3...). Chacune de ces demandes, dans sa singularité, est différente

1. Ernesto Laclau, « Constructing Universality », *in* Judith Butler, Ernesto Laclau et Slavoj Žižek, *Contingency, Hegemony, Universality. Contemporary Dialogues on the Left*, Londres, New York, Verso, 2000, p. 302-305.

de toutes les autres (dans le diagramme, cette singularité est représentée par le demi-cercle inférieur). Mais toutes sont équivalentes les unes aux autres dans leur même opposition au régime oppresseur (c'est ce que représente le demi-cercle supérieur). Comme nous l'avons vu, cela fait qu'une des demandes intervient pour devenir le signifiant de la totalité de la chaîne – un signifiant tendanciellement vide. Mais tout le modèle dépend de la frontière dichotomique : sans cette frontière, la relation d'équivalence s'effondrerait et l'identité de chaque demande s'épuiserait dans sa singularité différentielle.

Mais que se passe-t-il si la frontière dichotomique, sans disparaître, est brouillée parce que le régime oppresseur lui-même devient hégémonique – c'est-à-dire essaie d'interrompre la chaîne d'équivalences du camp populaire par une autre chaîne d'équivalences, dans laquelle certaines des demandes populaires sont articulées à des maillons totalement différents (par exemple, nous le verrons dans un instant, quand la défense des « petits » contre le pouvoir cesse d'être associée à un discours de gauche, comme c'était le cas dans le New Deal américain, pour être associée à la « majorité morale ») ? Dans un cas de ce genre, les *mêmes* demandes démocratiques sont soumises à la pression structurelle de projets hégémoniques *rivaux*. Cela engendre une autonomie des signifiants populaires différente de celle dont nous avons parlé jusqu'à présent. Le problème n'est plus que le particularisme de la demande devient autosuffisant et indépendant de toute articulation en termes d'équivalence mais que sa signification est indéterminée entre des frontières équivalentielles concurrentes. Je qualifierai de « signifiants flottants » les signifiants dont la signification est ainsi « en suspens ». En partant du diagramme précédent, nous pourrions représenter leur fonctionnement de la façon suivante :

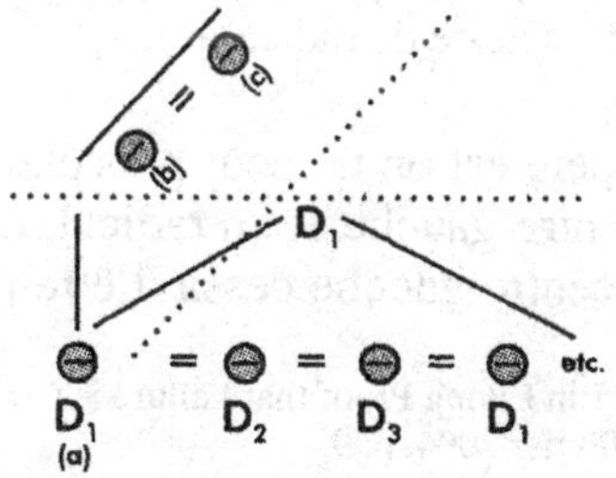

Comme nous le voyons, D_1 est soumis à la pression structurelle des deux chaînes d'équivalences antagoniques représentées par les lignes en pointillé : la ligne en pointillé horizontale correspond au camp populaire opposé au tsarisme, comme dans le premier diagramme. Mais la ligne en pointillé en diagonale établit un lien d'équivalence entre D_1, qui appartient au camp populaire, et deux autres demandes que le camp populaire refuserait parce qu'elles appartiennent au camp du tsarisme. Nous avons donc deux manières antagoniques de constituer le « peuple » comme acteur historique. La manière dont la signification de D_1 sera fixée dépendra du résultat d'une lutte hégémonique. La dimension « flottante » devient ainsi particulièrement visible dans les périodes de crise organique, quand le système symbolique a besoin d'être radicalement réformé. C'est pourquoi cette dimension a pour modèle nécessaire l'indétermination de la relation entre les deux demi-cercles dans la représentation des demandes : le demi-cercle supérieur est toujours celui qui devient autonome en cas de flottement, car c'est dans ses virtualités équivalentielles que réside la représentation de la plénitude (absente) de la société. Dans un article récent, Michael Portillo, dirigeant du Parti conservateur britannique, écrit la chose suivante :

> À l'âge de onze ans, je me suis intéressé à la politique. Lors des élections de 1964, j'ai participé à la tenue d'une permanence du Parti travailliste dans la maison de mes parents. J'avais un poster représentant Harold Wilson dans ma chambre [...]. Mais au milieu des années 1970, le Parti travailliste se retrouva à bout de forces. Madame Thatcher prit la direction du Parti conservateur en 1975, avec une lueur de révolution dans les yeux. Pour moi, le charme opéra. Peut-être que je n'ai jamais changé : j'ai des idées de centre-gauche teintées d'un zeste de radicalité[1].

Le mouvement opéré est on ne peut plus clair : Portillo était à la fois un militant de centre-gauche et un radical. Une fois que la solution incarnée par le centre-gauche cessa d'être perçue comme radi-

1. Michael Portillo, « I'm Living Proof that Failure is Good for You », *The Sunday Times (News Review)*, 22 février 2004, p. 9.

cale, il fut obligé de choisir entre le *contenu* d'une politique et sa *forme* radicale, même si ce radicalisme était un radicalisme de tendance opposée. L'analyse du « gaucho-lepénisme » au chapitre IV va dans le même sens. Cette distance entre le contenu ontique d'une politique et sa capacité à représenter une plénitude radicale est toujours présente mais, comme je l'ai dit, elle devient particulièrement visible dans les périodes critiques, lorsque les conversions radicales et les déplacements soudains de l'opinion deviennent chose fréquente.

On voit que les catégories de « signifiants vides » et « signifiants flottants » sont structurellement différentes. La première concerne la construction d'une identité populaire une fois que la présence d'une frontière stable est considérée comme acquise ; la deuxième essaie conceptuellement d'appréhender la logique des déplacements de cette frontière. Dans la pratique, cependant, la distance entre les deux n'est pas tellement grande. Ces deux catégories sont des opérations hégémoniques et, surtout, leurs référents se recoupent en grande partie. Une situation dans laquelle seule la catégorie de signifiant vide serait pertinente, à l'exclusion totale du moment de flottement, serait une situation dans laquelle nous aurions une frontière entièrement immobile – ce qui est très difficile à imaginer. À l'inverse, un univers purement psychotique dans lequel nous aurions un pur flottement sans aucune fixation partielle n'est pas pensable non plus. Les signifiants flottants et les signifiants vides doivent donc être conçus comme des dimensions partielles – et donc analytiquement délimitables – de tout processus de construction hégémonique du « peuple ».

Prenons l'exemple du fonctionnement des signifiants flottants pendant l'émergence en Amérique d'un populisme de droite dans les années qui suivirent la Seconde Guerre mondiale. Un des stratèges de la campagne de Richard Nixon pour les élections présidentielles de 1968, Kevin Phillips, a proposé une interprétation globale de l'histoire politique américaine fondée sur la place centrale du phénomène populiste :

> Avec une utilisation inventive d'une masse considérable de statistiques, Phillips affirma que les antagonismes raciaux et régionaux furent la clé de la suprématie politique dans tous les cycles électoraux depuis

> l'époque de Jefferson jusqu'aux années 1960. Quand un parti se plaçait de façon convaincante du côté des masses travailleuses culturellement majoritaires et contre l'*establishment* des grosses fortunes du Nord-Est, il prenait en général le pouvoir à l'échelle nationale pour une génération ou plus[1].

Cette cause des « petits », selon Phillips, avait été abandonnée par la coalition dominante entre les Démocrates d'orientation libérale et les Noirs et Latino-Américains pauvres, dont la survie dépendait des aides gouvernementales. Les Démocrates de l'époque, aux yeux de Phillips, avaient commis une erreur politique fatale. Ils étaient passés de « programmes prévoyant d'imposer quelques-uns pour le bénéfice du grand nombre (le New Deal) » à des « programmes taxant le plus grand nombre au bénéfice de quelques-uns (la Great Society) ». En conséquence, les Blancs de la *sunbelt* (terme inventé par Phillips, littéralement « ceinture de soleil », désignant un certain nombre d'États du Sud et de l'Ouest) et les catholiques du Nord et du Midwest opérèrent un déplacement vers le Grand Old Party, le Parti républicain. L'*establishment* – pour Phillips, « Wall Street, l'Église épiscopalienne, les grands journaux, la Cour suprême américaine et l'East Side de Manhattan » – s'était opposé à Roosevelt. Mais maintenant il était composé de libéraux chic qui prenaient de haut la vague conservatrice qui avait « partout déferlé sur les zones profondes ordinaires de la nation (maintenant composées de membres des classes moyennes) »[2]. Le schéma de ce processus, tel que le décrit Kazin, est on ne peut plus révélateur en ce qui concerne le sujet qui nous intéresse : les mêmes thèmes populistes – articulés différemment – étaient présents dans le discours des apôtres du New Deal et dans celui de la nouvelle droite conservatrice – ou, plus exactement, cette dernière les reprit aux défenseurs du New

1. Michael Kazin, *The Populist Persuasion : An American History*, Ithaca, New York, Londres, Cornell University Press, 1995, p. 250. La plupart de mes informations concernant le tournant conservateur de la politique populiste en Amérique proviennent de ce livre utile. Les livres de Kevin Phillips auxquels je fais référence sont *The Emerging Republican Majority*, New Rochelle, New York, Arlington House, 1969 ; et *Mediacracy : American Parties and Politics in the Communications Age*, Garden City, New York, Doubleday, 1975.

2. Michael Kazin, *The Populist Persuasion*, *op. cit.*, p. 251.

Deal. Autrement dit, il s'agit de signifiants flottants au sens strict de notre définition.

> Il y avait bel et bien une étroite ressemblance entre la *rhétorique* des militants populistes [à la fin du XIXe siècle] et celle des anticommunistes conservateurs [dans les années 1950]. Les deux faisaient appel à la volonté et aux intérêts d'une majorité, productive, indépendante, dont les convictions spirituelles, les idéaux patriotiques et les communautés étaient jugés menacés par une élite modernisatrice, une « minorité civilisée », selon la formule ironique de l'historien Christopher Lasch. Négliger la présence de traits communs d'expression qui allaient au-delà du People's Party lui-même est aussi erroné que d'enfermer cette tradition dans un cadre débordant de croyances répugnantes. John T. Flynn et Patrick Scanlan poursuivaient des objectifs très différents de ceux d'Ignatius Donnelly et de Tom Watson dans les années 1890. Mais, en tant que langage, le populisme pouvait transcender les frontières idéologiques et attirer les Américains hostiles au libéralisme moderne ainsi que ceux qui continuaient à être attachés aux syndicats ouvriers et aux Quatre Libertés de Roosevelt[1].

Le processus par lequel les signifiants populistes furent hégémonisés par un discours de droite fut long et complexe, mais il est possible de repérer certains tournants. Comme Kazin le signale, jusqu'en 1940, l'idée d'un populisme conservateur était un oxymore. Il n'y avait aucun rapport entre le populisme et le discours de la droite traditionnelle, qui était centré sur la défense d'un capitalisme libéré des réglementations, et l'hostilité à toute forme de mobilisation populaire. C'est à l'occasion des croisades anticommunistes des années 1950, dont l'épicentre fut le maccarthysme, qui avait lui-même été précédé de toute une série de processus moléculaires sur différents fronts, qu'apparut pour la première fois un discours conservateur à connotations populistes. Ce discours était incontestablement pour une part anticommuniste, mais il fut immédiatement associé à la peur conservatrice d'une puissante machine gouvernementale contrôlée par les élites libérales du Nord-Est. Quand ces deux éléments

1. *Ibid.*, p. 192-193.

commencèrent à se renforcer mutuellement, il fut facile de passer à un certain nombre de thèmes populistes traditionnels :

> Les conservateurs trouvèrent ainsi dans le stock du langage populiste une arme puissante dans leur croisade contre l'État. Une élite de conspirateurs organisée à la fois au sein du gouvernement et dans la société en général faisait entrer les Américains dans un système enrégimenté qui détruirait leurs moyens d'existence et leurs valeurs. Le pouvoir de la grande industrie, laissait entendre la droite, semblait modeste comparé à celui du nouveau Léviathan. [...] Cela représenta une véritable nouveauté. Pour la première fois dans l'histoire américaine, de nombreux militants et hommes politiques employaient un vocabulaire populiste pour s'opposer aux réformes sociales et non pour les défendre[1].

Ces recompositions exigeaient évidemment qu'une nouvelle inflexion soit donnée aux vieux thèmes populistes. L'opposition entre les « parasites » et les « producteurs » dut passer au second plan, alors que le lien entre le « peuple » et les « travailleurs » fut remplacé par un appel à l'Américain moyen : « les travailleurs » et « les ouvriers » furent remplacés par « les gens » et « les Américains moyens »[2]. L'important, c'est que ce tournant conservateur prit la forme d'un changement d'accent, pas nécessairement d'un changement du contenu de l'ancien langage populiste orienté à gauche. Cela signifie, dans notre terminologie, qu'un nouveau régime d'équivalences était en train de se construire. De ce point de vue, la carrière de John T. Flynn est un bon exemple. Il commença à publier des livres et des articles dans les années 1930, à attaquer les spéculateurs et la finance et à exiger la protection de l'État contre la grande industrie. Mais sa haine de la finance le conduisit à rejeter l'élite dominante – y compris sa composante gouvernementale – dans sa totalité et, ainsi, de continuer à développer un discours populiste, mais de tendance politique opposée. En continuant sur cette voie, il devint un des principaux représentants d'un nouveau genre de conservatisme. « Après la guerre, cette suspicion viscérale à l'égard des élites dirigeantes permit

1. *Ibid.*, p. 167.
2. *Ibid.*, p. 168.

à Flynn de modifier la liste de ses ennemis sans trop s'éloigner de son scénario original. Les victoires des communistes et des sociaux-démocrates après la Seconde Guerre mondiale lui permirent simplement de brosser le tableau effrayant d'un État devenu fou[1]. »

Cet itinéraire fut aussi celui d'intellectuels qui avaient commencé leurs carrières comme marxistes – James Burnham, Whittaker Chambers, Max Eastman, Will Herberg, Wilmore Kendall, Eugene Lyons et James Rorty – ou comme conservateurs plus traditionnels – Brent Bozell, William F. Buckley et Russell Kirk. Si nous ajoutons à cela la nouvelle popularité dont jouissaient les thèmes communautariens, le renouveau des associations religieuses – en particulier au sein de l'Église catholique – et le développement des associations d'anciens combattants, on a sous les yeux toute la gamme des phénomènes qui allaient mener à la rupture des liens entre libéralisme et populisme. La première cristallisation publique de ce nouvel état d'esprit fut évidemment le maccarthysme, qui employa consciemment toutes les armes que mettait à sa disposition l'arsenal idéologique populiste. Après la chute de McCarthy, le type de mobilisation qu'il avait suscitée s'effondra, mais la rupture entre le libéralisme et le populisme se perpétua. Le discours du New Deal opéra un recul évident. Le vide créé par ce recul devait être occupé par de nouvelles forces issues de la droite.

Le deuxième moment important de la désintégration du discours du New Deal fut celui des campagnes électorales de George C. Wallace[2]. Si nous voulons comprendre leur succès relatif, nous devons comprendre la crise de représentation que traversait l'Amérique dans les années 1960. Différents mouvements contestataires parlant au nom des opprimés étaient en train de faire leur apparition – le mouvement des droits civiques, la Nouvelle Gauche, etc. – mais, pour ce qui nous intéresse, il est important de comprendre que l'Amérique que Nixon appellerait plus tard l'« Amérique moyenne » se sentait elle aussi sous-représentée – étouffée entre la bureaucratie omnipotente de Washington et les demandes de diverses minorités. Kazin décrit l'état d'esprit de ce groupe dans les termes suivants :

1. *Ibid.*, p. 183.
2. *Ibid.*, chapitre IX.

> Ils étaient sur la défensive et fiers des gens comme eux – les Blancs qui avaient des emplois solides ou les petites ou moyennes entreprises. Sans être ouvertement racistes, ils n'étaient pas particulièrement concernés ni touchés par les problèmes spécifiques des Noirs. Leurs attitudes à l'égard du monde de la politique allaient du dégoût cynique à l'égard des responsables élus qui « jetaient par les fenêtres » l'argent des contribuables dans des programmes d'aide sociale et la guerre en Indochine à un fragile espoir que les gens ordinaires, livrés à eux-mêmes, seraient capables de réparer tout ce que l'*establishment* avait détruit. [...] Un mouvement ou un parti capable de canaliser le ressentiment croissant de ces gens – comme l'avaient fait les réformistes populaires et les politiciens radicaux à une autre époque – pourrait rompre l'emprise de l'ordre du New Deal[1].

La crise de la représentation qui est à la source de toute explosion populiste anti-institutionnelle était à l'évidence en germe dans les demandes de ces gens. Un discours radical capable d'inscrire ces demandes devait émerger. D'où ce discours allait-il provenir ? Ou – pour dire les choses autrement – comment ces demandes allaient-elles trouver leur cohérence dans une totalité fondée sur des équivalences ? La gauche radicale n'était pas en mesure de participer à cette lutte pour l'hégémonie : « Parmi les membres de la Nouvelle Gauche, présents dans les enclaves universitaires, peu comprenaient les sentiments complexes d'envie et d'indignation qui déterminèrent la forme de la réaction des Blancs non privilégiés aux révoltes des ghettos et aux manifestations anti-guerre[2]. » Quant aux syndicats, ils apparaissaient comme trop dépendants du soutien de l'*establishment* démocrate libéral pour être à l'origine d'une révolte radicale contre le *statu quo*. La droite avait donc à l'évidence une occasion à saisir, à condition qu'elle puisse sortir de la situation marginale dans laquelle elle était longtemps restée confinée. C'est exactement le vide politique que Wallace remplit avec son discours – mélange de racisme et de la plupart des vieux thèmes populistes (il fut même le premier candidat à la présidence des États-Unis à se

1. *Ibid.*, p. 224.
2. *Ibid.*, p. 246.

présenter comme un travailleur). Wallace ne fut jamais en mesure d'accéder à la présidence – les résultats qu'il obtint, sauf dans ses enclaves du Sud des États-Unis, étaient simplement ceux d'un vote protestataire – mais son entrée en scène eut un effet durable : il contribua de façon décisive à cimenter l'articulation entre identité populaire et radicalité de droite. Une fois que cette articulation fut suffisamment solide, d'autres forces politiques, plus proches des grandes tendances représentées sur l'échiquier politique, purent en profiter. C'est exactement ce qui se passa au cours du processus qui mena de Nixon à Reagan. La rhétorique d'agitateur de rue de Wallace fut remplacée par l'appel à la « majorité silencieuse » des producteurs et des consommateurs.

> Avec l'effondrement du libéralisme, certains esprits avertis du Parti [républicain] comprirent que la défense des *valeurs* des classes moyennes – le goût du travail, la religion, l'existence de communautés indépendantes – pourrait être un moyen de franchir un fossé, déterminé par les revenus et les activités professionnelles, qui était resté infranchissable pour le Grand Old Party [le Parti républicain] depuis la crise de 1929. Cela ne devint possible que parce que, loin du lieu de travail, des millions de salariés blancs étaient fiers de se définir comme consommateurs et propriétaires de leurs logements. [...] À la fin des années 1960, le fait de toucher un salaire ou de posséder une petite entreprise, d'avoir une carte syndicale ou de pester contre les restrictions imposées par le mouvement syndical, était souvent moins important qu'une hostilité partagée à l'égard de l'élite politique et culturelle et de ceux qui étaient considérés comme ses amis dans les ghettos et sur les campus[1].

Est-il nécessaire de préciser comment cette polarisation se traduit au moment d'écrire ces lignes (en juin 2004) dans les choix électoraux immédiats offerts aux Américains ? Ou bien l'Amérique moyenne abandonne le camp de la droite populiste parce qu'elle ne se reconnaît plus dans les agressions des néoconservateurs du régime Bush, avec pour résultat la formation de nouvelles chaînes d'équivalences – autrement dit, dans ce cas, on s'orienterait vers une nouvelle

1. *Ibid.*, p. 246.

formation hégémonique – ou bien les républicains seront réélus. Ce qui est pure illusion, c'est de penser que leur défaite à long terme pourrait avoir lieu sans une forme de réarticulation radicale de l'imaginaire politique (la situation est trop polarisée pour que de petits changements dans un sens ou un autre puissent changer les choses de manière sensible). Même si Bush subit une défaite électorale, les mouvements de son successeur seront limités par le carcan d'une formation hégémonique dont les paramètres demeurent en substance inchangés.

L'hétérogénéité entre en scène

Nous devons maintenant passer à la deuxième supposition simplificatrice implicite dans notre modèle des signifiants vides – une simplification que nous devons maintenant éliminer. Nous avons jusqu'à présent supposé que *toute* demande non satisfaite peut s'intégrer à la chaîne d'équivalences qui est constitutive du camp populaire. Cette supposition est-elle vraiment justifiée ? Il suffit de réfléchir deux minutes pour voir que non. Considérons les demi-cercles inférieurs qui représentent les demandes individuelles dans notre diagramme initial (p. 154). Alors que le demi-cercle supérieur représente le moment strict de l'équivalence (ce que les différentes demandes ont en commun dans leur opposition au régime oppresseur), le demi-cercle inférieur représente la singularité irréductible de chaque demande individuelle. La chose importante à comprendre est que la relation d'équivalence ne supprime pas cette singularité, pour la bonne raison que sans elle il n'y aurait tout simplement pas de relation d'équivalence. C'est parce que toutes les demandes individuelles, dans leur singularité même, sont opposées au régime oppresseur, qu'une communauté d'équivalence entre elles peut être établie. J'ai déjà précisé au début de ce chapitre qu'entre les demi-cercles supérieurs et les demi-cercles inférieurs du diagramme il n'y a pas seulement complémentarité mais aussi tension – alors que les demandes individuelles sont renforcées par leur inscription équivalentielle, la chaîne comme totalité développe une logique propre qui peut mener à sacrifier ou à trahir les objectifs de ses maillons individuels.

Je voudrais maintenant signaler une autre possibilité implicite dans la logique de notre modèle : une demande peut ne pas être intégrée à la chaîne des équivalences parce qu'elle entre en conflit avec les fins particulières des demandes qui sont déjà des maillons de la chaîne. Si la singularité des demandes individuelles était totalement neutralisée par leur inscription équivalentielle, cette possibilité pourrait être exclue, mais nous savons que les choses ne se passent pas ainsi. Donc une chaîne d'équivalences n'est pas seulement opposée à une force ou à un pouvoir antagonique, mais aussi à quelque chose qui n'a pas accès à un espace général de représentation. Mais « opposé » n'a pas le même sens dans les deux cas : un camp *antagonique* est pleinement représenté comme le revers négatif d'une identité populaire qui n'existerait pas sans cette référence négative ; mais dans le cas d'un dehors qui s'oppose à un dedans uniquement parce qu'il n'a pas accès à l'espace de représentation, « opposition » signifie seulement « laisser de côté », et, en ce sens, ne forge aucunement l'identité de ce qui est dedans. Nous en avons un bon exemple dans la philosophie de l'histoire de Hegel : elle est ponctuée de renversements dialectiques opérant par des processus de négation/dépassement, mais, à côté de ces processus, il y a la présence des « peuples sans histoire », totalement en dehors de l'historicité. Ils sont l'équivalent de ce que Lacan appelait *caput mortuum*, le reste qui est déposé dans le tube à essai après une expérience chimique. La rupture impliquée dans ce type d'exclusion est plus radicale que celle qui est inhérente à l'exclusion antagonique : alors que l'antagonisme présuppose encore une sorte d'inscription discursive, le genre de dehors dont je suis en train de parler présuppose une extériorité non seulement à quelque chose à l'intérieur d'un espace de représentation, mais à l'espace de la représentation comme tel. J'appellerai ce type d'extériorité *hétérogénéité sociale*. L'hétérogénéité, ainsi conçue, ne signifie pas la *différence* ; deux entités, pour être différentes, ont besoin d'un espace à l'intérieur duquel cette différence soit représentable, alors que ce que j'appelle maintenant hétérogénéité présuppose l'absence de cet espace commun. Notre prochaine étape sera donc de réinscrire notre analyse des identités populaires à l'intérieur de cette articulation complexe entre homogénéité et hétérogénéité.

Commençons par considérer une situation dans laquelle l'hétérogénéité, au sens où nous l'entendons, est radicalement absente, de manière à pouvoir ensuite voir plus clairement les effets de sa présence. Une telle situation serait celle qui est représentée par notre premier diagramme : une frontière stricte séparant deux camps antagoniques, et un espace saturé à l'intérieur duquel toutes les entités sociales peuvent être situées. Nous avons, c'est vrai, une frontière antagonique, mais une frontière qui ne peut inclure, dans sa propre logique, son propre déplacement dans une quelconque direction. La raison en est claire : si l'autre exclu est la condition de ma propre identité, la persistance de cette identité exige aussi la présence d'un autre antagonique. Sur un terrain dominé par l'homogénéité pure (c'est-à-dire, la pleine représentabilité), cette ambiguïté par rapport à l'ennemi ne peut être dépassée. Cela, dans une certaine mesure, correspond à un fait bien connu, à savoir que les forces qui ont construit leur antagonisme sur un terrain donné montrent leur secrète solidarité quand c'est ce terrain même qui est mis en question. C'est un peu la réaction qu'auraient deux joueurs d'échecs face à quelqu'un qui donnerait un coup de pied dans l'échiquier. Pensons, par exemple, à la politique d'Union sacrée pratiquée par les partis sociaux-démocrates en 1914. Cependant, la conséquence de cette analyse est que la structure décrite par notre premier diagramme serait reproduite *sine die*. Il ne peut y avoir ni déplacement de frontière ni éléments irreprésentables dans un espace saturé. Mais nous savons très bien que ces déplacements se produisent tout le temps, et que le champ de la représentation est un miroir trouble et brisé, constamment interrompu par un « réel » hétérogène qu'il ne peut dominer symboliquement. Comment rendre ces phénomènes compatibles avec notre diagramme ? Il n'y a que deux solutions possibles : l'une est compatible avec la notion d'espace saturé ; l'autre – celle que nous accepterons – renonce à l'idée d'espace saturé et de pleine représentabilité.

Commençons par la première solution. Marx présente l'Histoire comme un récit cohérent unifié par une logique unique : le développement des forces productives, auquel correspond, à chacune de ses étapes, un certain système de rapports de production. On a pu dire que la notion de forces productives était purement quantitative, mais cela n'est pas vrai. Il faut prendre en considération le fait que la conception de Marx est profondément hégélienne, et correspond non à la notion de quantité mais à celle de mesure – plus précisément, à l'infini de la mesure[1] une fois que le « sans mesure » a été dépassé. Pour reprendre les termes de Hegel : « Mais cet infini qui caractérise la spécification de la mesure *suppose* le qualitatif et le quantitatif comme *se supprimant* réciproquement, ainsi que le retour à elle-même de la première et immédiate *unité représentée* d'une façon générale par la mesure[2]. » Ainsi la quantité et la qualité vont ensemble, et cela correspond précisément au type d'unité existant entre forces productives et rapports de production. Ce point est important, parce que sans cette imbrication logique entre le quantitatif et le qualitatif, l'Histoire ne serait pas un récit cohérent – l'espace de représentation ne serait pas saturé. Cela éclaire l'explication des déplacements de la frontière antagonique à l'intérieur de ce récit théorique. Il y a des déplacements de la frontière parce que, à travers eux, une action différente est représentée : la compatibilité/incompatibilité entre forces productives et rapports de production à chacune de ses étapes. Notre diagramme ne serait qu'une photographie – et comme telle statique – d'une forme apparente prise par ce mouvement plus profond à un moment donné dans le temps. La validité de ce type d'explication dépend en conséquence totalement de la capacité de son récit à intégrer en lui-même tout « dehors » hétérogène.

Nous aborderons cette question en situant le problème de l'hétérogénéité dans une perspective historique. Quand j'ai analysé la notion hégélienne de « peuples sans histoire », j'indiquais déjà le traitement réservé à l'« hétérogène » quand celui-ci est abordé par

1. La formule « infini de la mesure » n'apparaît ni dans la *Logique* ni dans l'*Encyclopédie* de Hegel, mais a été proposée par W. T. Stace (*The Philosophy of Hegel*, New York, Dover, 1955). Puisque cette catégorie est strictement symétrique par rapport aux infinis qualitatif et quantitatif, la formule est parfaitement raisonnable.

2. Georg Wilhelm Friedrich Hegel, *Science de la Logique*, tome I, traduction française de S. Jankélévitch, Paris, Aubier, 1947, p. 424. Italiques conformes à l'original.

le biais d'une logique totalisante : il est rejeté, dans la mesure où son historicité est niée. Mais depuis les années 1830 environ, l'excès hétérogène vient d'une nouvelle source qui a été définie comme la « question sociale ». La pensée européenne traditionnelle avait distingué différentes strates sociales dont la réunion composait une image harmonieuse de la société : la noblesse, le clergé, la paysannerie, la bourgeoisie urbaine, etc. Il existait aussi des pauvres, évidemment, qui étaient en trop par rapport à cette classification, mais qui pouvaient être traités par des procédures appropriées – les Poor Laws en Angleterre, par exemple. Mais en Allemagne, après les années 1830, l'excès hétérogène commença à prendre des proportions alarmantes, pour des raisons liées moins au début de l'industrialisation qu'à son contraire[1] : un développement industriel insuffisant, qui se révéla incapable de remplacer une structure économique disloquée par divers facteurs – rapidité de la croissance démographique, émancipation des serfs, enclosures, suppression des distinctions féodales dans les villes, etc. Tels furent les paramètres définissant la façon dont se posa la question sociale à l'époque en Allemagne. Hegel était bien conscient de ce problème, mais la seule esquisse de solution qu'il proposa fut de dire qu'il fallait encourager l'excédent de la population à émigrer vers les colonies.

Warren Breckman a signalé que « les observateurs contemporains ont vu dans l'emploi croissant du terme "prolétariat" pour désigner cette nouvelle classe un signe de ces changements sociaux [la transition vers une société industrielle]. L'abandon progressif du vieux terme de *Pöbel* (populace) signifia un tournant important dans l'analyse de la pauvreté et le début de la réflexion sur les classes industrielles dans l'Allemagne moderne[2] ». Mais l'association du terme « prolétariat » à la classe ouvrière industrielle prit beaucoup de temps. Cela a été remarqué : « Avant Marx, le *prolétaire* était un des signifiants essentiels du spectacle passif de la pauvreté. En Angleterre, Samuel Johnson avait défini *proletarian* dans son *Dictionary of the English Language* (1755) comme « méchant,

1. Warren Breckman, *Marx, the Young Hegelians and the Origins of Radical Social Theory*, Cambridge, Cambridge University Press, 1999, p. 149-150.

2. *Ibid.*, p. 150.

misérable, vil, vulgaire », et le mot semble avoir eu le même sens en France au début du XIXe siècle, où il était à peu près interchangeable avec le mot *nomade*[1]. En ce sens, le terme « prolétariat » appartient à tout un univers terminologique désignant les pauvres, mais un pauvre en dehors de toute inscription sociale stable. C'est ce qu'a noté Peter Stallybrass :

> De là l'étrange manière dont Marx pille le français, le latin et l'italien pour évoquer les sans-noms. Ce sont les *roués*, les *souteneurs*, « ceux que les Français appellent la bohème » ; ce sont les littérateurs ; ce sont les lazzarone. […] L'*Oxford English Dictionary* définit les lazzarone comme « la classe la plus basse de Naples, vivant de menus travaux et de mendicité ». Au XVIIe siècle les *lazzari* avaient été définis comme « la lie du peuple napolitain » et à la fin du XVIIIe siècle le mot *lazzarone* était employé comme un terme général socialement péjoratif[2].

Les termes de l'alternative sont donc clairs : si l'excédent hétérogène peut être contenu à l'intérieur de certaines limites, réduit à une présence marginale, la vision dialectique d'une histoire unifiée peut être maintenue. Si, au contraire, l'hétérogénéité prévaut, la logique sociale devrait être conçue d'une manière fondamentalement différente. C'est au cœur de cette alternative que nous pouvons situer l'intervention magistrale de Marx, qui consista à isoler, à l'intérieur du monde de la pauvreté que la transition vers l'industrialisme engendrait, un secteur différencié qui n'appartenait pas aux interstices de l'histoire – au non historique – mais était destiné à être un acteur historique majeur. À l'intérieur d'une histoire conçue comme une histoire de la production, la classe ouvrière serait l'agent d'une nouvelle étape dans le développement des forces productives, et le terme « prolétaire » servit à désigner cet acteur nouveau. Mais pour conserver ses titres d'acteur agissant « de l'intérieur » de la ligne principale du développement historique, le

1. Peter Stallybrass, « Marx and Heterogeneity : Thinking the Lumpenproletariat », *Representations*, n° 31, numéro spécial, « The Margins of Identity in Nineteenth Century England », été 1990, p. 69-95 (p. 84).

2. *Ibid.*, p. 83.

prolétariat devait être strictement distingué de l'« étranger » absolu : le *lumpenprolétariat*. Marx et Engels n'hésitent pas à employer des termes méprisants à propos de cette dernière catégorie. Je citerai seulement deux des textes étudiés par Stallybrass : à propos des gardes mobiles recrutés par le Gouvernement provisoire après la révolution de février, en France, Marx précise : « Ceux-ci appartenaient pour la plupart au lumpenprolétariat, qui dans toutes les grandes villes constitue une masse très distincte du prolétariat industriel, pépinière de voleurs et de criminels de toute sorte, vivant des déchets de la société, individus sans métier précis, vagabonds, gens sans feu et sans aveu, différents selon le degré de culture de la nation à laquelle ils appartiennent, ne reniant jamais leur caractère de lazzarone[1]. » Et Engels : « Le lumpenprolétariat – cette lie d'individus déchus de toutes les classes qui a son quartier général dans les grandes villes – est, de tous les alliés possibles, le pire. Cette racaille est parfaitement vénale et tout à fait importune. [...] Tout chef ouvrier qui emploie cette racaille comme garde ou s'appuie sur elle démontre par là qu'il n'est qu'un traître[2]. »

Donc le caractère de pure « étrangeté » du *lumpenprolétariat*, son expulsion du champ de l'historicité, est la condition même de possibilité d'une pure intériorité, d'une histoire dotée d'une structure cohérente. Mais y a un problème. Le terme *lumpenprolétaria*t a un référent supposé : les couches inférieures de la société qui n'ont aucune insertion véritable dans l'ordre social (bien que l'imprécision terminologique que je viens de mentionner nous ait montré que cette référence était peut-être moins claire que prévu). Mais en dehors de cette référence, il y a une tentative évidente pour donner un contenu conceptuel à cette catégorie. Étant donné que le « dedans » de l'histoire est conçu comme une histoire de la production (« c'est dans l'économie politique qu'il convient de chercher l'anatomie de la société civile »), sa distance par rapport au processus de production devient un trait distinctif du *lumpenprolétariat*. La question se pose : cette distance par rapport au processus de

1. Karl Marx, *Les Luttes de classes en France : 1848-1850* [1850], *Œuvres*, IV, *Politique*, I, édition établie, présentée et annotée par Maximilien Rubel, Paris, Gallimard, coll. « Bibliothèque de la Pléiade », 1994, p. 253-254.

2. Cité par Peter Stallybrass, « Marx and Heterogeneity », art. cit., p. 89.

production ne se trouve-t-elle que dans la lie de la population des grandes villes ? Car si ce trait s'applique à des secteurs plus larges que les lazzarone, ses effets globaux seraient eux aussi plus larges, et menaceraient la cohérence interne du monde « historique ». C'est justement ce que tente de faire l'essai pénétrant de Peter Stallybrass dont j'ai cité quelques extraits : montrer dans les textes de Marx – en particulier dans *Le 18 Brumaire de Louis Bonaparte* – les points cruciaux où la catégorie de *lumpenprolétariat* est déstabilisée et étend ses effets sociaux bien au-delà de ce que voulait Marx. Intéressons-nous maintenant à l'analyse de Stallybrass.

Il y a pour commencer le fait, noté par Marx lui-même dans *Les Luttes de classes en France : 1848-1850*, que le parasitisme du *lumpenprolétariat*, la lie de la société, est reproduit aux niveaux les plus élevés de l'organisation sociale par l'aristocratie financière – formée de gens qui tirent leurs revenus non d'activités productives mais « en escamotant la richesse d'autrui disponible ». Donc, « l'aristocratie financière n'est rien d'autre que la *résurrection du prolétariat encanaillé aux sommets de la société bourgeoise*[1] ». De plus, pour Marx, cette extension de la catégorie n'est pas une extension marginale, limitée à un petit groupe de spéculateurs, car elle pose toute la question de la relation entre travail productif et improductif, à laquelle s'est intéressée l'économie depuis Adam Smith, et qui est essentielle dans la structuration du système capitaliste[2]. Une fois que l'« extériorité » par rapport à la production est conçue à un

1. *Les Luttes de classes en France : 1848-1850*, *op. cit.*, p. 241.

2. Peter Stallybrass (« Marx and Heterogeneity », p. 27) cite un passage de l'*Enquête sur la nature et les causes de la richesse des nations* qui est très révélateur. Après avoir caractérisé les « domestiques » comme des travailleurs improductifs, Adam Smith ajoute : « On doit ranger dans la même classe quelques-unes des professions les plus graves et les plus importantes, et quelques-unes des plus frivoles : gens d'Église, gens de loi, médecins, gens de lettres ; comédiens, bouffons, musiciens, chanteurs d'opéra, danseurs d'opéra, etc. Le travail de la plus humble de ces professions a une certaine valeur, réglée par exactement les mêmes principes que toute autre sorte de travail ; et celui de la plus noble et de la plus utile d'entre elles ne produit rien qui puisse par la suite acheter ou procurer une égale quantité de travail. Comme la déclamation du comédien, la harangue de l'orateur ou l'air du musicien, l'ouvrage de toutes ces professions périt à l'instant même de sa production. » La traduction de ce passage du chapitre III du livre II est celle de Pauline Taieb, avec la collaboration de Rosalind Greenstein, Paris, Presses Universitaires de France, 1976, p. 380.

tel niveau de généralité, il devient difficile de l'exclure du champ de l'historicité. Mais Stallybrass analyse aussi un autre aspect qui brouille davantage encore la ligne séparant le « dedans » du « dehors ». Comme il le signale, la difficulté à laquelle se trouve confronté Marx au début de ses premières analyses du bonapartisme dans *Le 18 Brumaire de Louis Bonaparte* est de déterminer la nature sociale du régime – étant donné que tous les régimes politiques devraient être l'expression d'intérêts de classe. La réponse de Marx est que ce sont les petits paysans qui constituent la base sociale du régime de Louis Bonaparte. Mais presque aussitôt, il doit nuancer cette affirmation en précisant que les paysans, étant donné leur dispersion dans l'espace, ne constituent pas une classe mais un simple agrégat, « à peu près comme des pommes de terre dans un sac forment un sac de pommes de terre[1] ». Cela donne à l'État bonapartiste un degré d'autonomie supérieur à celui dont jouissent des régimes qui s'appuient sur une base sociale plus structurée. Mais plus tard Marx rejeta cette solution et vit le bonapartisme comme un régime s'appuyant sur une base sociale hétérogène permettant à l'État de se situer entre différentes classes sociales. Il y a là, selon Stallybrass, le début d'une crise de la théorie marxiste. Cette crise est synonyme de l'émergence de l'articulation politique comme absolument constitutive du lien social :

> Pour Marx, en d'autres termes, comme pour Bataille, l'hétérogénéité n'est pas l'*antithèse* de l'unification politique mais la condition même de possibilité de cette unification. Je soupçonne que c'est là le vrai scandale du lumpenprolétariat dans la théorie marxiste : à savoir qu'il représente le politique en tant que tel. [...] Car le lumpen semble représenter moins une classe au sens qu'on donne en général à ce terme dans le marxisme qu'un groupe qui est susceptible d'articulation politique. Et quel groupe ne l'est pas ? [...] Mais si le lumpenprolétariat peut aussi facilement être érigé en base sociale, son identité ne peut être donnée avant le moment de l'articulation politique[2].

1. Karl Marx, *Le 18 Brumaire de Louis Bonaparte*, *op. cit.*, p. 533.
2. Peter Stallybrass, « Marx and Heterogeneity », art. cit., p. 88.

À ce point de notre raisonnement, il devrait être clair que nous sommes en train d'abandonner les suppositions qui rendirent possible l'explication du changement historique à l'intérieur du modèle dialectique. L'histoire, finalement, n'est pas le terrain sur lequel se développerait un récit cohérent et unifié. Si les forces sociales sont l'agrégation d'une série d'éléments hétérogènes réunis au moyen de l'articulation politique, il est évident que cette dernière est constitutive et fondatrice et non l'expression d'un mouvement sous-jacent plus profond. En conséquence, notre prochaine étape devrait être d'approfondir cette notion d'hétérogénéité et de voir comment, si on la prend au pied de la lettre, elle modifie notre diagramme original. Mais avant, j'aimerais mentionner la notion de « masse marginale » proposée par José Nun, qui aide à projeter dans une perspective plus générale certains aspects que nous avons analysés en relation avec le *lumpenprolétariat* de Marx[1].

Le point de départ de Nun est une analyse de la catégorie d'« armée de réserve industrielle » introduite par Marx pour décrire un type de chômage utile à la reproduction capitaliste. L'analyse de Marx est que, les salaires ne pouvant être baissés en dessous du niveau assurant la subsistance des travailleurs, l'existence d'ouvriers momentanément au chômage est utile à l'accumulation capitaliste, puisque la concurrence d'un grand nombre de travailleurs pour un petit nombre d'emplois fait baisser le niveau des salaires et, par là, favorise la hausse du taux de plus-value. L'impossibilité de baisser les salaires en dessous du seuil de subsistance fixe évidemment une limite à cette fonction. Pour dire les choses dans les termes de notre analyse antérieure : bien que les chômeurs temporaires ne fassent pas partie des rapports de production capitalistes, ils sont quand même utiles au capitalisme dans la mesure où ils contribuent à l'augmentation du taux de profit. Bien qu'ils soient formellement des éléments situés à l'extérieur du système, c'est une « extériorité » différente de celle du *lumpenprolétariat* parce qu'ils remplissent une fonction à l'intérieur du système et, en conséquence, appartiennent

1. À ma connaissance, un seul article de Nun sur le sujet a été traduit en anglais : « The End of Work and the "Marginal Mass" Thesis », *Latin American Perspectives*, n° 110, vol. 27, n° 1, janvier 2000, p. 6-32. Il existe évidemment en espagnol de nombreux autres articles de Nun développant cet important aspect théorique.

encore à une « histoire de la production ». Le caractère provisoire de leur chômage souligne plus encore ce point. Mais que se passe-t-il si le chômage augmente au-delà de ce qui est nécessaire pour maintenir les salaires au niveau de subsistance ? C'est de là que part le raisonnement de Nun. À l'évidence, le chômage, au-delà d'un certain point, cesse de jouer un rôle dans l'accumulation capitaliste. C'est cette masse de chômeurs, qui ne sont plus une nécessité interne du système – et qui peuvent même constituer un obstacle à son bon fonctionnement – que Nun qualifie de « masse marginale ». Comme il le souligne, il y a chez Marx une idée de « surpopulation relative » que des auteurs comme Paul Sweezy et Oskar Lange ont à tort assimilée à la catégorie d'« armée de réserve industrielle ». Marx distinguait en réalité trois types de surpopulation relative – la latente, la stagnante et la fluctuante – et c'est seulement sur ce dernier type que la plupart des auteurs – y compris Marx – se sont concentrés. Nun a essayé de rétablir l'équilibre en montrant les liens entre les différentes sortes de chômage et l'accumulation capitaliste :

> En tout cas, en tant qu'utilisatrice de la force de travail, l'industrie a indéniablement perdu de sa puissance au profit d'un processus généralisé d'expansion du secteur tertiaire, à la fois public et privé. Cela a mené à des structures professionnelles qui sont beaucoup plus hétérogènes et instables que les anciennes analyses ne l'auraient jamais imaginé, fragmentant les marchés du travail et ajoutant une énorme complexité aux effets de la surpopulation sur les mouvements de l'accumulation capitaliste[1].

Suit une très riche analyse de cette complexité, que je ne peux approfondir dans le cadre de la présente réflexion. Il faut néanmoins retenir un point important. Si la masse marginale doit être définie « en dehors » de sa fonction à l'intérieur de l'accumulation capitaliste, et si la marginalité n'a pas pour seul référent le chômage fluctuant dans le cadre du système industriel de l'usine mais aussi, comme le montre le travail récent de Nun, diverses situations recouvrant le mouvement global de la population dans des marchés frag-

1. *Ibid.*, p. 11.

mentés et faiblement protégés, nous sommes confrontés à une hétérogénéité qui ne peut être subsumée sous une logique unique « interne ». La construction d'un « dedans » sera seulement une tentative partielle de maîtriser un « dehors » qui excédera toujours ces tentatives. Dans un monde globalisé, cela devient de plus en plus évident. Mais dans ce cas, cette contamination entre le dedans et le dehors commence à ressembler étrangement à la notion de *lumpenprolétariat*, élargie de façon à recouvrir la totalité du travail improductif et la construction de l'identité au moyen de l'articulation politique. Les « peuples sans histoire » ont occupé une place centrale, au point de faire voler en éclats l'idée même d'une historicité téléologique. Donc, oublions Hegel.

Nous disposons maintenant de tous les éléments nécessaires pour analyser l'hétérogénéité en relation avec notre diagramme original. L'hétérogénéité pourrait être représentée de la façon suivante :

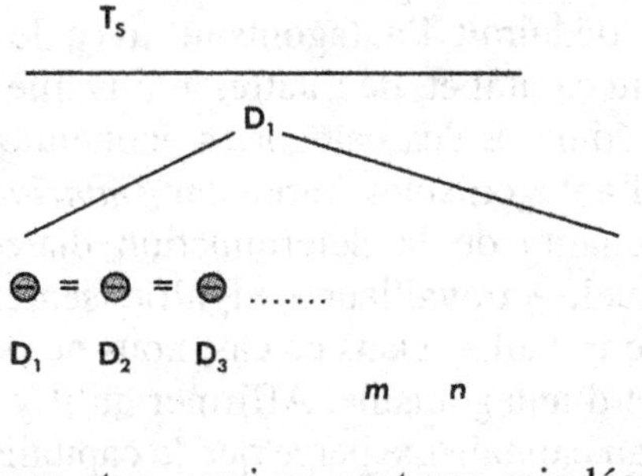

Les demandes m et n – qui ne sont pas scindées en deux demi-cercles – sont hétérogènes en ce sens qu'elles ne peuvent pas être représentées en un lieu structurel appartenant à un des deux camps antagoniques. Je l'ai dit, nous n'avons pas affaire à une négation dialectique dans laquelle l'élément nié définit l'identité de l'élément négateur. Ce ne sont pas les « peuples sans histoire » qui déterminent qui sont les peuples historiques. C'est pourquoi l'hétérogénéité est constitutive : elle ne peut être transcendée par aucun renversement dialectique. Mais nous devrions nous interroger : est-il vraiment certain que l'hétérogène puisse seulement se trouver dans les marges du diagramme ? N'est-il pas déjà en train d'agir à l'intérieur du diagramme ? Examinons soigneusement la question, en commençant par la frontière séparant les deux camps antagoniques. L'explication dialectique que nous avons rejetée présuppose que s'il y a une relation antagonique (c'est-à-dire contradictoire) entre A et B, j'ai dans le concept de A tout ce qui est nécessaire pour savoir qu'il sera nié par B et seulement par B. Là réside la négativité, mais celle-ci est pure apparence, parce qu'elle n'est présente que pour être dépassée par une positivité supérieure. « La négation déterminée » est le nom de cette apparence. Mais sans une négation déterminée, elle-même inscrite dans un processus d'affirmations et de renversements à venir, il n'y aurait pas d'histoire mais l'affirmation absolue d'une opposition binaire. Donc, si nous voulons nous débarrasser à la fois de la solution dialectique et de l'assertion statique d'une opposition binaire, nous devons introduire autre chose dans le schéma. C'est là que l'hétérogénéité entre en jeu. Considérons l'antagonisme entre travailleurs et capitalistes dans la présentation qu'en propose la tradition marxiste[1]. Si cette argumentation était vraiment dialectique, d'une part elle déduirait l'antagonisme avec le travailleur de la logique même du capital et, de l'autre, le travailleur et le capitaliste devraient être réduits à des catégories économiques formelles (si nous parlions d'antagonismes purement *empiriques*, nous serions en dehors du champ de la détermination dialectique). Mais au niveau conceptuel, « travailleur » signifie seulement « celui qui vend sa force de travail ». Dans ce cas, nous ne pouvons définir un quelconque type d'antagonisme. Affirmer qu'il y existe un antagonisme inhérent au capitalisme parce que le capitaliste extrait la plus-value du travailleur est à l'évidence insuffisant, parce que pour qu'il y ait antagonisme il est nécessaire que le travailleur *résiste* à cette extraction. Mais si le travailleur est défini conceptuellement comme « celui qui vend sa force de travail », il est clair que je peux analyser cette catégorie autant qu'il me plaira, je resterai incapable d'en déduire logiquement la notion de résistance. Cette résistance apparaîtra – ou n'apparaîtra pas – uniquement en fonction de la façon dont le travailleur réel – et non sa pure détermination conceptuelle – est constitué. Cela veut dire que l'antagonisme n'est pas inhérent aux

1. Pour une première version de ce développement, voir Ernesto Laclau, *New Reflections on the Revolution of Our Time*, *op. cit.*, p. 9-10.

rapports de production mais qu'il s'établit entre les rapports de production et une identité qui leur est étrangère. Donc, dans les antagonismes sociaux nous avons affaire à une *hétérogénéité* qui n'est pas dialectiquement récupérable. Le cas de l'autre hétérogène par lequel nous avons commencé – le « laisser de côté » que nous avons illustré par les « peuples sans histoire » de Hegel – n'est qu'une des formes de l'hétérogène ; nous savons maintenant que, à strictement parler, sans hétérogénéité il n'y aurait pas non plus d'antagonisme.

Nous avons maintenant tous les éléments nécessaires pour inscrire la notion d'« hétérogénéité » dans notre analyse du populisme. Comment ? Partons de la conclusion à laquelle nous sommes arrivés dans le paragraphe qui précède : l'antagonisme présuppose l'hétérogénéité parce que la résistance de la force antagonisée ne peut être dérivée logiquement de la forme de la force antagonisante. Cela peut seulement signifier que les points de résistance à la force à laquelle elle s'oppose vont toujours être extérieurs à elle. Donc, il n'y a pas de points privilégiés de rupture et de contestation *a priori* ; les points d'antagonisme particulièrement aigus ne peuvent être établis que contextuellement, ils ne peuvent jamais être déduits de la logique interne de l'une ou l'autre des deux forces antagoniques prise isolément. En termes pratiques – et en revenant à l'exemple précédent – il n'y a pas de raison pour que les combats ayant lieu dans les rapports de production doivent être les points privilégiés d'une lutte anticapitaliste globale. Un capitalisme mondialisé crée une multitude de points de rupture et d'antagonisme – crises écologiques, déséquilibres entre différents secteurs de l'économie, chômage de masse, etc. – et seule une surdétermination de cette pluralité antagonique peut créer des sujets anticapitalistes globaux capables de mener à bien un combat digne de ce nom. Comme le montre l'expérience historique, il est impossible de déterminer *a priori* quels seront les acteurs hégémoniques dans ce combat. Il n'est absolument pas évident que ces acteurs hégémoniques seront les travailleurs. Tout ce que nous savons, c'est que ce sont des éléments étrangers au système, les opprimés – ceux qui constituent ce que nous avons appelé l'hétérogène – qui sont décisifs dans l'établissement d'une frontière antagonique. Cela veut dire que l'extension de la catégorie de *lumpenprolétariat* – qui, nous l'avons vu, était déjà à l'œuvre dans les textes de la dernière période de Marx – manifeste ici toutes ses potentialités. Lisons ce passage de Frantz Fanon :

> Le lumpen-prolétariat constitué et pesant de toutes ses forces sur la « sécurité » de la ville signifie le pourrissement irréversible, la gangrène installée au cœur de la domination coloniale. Alors les souteneurs, les voyous, les chômeurs, les droits communs, sollicités, se jettent dans la lutte de libération comme de robustes travailleurs. Ces désœuvrés, ces déclassés vont, par le canal de l'action militante et décisive retrouver le chemin de la nation. [...] Les prostituées elles aussi, les bonnes à 2000 francs, les désespérées, tous ceux et toutes celles qui évoluent entre la folie et le suicide vont se rééquilibrer, vont se remettre en marche et participer de façon décisive à la grande procession de la nation réveillée[1].

Nous sommes ici de façon évidente aux antipodes des premières références au *lumpenprolétariat* dans les textes de Marx et d'Engels. À la lumière de notre réflexion, ce que fait Fanon dans ce passage est parfaitement clair. D'abord, il identifie la condition de l'établissement d'une frontière radicale rendant possible la révolution anticolonialiste : une extériorité totale des acteurs révolutionnaires vis-à-vis des catégories sociales représentant le *statu quo* existant. Deuxièmement, il affirme que puisque ces éléments extérieurs ne sont liés à aucun intérêt particulier, leur jonction en volonté révolutionnaire doit avoir lieu en tant qu'équivalence politique radicale (ce que Stallybrass appelle articulation politique). Le sous-entendu est que l'appartenance aux catégories établies à l'intérieur de la société coloniale interférerait avec la formation de cette volonté révolutionnaire. Ici, nous ne sommes pas loin de l'image maoïste du processus révolutionnaire comme encerclement des villes par les campagnes et encerclement des pays impérialistes par une chaîne de révolutions anti-impérialistes.

Mais ici il faut faire preuve d'une grande prudence. Même si Fanon place le *lumpenprolétariat* au centre de la scène historique, il

1. Frantz Fanon, *Les Damnés de la terre* [1961], Paris, François Maspero, 1968, p. 80-81.

ne suit pas la même direction que celle que nous avons vue à l'œuvre dans les derniers textes de Marx : l'extension de la catégorie de *lumpenprolétaria*t à tous les secteurs qui ne sont pas engagés dans la production. Il continue ainsi à identifier le *lumpenprolétariat* à son référent d'origine – la lie de la population des grandes villes. Le résultat est double : d'une part, il est obligé d'exagérer le degré de cohérence interne de l'ordre qu'il veut défier ; de l'autre, puisqu'il a identifié les « élements extérieurs » à un référent trop rigide, il ne peut percevoir le problème de l'hétérogénéité dans sa véritable généralité. Reprenons les termes de notre diagramme : l'absence totale d'identification des porteurs de la volonté anticoloniale à une demande particulière dans le système existant signifie que les cercles représentant les demandes ne seraient pas scindés intérieurement, car toute particularité aurait disparu. Nous aurions une *volonté générale* d'une nature telle que toutes les volontés individuelles seraient matériellement identiques. Il n'y a pas ici d'articulation politique possible, parce qu'il n'y a rien à articuler. L'hétérogénéité a simplement disparu à la suite du retour à un renversement dialectique. Le jacobinisme n'est pas loin.

Si nous voulons aller au-delà de ces simplifications et voir le problème de l'hétérogénéité dans sa véritable généralité, nous devons avoir conscience qu'aucune des différenciations de nos deux premiers diagrammes n'aurait pu être établie sans la présence de l'autre hétérogène. C'est là que mon analyse se recoupe partiellement avec les conclusions sur le populisme auxquelles je suis arrivé à la fin du chapitre IV. D'abord, puisque la frontière antagonique implique, comme nous l'avons vu, un autre hétérogène qui soit dialectiquement irrécupérable, il y aurait toujours une matérialité du signifiant qui résiste à l'absorption conceptuelle. En d'autres termes : l'opposition entre A et B ne deviendra jamais une opposition entre A et non A. La « B-ité » de B sera en dernière instance non dialectisable. Le « peuple » sera toujours quelque chose de plus que le pur opposé du pouvoir. Il y a un Réel du « peuple » qui résiste à l'intégration symbolique. Deuxièmement dans notre diagramme, l'hétérogénéité est aussi présente dans le particularisme des demandes équivalentes – un particularisme qui, nous le savons, ne peut être éliminé parce qu'il est le fondement même de la relation d'équivalence. Troisièmement, comme nous l'avons vu, le particularisme (hétérogénéité) est aussi ce qui empêche certaines des demandes de s'incorporer à la chaîne des équivalences.

La conséquence de cette présence multiple de l'hétérogène dans la structuration du camp populaire est que celui-ci a une complexité interne qui résiste à tout type d'homogénéisation dialectique. Il y a de l'hétérogénéité au cœur même d'un espace homogène. L'histoire n'est pas un processus autodéterminé. L'opacité d'un « dehors » irrécupérable obscurcira toujours les catégories mêmes qui définissent le « dedans ». Pour revenir à l'exemple précédent : n'importe quel groupe d'opprimés, même dans le cas extrême et purement hypothétique où il est exclusivement une classe définie par sa place dans les rapports de production, doit avoir quelque chose de la nature du *lumpenprolétariat* pour être un sujet antagonique. À ce point de notre raisonnement, la netteté de la distinction opérée par Fanon entre le « dedans » et le « dehors » doit être remplacée par un jeu plus complexe dans lequel rien n'est complètement dedans ni dehors. Toute appartenance au dedans sera toujours menacée par une hétérogénéité qui n'est jamais une pure extériorité, parce qu'elle habite la logique même de la constitution du dedans. Et, à l'inverse, la possibilité d'un dehors va toujours être court-circuitée en raison de la logique tendant à l'homogénéisation. Mon analyse des signifiants flottants au début de ce chapitre illustre clairement ce point. Une pure opposition entre un dedans et un dehors présupposerait une frontière immobile – hypothèse que j'ai rejetée comme description de tout processus social réel. Au contraire, c'est comme fruit de l'indécidibilité essentielle entre « vide » et « flottement » – que nous pouvons maintenant reformuler comme l'indécidibilité entre l'homogène et l'hétérogène ou, dans notre exemple, entre le prolétariat et le *lumpenprolétariat* – que le jeu politique va prendre place. Ce jeu, que Gramsci qualifiait de « guerre de position », est, au sens strict, une logique de déplacement des frontières politiques, au sens où je l'ai défini.

Mais dire que le politique consiste en un jeu indécidable entre le « vide » et le « flottement » revient à dire que l'opération politique par excellence va toujours être la construction d'un « peuple ». Dans une certaine mesure, nous étions déjà arrivés à cette conclusion à la fin du chapitre IV, mais maintenant, après l'introduction des notions de signifiants flottants et d'hétérogénéité, nous voyons plus clairement la dimension d'une telle construction, qui donne au populisme sa véritable signification. Premièrement, il y a l'élargissement des opérations discursivo-stratégiques qu'exige la construction du « peuple ». Dans notre modèle original, seules deux de ces opérations étaient concevables : la formation de la chaîne des équivalences, et sa cristallisation en entité unifiée à travers la production de signifiants vides. Mais la frontière antagonique comme telle était considérée comme donnée et n'était pas un objet de construction hégémonique. Nous savons maintenant que construire un « peuple » implique aussi de construire la frontière que le « peuple » présuppose. Les frontières sont instables et subissent un processus de déplacement constant. C'est pourquoi j'ai parlé de « signifiants flottants ». Cela entraîne un nouveau jeu hégémonique : tout nouveau « peuple » exigerait la reconstitution d'un espace à travers la construction d'une nouvelle frontière. La même chose arrive avec les « éléments extérieurs » au système : toute transformation politique implique non seulement une reconfiguration des demandes déjà existantes, mais aussi l'incorporation de demandes nouvelles (c'est-à-dire de nouveaux acteurs historiques) à la scène politique, ou son contraire, c'est-à-dire l'exclusion d'autres demandes (et d'autres acteurs) qui étaient présents dans la situation antérieure.

Cela signifie que *tous* les combats sont, par définition, *politiques*. Parler d'un « combat politique » est, au sens strict, une tautologie. Mais il en est ainsi uniquement parce que le politique a cessé d'être une catégorie sectorielle. Il n'y a donc pas de place, comme dans le socialisme classique, pour une distinction entre combat économique et combat politique ; les combats économiques sont aussi politiques que ceux qui se développent au niveau de l'État conçu dans son sens restreint[1]. La raison en est claire. Comme je l'ai dit dans le

1. C'est pourquoi Gramsci a parlé de l'« État intégral » et du « devenir État » de la classe ouvrière – non de la *prise* du pouvoir politique. Loin de concevoir la lutte économique comme différente de la lutte politique, il affirma que la construction de l'hégémonie commence à l'usine. Pour une tentative opposée – visant à sectoriser la lutte politique et à la séparer strictement de la lutte économique – voir ce passage de Slavoj Žižek : « La deuxième forme de politique de gauche – que je rejette aussi – pourrait être caractérisée comme une sorte de politique pure, représentée principalement par Badiou

chapitre IV, le politique est, en un sens, l'anatomie du monde social, parce que c'est le moment de l'institution du social. Tout n'est pas politique dans la société, parce que nous avons de nombreuses formes sociales sédimentées qui ont brouillé les traces de leur institution politique originelle ; mais si l'hétérogénéité est constitutive du lien social, nous allons toujours avoir une dimension politique par laquelle la société et le « peuple » sont constamment réinventés.

Cela signifie-t-il que le politique devienne synonyme de populisme ? Oui, dans le sens que je donne à la notion de populisme. Puisque la construction du « peuple » est l'acte politique *par excellence* – par opposition à la pure administration dans un cadre institutionnel stable –, les exigences fondamentales du politique sont la constitution de frontières antagoniques dans le social et l'appel à de nouveaux sujets du changement social – qui implique, nous le savons, la production de signifiants vides pour unifier une multiplicité de demandes hétérogènes dans des chaînes d'équivalences. Mais ces chaînes sont aussi les traits qui définissent le populisme. Il n'y a pas d'intervention politique qui ne soit populiste dans une cer-

et par une certaine version de Laclau et Mouffe. Ce que formule Badiou (et on pourrait ici ajouter Balibar) est une sorte de pure émancipation, et même si Badiou insiste sur son appartenance à la lignée marxiste, il est évident que fondamentalement la critique marxiste de l'économie politique n'a aucune nécessité dans son œuvre. [...] Bien que l'orientation jacobine française de la pure politique radicale et l'orientation plus anglo-saxonne du combat multiculturaliste soient opposées, elles ont néanmoins quelque chose en commun : la disparition de l'économie comme lieu fondamental de la lutte » (Slavoj Žižek et Glyn Daly, *Conversations with Žižek*, Londres, Polity, 2004, p. 144-145). Il est assez étrange d'affirmer aussi brutalement que le champ des luttes économiques est totalement absent de l'œuvre de Badiou (je tiens à préciser que la politique de Badiou est très différente de la mienne) ; chacun sait que l'Organisation politique – le mouvement de Badiou – est presque exclusivement axé sur la radicalisation des luttes ouvrières. Où réside le malentendu ? On trouve la réponse quelques pages plus loin. « Je ne veux pas dire l'économie au sens vulgaire, l'économie au sens où "il faut faire quelque chose pour les ouvriers". Je pense ici à quelque chose de plus radical. Je pense qu'il y a une idée centrale, développée par Georg Lukacs et l'École de Francfort, qui, malgré toutes mes critiques à l'égard de la tradition marxiste occidentale, est aujourd'hui plus actuelle que jamais. Cette idée, c'est que l'économie n'est pas seulement une sphère sociale parmi d'autres. L'idée fondamentale de la critique marxiste de l'économie politique – du fétichisme de la marchandise, etc. – est que l'économie a un certain statut social prototranscendental. [...] Ici encore je suis en désaccord avec le credo taine mesure. Mais cela ne signifie pas que tous les projets politiques soient également populistes ; cela dépend de l'extension de la chaîne d'équivalences unifiant les demandes sociales. Dans les types plus institutionnalistes de discours (dominés par la logique de la différence), cette chaîne se réduit au minimum ; alors que son extension sera maximale dans les discours de rupture qui tendent à diviser le social en deux camps. Mais une forme quelconque d'équivalence (une production du « peuple ») est nécessaire pour qu'un discours soit considéré comme politique. En tout cas, l'important est que nous ne traitons pas de deux types différents de politique : seul le second type est politique ; l'autre implique simplement la mort de la politique et sa réabsorption dans les formes sédimentées du social. Cette distinction correspond dans une large mesure à celle que propose Jacques Rancière entre la police et le peuple, que j'analyserai dans mes « Remarques de conclusion ».

En conclusion, je dirai que mon analyse présente de nombreux points communs avec celle développée par Georges Bataille dans son article célèbre sur « La structure psychologique du fascisme »[1]. Le moment de l'homogénéité, tel que le définit Bataille, correspond

---

postmoderne : le genre, le combat ethnique, telle ou telle autre chose, et enfin la classe sociale. La classe sociale n'est pas seulement un élément de la série. Par classe, nous entendons, évidemment, la lutte économique anticapitaliste. » (Slavoj Žižek et Glyn Daly, *Conversations with Žižek*, p. 146-147). Il serait difficile d'être plus clair. L'économie est une sphère autodéterminée dotée d'un « certain statut prototranscendental » (« proto » est un simple euphémisme). Inutile de dire que l'hétérogénéité, au sens où je l'ai définie, doit être rigoureusement exclue. Mais nous savons que sans hétérogénéité il n'y a pas d'antagonisme et pas de combat. Il n'est donc pas surprenant que Žižek doive exclure de la politique d'émancipation dans la sphère économique non seulement les combats multiculturels mais aussi ceux que mènent les travailleurs pour améliorer leurs conditions. Son désaccord, étant donné sa vision de l'économie, n'est pas un désaccord avec tel ou tel type de combat, mais avec l'idée de « combat » tout court. Il est vrai que, à la fin du passage en question, il sort de son chapeau la « lutte économique anticapitaliste », mais ce n'est qu'un geste : il ne peut fournir un seul exemple d'une lutte de ce type. Il n'est pas surprenant que, une fois qu'il a déterminé un territoire sectorisé *objectif* comme le territoire nécessaire d'émergence d'un antagonisme fondamental, il ne puisse affirmer une notion de l'hétérogénéité qui, par définition, subvertit les délimitations territoriales. Je reviendrai sur cette question dans les « Remarques de conclusion » placées à la fin de ce livre.

1. Georges Bataille, « La structure psychologique du fascisme » [1933-1934], *Œuvres complètes*, tome I, *Premiers écrits. 1922-1940*, Paris, Gallimard, 1970, p. 339-371. Les références des citations sont précisées dans le corps du texte.

presque point par point avec ce que j'ai appelé la « logique de la différence » : « *Homogénéité* signifie ici commensurabilité des éléments et conscience de cette commensurabilité (les rapports humains peuvent être maintenus par une réduction à des règles fixes basées sur la conscience de l'identité possible de personnes et de situations définies ; en principe, toute violence est exclue du cours d'existence ainsi impliqué) » (p. 340). Bataille lie aussi l'hétérogène à ce qu'on ne peut faire entrer dans une histoire de la production : « Le monde *hétérogène* comprend l'ensemble des résultats de la dépense *improductive* (les choses sacrées forment elles-mêmes une partie de cet ensemble). Ceci revient à dire : tout ce que la société *homogène* rejette soit comme déchet, soit comme valeur supérieure transcendante. [...] les nombreux éléments ou formes sociaux que la partie *homogène* est impuissante à assimiler ; les foules, les classes guerrières, aristocratiques et misérables, les différents sortes d'individus violents ou tout au moins refusant les règles (fous, meneurs, poètes, etc.) » (p. 346). Le moment affectif, que j'ai souligné dans la constitution des identités populaires, est également présent dans l'analyse de Bataille : « Dans la réalité hétérogène, les symboles chargés de valeur affective ont ainsi la même importance que les éléments fondamentaux et la partie peut avoir la même valeur que le tout. Il est facile de constater que – la structure de la connaissance d'une réalité *homogène* étant celle de la science – celle d'une réalité *hétérogène* en tant que telle se retrouve dans la pensée mystique des primitifs et dans les représentations du rêve : elle est identique à la structure de l'inconscient » (p. 347). Enfin, Bataille souligne lui aussi les résultats homogénéisateurs des pratiques articulatoires : « L'armée placée sous l'impulsion impérative – à partir d'éléments informes et misérables – s'organise et réalise une forme *homogène* intérieurement, en raison de la négation dont le caractère désordonné de ses éléments est l'objet : en effet, la masse qui constitue l'armée passe d'une existence affalée et veule à un ordre géométrique épuré, de l'état amorphe à la rigidité agressive » (p. 358).

Ici s'achève notre exploration. L'émergence du « peuple » dépend de trois variables que j'ai isolées : des relations d'équivalence hégémoniquement représentées à travers des signifiants vides ; des déplacements des frontières internes à travers la production de signifiants vides ; et une hétérogénéité constitutive qui rend impossibles les récupérations dialectiques[1] et donne son véritable caractère central à l'articulation politique. Nous sommes maintenant parvenus à une notion pleinement développée du populisme.

1. Jeffrey Mehlman (*Revolution and Repetition : Marx/Hugo/Balzac*, Berkeley, University of California Press, 1977) a montré de façon convaincante que l'élément d'hétérogénéité, et sa rupture avec la notion de représentation de classe, mène à l'effondrement des ambitions totalisatrices de la dialectique. Stallybrass (« Marx and Heterogeneity », art. cit., p. 80-82) lui a objecté qu'en partant de l'hétérogénéité, Marx est capable de réintroduire un moment homogénéisateur de type dialectique. Si je suis d'accord avec Stallybrass pour dire que Mehlman n'accorde peut-être pas son véritable poids au moment homogénéisateur, je pense que celui-ci a raison d'affirmer que l'hétérogénéité défait la totalisation dialectique. Quelle que soit l'importance des tendances homogénéisatrices, il est évident que, après le passage à travers l'hétérogénéité, nous parlerons d'une homogénéité qui est essentiellement non dialectique.

6

Populisme, représentation et démocratie

Nous sommes maintenant parvenus à une conception élaborée du populisme. Dans ce chapitre, j'exposerai quelques-unes des conséquences qui en découlent pour certaines catégories centrales de la théorie politique. Deux de ces catégories sont celles de « représentation » et de « démocratie », et c'est sur elles que je concentrerai mon analyse.

Les deux visages de la représentation

À propos de la relation entre les nombreux partisans des dictateurs fascistes et la notion de représentation, voici ce qu'Ernest Barker a écrit : « Le fait fondamental est que ces partisans représentent ou reflètent la volonté du leader et non que le leader représente ou reflète la volonté de ses partisans. S'il y a représentation, c'est une représentation à l'envers, partant du leader vers le bas. Le parti représente le leader : le peuple, dans la mesure où il suit l'orientation du parti, représente et reflète lui aussi l'orientation du leader[1]. » Pour Barker, la représentation est dominée par une alternative nette : ou bien le chef représente la volonté de ses partisans, ou bien les partisans représentent la volonté du chef. Je suis obligé de discuter de cette alternative pour deux raisons : (1) J'ai des raisons de douter que cette alternative soit aussi nette que le pense Barker ; (2) J'ai aussi des raisons de douter que le deuxième terme de

1. Ernest Barker, *Reflections on Government*, Londres, Oxford University Press, 1942. Cité par Hanna Fenichel Pitkin, *The Concept of Representation*, Berkeley, Los Angeles, Londres, University of California Press, 1967, p. 109.

l'alternative – les partisans représentant la volonté du chef – se limite aux dictatures fascistes.

Concentrons-nous sur ce qu'implique un processus de représentation dans des conditions démocratiques[1]. La théorie de la démocratie, à commencer par Rousseau, a toujours été très méfiante à l'égard de la représentation et ne l'a acceptée que comme un moindre mal, étant donné l'impossibilité de la démocratie directe dans de grandes communautés comme les États-nations modernes. À partir de ces prémisses, la démocratie doit être le plus transparente possible : le représentant doit transmettre le plus fidèlement possible la volonté de ceux qu'il représente. Mais est-ce une description valide de ce qui se joue réellement dans un processus de représentation ? Il y a de bonnes raisons de penser que non. La fonction du représentant n'est pas seulement de transmettre la volonté de ceux qu'il représente, mais aussi de donner de la crédibilité à cette volonté dans un milieu *différent* de celui dans lequel cette volonté fut à l'origine constituée. Cette volonté est toujours la volonté d'un groupe sectoriel, et le représentant doit montrer qu'elle est compatible avec les intérêts de la communauté comme totalité. Il est dans la nature de la représentation que le représentant ne soit pas seulement un acteur passif, mais qu'il ajoute quelque chose aux intérêts qu'il représente. Cette addition, à son tour, se reflète dans l'identité de ceux qui sont représentés, qui change à la suite du processus même de représentation. La représentation est ainsi un double processus : d'une part, un mouvement du représenté vers le représentant, de l'autre un mouvement du représentant vers le représenté. Le représenté dépend du représentant pour la constitution de son identité. Donc l'alternative décrite par Barker n'est pas une alternative correspondant à deux types de régimes différents – ce n'est en réalité pas une alternative du tout ; elle désigne simplement deux dimensions qui sont propres à *n'importe quel* processus de représentation.

On pourrait dire que bien que ces deux dimensions soient inhérentes à la représentation, cette dernière serait plus démocratique à

1. Ce paragraphe et le suivant résument des positions qui sont présentées plus longuement dans « Power and Representation », *Emancipation(s)*, Londres, New York, Verso, 1996.

chaque fois que le premier mouvement – des représentés vers le représentant – prévaut sur le second. Cette idée, cependant, ne tient pas compte de la nature de la volonté qu'on doit représenter. Si nous avions affaire à une volonté pleinement constituée – d'un groupe corporatif, par exemple –, la marge de manœuvre laissée aux représentants serait réellement limitée. Mais c'est un cas extrême à l'intérieur d'une gamme plus vaste de possibilités. Prenons, à l'extrémité opposée, le cas de secteurs marginaux ayant un faible degré d'intégration dans le cadre stable d'une communauté. Dans ce cas, nous n'aurions pas affaire à une volonté d'être représenté mais plutôt à la constitution de cette volonté à travers le processus même de représentation. La tâche du représentant est cependant démocratique, parce que sans son intervention il n'y aurait pas d'intégration de ces secteurs marginaux dans la sphère publique. Mais dans ce cas sa tâche consisterait moins à transmettre une volonté qu'à fournir un point d'identification qui constituerait comme acteurs historiques les secteurs auxquels il s'adresse. Comme toujours, il y aura une certaine distance entre un intérêt sectoriel – même pleinement constitué – et la communauté en général, il y aura toujours un espace à l'intérieur duquel ce processus d'identification aura lieu. C'est sur ce moment d'identification que nous allons concentrer notre attention.

Je commencerai par m'intéresser à la « représentation symbolique » telle qu'elle a été analysée par Hanna Fenichel Pitkin dans un livre publié il y a quarante ans mais qui reste encore le meilleur traitement théorique de la notion de la représentation dans la littérature existante[1]. Voici ce qu'elle écrit :

> [Dans la représentation symbolique] il n'est pas vraiment important de savoir comment l'électeur est satisfait, que ce soit par des actes accomplis par le représentant, ou par son apparence, ou parce que celui-ci réussit à pousser ses électeurs à s'identifier à lui. [...] Mais dans ce cas un monarque ou un dictateur peut être un leader qui réussit mieux et est plus théâtral, et donc un meilleur représentant, qu'un parlementaire. Un leader de ce genre fait appel à des fidélités senti-

1. Hanna Fenichel Pitkin, *The Concept of Representation*, Berkeley, Los Angeles, Londres, University of California Press, 1967.

> mentales et à l'identification de ses partisans, aux éléments irrationnels et affectifs que produisent les drapeaux, les chants et les défilés de fanfare. Évidemment, vue de cette façon, la représentation a peu de choses à voir, pour ne pas dire rien, avec un reflet fidèle de la volonté populaire, ou avec la mise en œuvre de lois désirées par le peuple[1].

Ainsi, la représentation devient le moyen d'homogénéiser ce que dans le chapitre précédent j'ai appelé une masse hétérogène : « Si le principal objectif à atteindre est le rassemblement de la nation en un tout unifié, la création d'une nation, il est tentant de conclure qu'un seul symbole spectaculaire peut parvenir à cette fin de manière beaucoup plus efficace que toute une assemblée de représentants. [...] La représentation véritable, c'est le charisme[2]. » Le leader devient ainsi un producteur de symboles et son activité, cessant d'être conçue comme celle qui consiste à « agir pour » ses électeurs, s'identifie à un leadership effectif. La forme extrême de la représentation symbolique se trouve dans le fascisme : « À l'extrême, ce point de vue devient la théorie fasciste de la représentation (non la théorie de l'État corporatiste, mais celle de la représentation par un *Führer*). [...] Mais dans la théorie fasciste, cet équilibre [entre le leader et le sujet] est définitivement infléchi dans l'autre sens : le leader doit forcer ses partisans à s'adapter à ce qu'il fait[3]. » La critique que fait Pitkin des limites d'une approche purement symbolique de la représentation se conclut par une distinction entre les causes et les raisons :

> Il est important de se demander ce qui fait que les gens croient en un symbole ou acceptent un leader, mails il est aussi important de se demander quand ils devraient accepter, quand ils ont de bonnes raisons d'accepter un leader. Si nous limitons exclusivement notre vision de la représentation à l'exemple des symboles, nous sommes tentés de négliger cette dernière question... Comme l'a dit un spécialiste de sciences politiques [Heinz Eulau] : « La représentation ne

1. *Ibid.*, p. 106.
2. *Ibid.*, p. 106-107.
3. *Ibid.*, p. 107.

pose pas la simple question du fait » que les représentés acceptent les décisions du représentant, « mais plutôt celle des raisons qu'ils ont de le faire » ; et les raisons sont différentes des causes[1].

Selon moi, Pitkin obscurcit le vrai problème. La question est moins de distinguer entre les causes et les raisons – une distinction que j'accepte totalement – mais de savoir si les sources de validité des raisons *précèdent* la représentation ou sont constituées *à travers* la représentation. Au cours de toute sa démonstration, elle élude la question que j'ai soulevée au début de mon analyse : que se passe-t-il quand nous avons des identités faiblement constituées dont la constitution requiert, précisément, la représentation avant tout ? Dans les chapitres précédents, j'ai posé cette question dans les termes d'une distinction entre un contenu ontique et sa valeur ontologique. Comme je l'ai dit, dans une situation de désordre radical, on a besoin d'un ordre, *quel qu'il soit*, et plus le désordre est généralisé, moins important sera le contenu ontique qui restaure l'ordre. Ce contenu ontique est investi de la valeur ontologique de représentation de l'ordre comme tel. Dans ce cas, l'identification procédera toujours à travers cet investissement ontologique et, en conséquence, elle exigera toujours le deuxième mouvement que j'ai présenté comme inhérent à la représentation, celui qui va du représentant vers les représentés. Reprenons notre réflexion psychanalytique : l'investissement dans un objet partiel implique d'élever cet objet à la dignité de la Chose. Une fois qu'ont eu lieu certaines identifications politiques fondamentales, on peut donner les raisons de décisions et de choix particuliers, mais ces derniers exigent comme point de départ une identité qui ne précède pas mais est le résultat du processus de représentation. Nous avons vu dans notre analyse de Freud que la relation avec le leader dépend du degré de distance entre le moi et le moi idéal. Moins cette distance est grande, plus le leader devient un *primus inter pares* et, en conséquence, plus s'étend le terrain dans lequel opèrent les « raisons », au sens que Hanna Pitkin donne à ce mot. Mais une certaine distance entre les deux existera toujours nécessairement, si bien que

1. *Ibid.*, p. 111.

l'identification à travers la représentation sera toujours présente dans une certaine mesure.

Le problème que pose l'analyse de Pitkin, c'est que, pour elle, le domaine des raisons existe indépendamment de toute identification ; les raisons opèrent entièrement en dehors de la représentation. En conséquence, elle ne peut voir que de l'irrationalité dans tout type de représentation symbolique. Elle ne peut faire la distinction qui convient entre la manipulation et le pur et simple mépris pour la volonté populaire et la constitution de cette volonté à travers l'identification symbolique. Il est vrai qu'elle considère que le fascisme n'est qu'un cas extrême de représentation symbolique, mais, étant donné ses prémisses, elle ne dispose pas des outils théoriques nécessaires pour aborder des cas moins extrêmes. C'est pourquoi toute son analyse sur ce point tourne autour de la question du respect ou de l'ignorance de la volonté populaire, sans qu'elle se pose la question de savoir comment se constitue cette volonté populaire pour commencer, et si la représentation n'est pas la prémisse même de cette constitution.

Une fois qu'on est arrivé à cette conclusion, on commence à voir la pertinence de la problématique de la représentation pour notre analyse du populisme, puisque la construction du « peuple » serait impossible sans le fonctionnement des mécanismes de la représentation. Comme nous l'avons vu, l'identification avec un signifiant vide est la condition *sine qua non* de l'émergence d'un « peuple ». Mais le signifiant vide ne peut fonctionner comme point d'identification que parce qu'il *représente* une chaîne d'équivalences. Le double mouvement que nous avons découvert dans le processus de représentation est dans une large mesure inscrit dans l'émergence d'un « peuple ». D'une part, la représentation de la chaîne des équivalences par le signifiant vide n'est pas une représentation purement passive. Le signifiant vide est quelque chose de plus que l'image d'une totalité existant à l'avance ; il est ce qui *constitue* cette totalité, ajoutant ainsi une nouvelle dimension qualitative. Cela correspond au deuxième mouvement du processus de représentation : du représentant vers les représentés. D'autre part, si le signifiant vide va fonctionner comme un point d'identification pour tous les maillons de la chaîne, il doit effectivement les représenter, il ne peut pas devenir totalement autonome vis-à-vis d'eux. Cela correspond au premier mouvement mis en évidence dans la représentation : des représentés vers le représentant. Comme nous le savons, ce double mouvement est le *lieu* d'une tension. L'autonomisation du moment totalisateur au-delà d'un certain point détruit le « peuple » en éliminant le caractère représentatif de cette totalité. Mais une autonomisation radicale des différentes demandes a le même effet, parce qu'elle brise la chaîne des équivalences et rend impossible le moment de la totalisation représentative. C'est ce qui se passe, on l'a vu, quand la logique de la différence prévaut, au-delà d'un certain point, sur la logique de l'équivalence.

Nous pourrions aborder cette question sous un angle différent, pour arriver aux mêmes conclusions : à travers la combinaison entre homogénéité et hétérogénéité en quoi consiste la représentation. La constitution d'un « peuple » requiert une complexité interne, donnée par la pluralité des demandes formant la chaîne des équivalences. C'est la dimension de l'hétérogénéité radicale, parce que rien dans ces demandes, considérées individuellement, n'annonce une « destinée manifeste » par laquelle elles devraient tendre à se fondre en une forme quelconque d'unité – rien en elles n'indique qu'elles devraient constituer une chaîne[1]. C'est ce qui rend nécessaire le moment homogénéisateur du signifiant vide. Sans ce moment, il n'y aurait pas de chaîne d'équivalences. En conséquence, la fonction homogénéisatrice du signifiant vide constitue la chaîne et, en même temps, la représente. Mais cette double fonction n'est pas autre chose que les deux visages du processus de représentation que nous avons mis en évidence. La conclusion est évidente : toute identité populaire a une structure interne qui est essentiellement représentative.

Mais si la représentation apporte un éclairage sur la structure interne du populisme, on pourrait dire, inversement, que le populisme met en lumière un point essentiel de l'essence de la représentation. Le populisme, nous l'avons vu, est en effet le terrain d'une indécidabilité primaire entre la fonction hégémonique du signifiant vide et l'équivalence des demandes particulières. Il existe une tension entre les deux, mais cette tension n'est rien d'autre que l'espace

1. C'est sur ce point que mon approche se distingue de celle de Hardt et Negri, que j'analyse plus loin dans les remarques de conclusion.

de constitution d'un « peuple ». Et cette tension n'est-elle pas celle que nous avons découverte entre les deux mouvements opposés mais nécessaires qui constituent la structure interne de la représentation ? La construction d'un « peuple » n'est pas simplement l'application à un cas particulier d'une théorie générale de la représentation qui pourrait être formalisée à un niveau plus abstrait ; c'est, au contraire, un cas *paradigmatique*, parce que c'est *celui* qui montre la représentation pour ce qu'elle est : le terrain fondamental de constitution de l'objectivité sociale.

Considérons un instant quelques-uns des autres exemples de représentation symbolique analysés par Pitkin : un poisson représentant le Christ, par exemple. Dans tous ces cas, que le symbole soit purement arbitraire et, en conséquence, se transforme en signe, ou qu'une analogie quelconque fonde et explique le symbolisme, il y a un trait commun : ce qui est représenté existe comme objet à part entière avant le processus de représentation et indépendamment de lui. Dans la théorie psychanalytique, cela pourrait être défini comme une approche jungienne, pour laquelle il existe des symboles *a priori* attachés à des objets spécifiques dans l'inconscient collectif. C'est seulement avec la description freudienne/lacanienne du fonctionnement de l'inconscient que la représentation devient ontologiquement primaire – comme nous l'avons vu, les noms constituent rétrospectivement l'unité de l'objet. Et il est difficile de trouver un terrain qui *révèle* mieux cette constitution que les fluctuations constantes dans la nomination du peuple. La principale difficulté avec les théories classiques de la représentation politique est que, pour la plupart, elles ont conçu la volonté du peuple comme une chose constituée *avant* la représentation. C'est ce qui s'est passé avec le modèle agrégatif de la démocratie (Schumpeter, Downs) qui réduit le peuple à un pluralisme d'intérêts et de valeurs ; et avec le modèle délibératif (Rawls, Habermas) qui a trouvé soit dans la justice comme équité, soit dans les procédures dialogiques, la base d'un consensus rationnel qui éliminerait toute opacité du processus de représentation[1]. À ce point de notre réflexion,

1. Ces différents modèles sont longuement analysés par Chantal Mouffe dans *The Democratic Paradox*, Londres, New York, Verso, 2000, *passim*.

la seule question pertinente est de savoir comment *respecter* la volonté de ceux qui sont représentés, en considérant pour commencer comme une évidence l'existence de cette volonté.

La démocratie et les identités populaires

Il est facile de passer de la représentation symbolique à la théorie politique de Claude Lefort, par laquelle je commencerai mon étude de la démocratie populaire, étant donné que sa réflexion est centrée sur la transformation symbolique qui rendit possible l'apparition de la démocratie moderne[1]. Selon sa célèbre analyse, cette mutation impliqua une révolution de l'imaginaire politique par laquelle une société hiérarchisée centrée autour du roi comme point d'unité du pouvoir, de la loi et du savoir fut remplacée par une désincarnation qui se matérialisa par l'émergence du lieu du pouvoir comme lieu essentiellement vide :

> Incorporé dans le prince, le pouvoir donnait corps à la société. Et, de ce fait, il y avait un savoir latent, mais efficace, de ce qu'était l'*un* pour l'*autre*, dans toute l'étendue du social. En regard de ce modèle, se désigne le trait révolutionnaire et sans précédent de la démocratie. Le lieu du pouvoir devient un *lieu vide*. Inutile d'insister sur le détail du dispositif institutionnel. L'essentiel est qu'il interdit aux gouvernants de s'approprier, de s'incorporer le pouvoir. Son exercice est soumis à la procédure d'une remise en jeu périodique. Il se fait au terme d'une compétition réglée, dont les conditions sont préservées d'une façon permanente. Ce phénomène implique une institutionnalisation du conflit. [...] L'essentiel, à mes yeux, est que la démocratie s'institue et se maintient dans la *dissolution des repères de la certitude*. Elle inaugure une histoire dans laquelle les hommes font l'épreuve d'une indétermination dernière, quant au fondement du Pouvoir, de la Loi et du Savoir, et au fondement de la relation de l'*un avec l'autre*, sur tous les registres de la vie sociale[2].

1. L'article de Claude Lefort, « La question de la démocratie » [1983], a été repris dans *Essais sur le politique : XIXe-XXe siècles*, Paris, Seuil, 2006, p. 17-30. Les numéros de pages sont précisés dans le texte.

2. *Ibid.*, p. 29.

Que penser de ce passage ? En un sens, certaines des distinctions que j'ai introduites dans ce livre, avec une terminologie différente, sont à l'évidence présentes dans le texte de Lefort. L'idée d'un ordre hiérarchique garanti et incarné par le roi, dans lequel il n'y a aucune institutionnalisation des conflits sociaux, est très proche de ce que nous avons appelé la logique de la différence. Puisque Lefort reconnaît l'égalité comme une valeur propre à la démocratie, il semblerait que nous ne sommes pas loin de notre logique de l'équivalence. Mais c'est là que l'analyse de Lefort s'éloigne de celle que j'ai développée dans mon étude de la formation des identités populaires ; pour lui, le cadre symbolique démocratique doit être opposé au totalitarisme qu'il décrit de la façon suivante :

> Il s'opère une condensation entre la sphère du pouvoir, la sphère de la loi et la sphère du savoir. La connaissance des fins dernières de la société, des normes qui régissent les pratiques sociales, devient la propriété du pouvoir tandis que celui-ci s'avère lui-même l'organe d'un discours qui énonce le réel comme tel. Le pouvoir incorporé dans un groupe, et à son plus haut degré dans un homme, se combine avec un savoir également incorporé, tel que rien désormais ne peut le fracturer[1].

Mais le totalitarisme, même s'il est opposé à la démocratie, est apparu sur le terrain de la révolution démocratique. Voici comment Lefort décrit le mécanisme de la transition de l'une à l'autre :

> Quand l'insécurité des individus s'accroît, en conséquence d'une crise économique, ou des ravages d'une guerre, quand le conflit entre les classes et les groupes s'exaspère et ne trouve plus sa résolution symbolique dans la sphère politique, quand le pouvoir paraît déchoir au plan du réel, en vient à apparaître comme quelque chose de particulier au service des intérêts et des appétits de vulgaires ambitieux, bref se montre *dans* la société, et que du même coup celle-ci se fait voir comme *morcelée*, alors se développe le phantasme du peuple-un,

1. *Ibid.*, p. 22.

la quête d'une identité substantielle, d'un corps social soudé à sa tête, d'un pouvoir incarnateur, d'un État délivré de la division[1].

Parvenus à ce point, les lecteurs de ce livre pourraient commencer à avoir le sentiment que dans cette dernière description il y a quelque chose qui leur est vaguement familier. Plusieurs traits de cette description peuvent en effet être appliqués aux mouvements populistes analysés dans ce livre, dont la plupart, évidemment, n'ont rien de totalitaire. La construction d'une chaîne d'équivalences à partir de la dispersion de demandes fragmentées et leur unification autour de positions populaires fonctionnant comme signifiants vides ne sont pas totalitaires mais sont la condition même de la construction d'une volonté collective qui, dans bien des cas, peut être profondément démocratique. Le fait que certains mouvements populistes peuvent être totalitaires et présentent, la plupart ou tous, les traits très précisément décrits par Lefort est incontestable, mais le spectre des articulations possibles est beaucoup plus large que la simple opposition totalitarisme/démocratie ne semble l'indiquer. La difficulté avec l'analyse de la démocratie de Lefort est qu'elle se concentre exclusivement sur les *régimes* démocratiques libéraux, et qu'elle n'accorde pas l'attention qu'elle mériterait à la construction de *sujets* démocratiques populaires. Cela a une série de conséquences qui limitent la portée de l'analyse. Prenons un exemple : pour Lefort, le *lieu* du pouvoir dans les démocraties est vide. Pour moi, la question se pose différemment : c'est une question de *production* du vide à partir du fonctionnement de la logique hégémonique. Pour moi, le vide est un type d'identité, non un emplacement structurel. Si, comme le pense Lefort – et je suis d'accord avec lui sur ce point –, le cadre symbolique d'une société est ce qui soutient un certain régime, le lieu du pouvoir ne peut pas être entièrement vide. Même la plus démocratique des sociétés aura des limites symboliques pour déterminer qui peut occuper le lieu du pouvoir. Entre l'incarnation totale et le vide total, il y a une gradation de situations impliquant des incarnations partielles. Ces incarnations partielles sont, précisément, les formes que prennent les pratiques hégémoniques.

1. *Ibid.*, p. 29-30.

Comment passer alors de ce point à une discussion plus approfondie de la relation entre le populisme et la démocratie ? Ici, j'aimerais introduire dans la réflexion quelques distinctions contenues dans les travaux récents de Chantal Mouffe[1]. Celle-ci commence par reconnaître sa dette intellectuelle à l'égard de l'œuvre de Lefort, mais elle ajoute aussi une nuance cruciale à cette reconnaissance qui, en réalité, change le terrain du débat :

> Au lieu d'identifier simplement la forme moderne de la démocratie au lieu vide du pouvoir, je voudrais aussi souligner la distinction entre deux aspects : d'une part, la démocratie comme forme de gouvernement, c'est-à-dire, le principe de la souveraineté du peuple ; de l'autre, le cadre symbolique dans lequel ce gouvernement démocratique s'exerce. La nouveauté de la démocratie moderne, ce qui la rend proprement « moderne », est que, avec l'apparition de la « révolution démocratique », le vieux principe démocratique selon lequel « le pouvoir devrait être exercé par le peuple » resurgit, mais cette fois dans un cadre symbolique fixé par le discours libéral, qui souligne l'importance des libertés individuelles et des droits de l'homme[2].

Donc, alors que Lefort voit la question de la démocratie comme liée au cadre symbolique libéral, en identifiant implicitement la démocratie à la démocratie libérale, Chantal Mouffe ne voit qu'une articulation contingente entre ces deux traditions :

> D'une part, nous avons la tradition libérale constituée par le règne de la loi, la défense des droits de l'homme et le respect de la liberté individuelle ; de l'autre, la tradition démocratique dont les idées principales sont celles de l'égalité, de l'identité entre gouvernants et gouvernés et la souveraineté populaire. Il n'y a pas de relation nécessaire entre ces deux traditions différentes mais seulement une articulation historique contingente[3].

Une fois qu'on considère l'articulation entre libéralisme et démocratie comme purement contingente, deux conclusions s'imposent

1. *The Democratic Paradox*, Londres, Verso, 2000.
2. *Ibid.*, p. 2.
3. *Ibid.*, p. 2-3.

nécessairement : 1) d'autres articulations contingentes sont aussi possibles, de sorte qu'il existe des formes de démocratie en dehors du cadre symbolique libéral (le problème de la démocratie, vu dans sa véritable universalité, devient celui de la pluralité des cadres rendant possible l'émergence d'un « peuple ») ; 2) puisque cette émergence d'un « peuple » n'est plus l'effet direct d'un cadre particulier, la question de la constitution d'une subjectivité populaire devient une partie intégrante de la question de la démocratie (cet aspect des choses n'est pas pris suffisamment en compte par Lefort). Cela a pour corollaire qu'il n'y a pas de régime politique qui soit autoréférenciel. Nous pouvons, évidemment, élargir la notion de matrice symbolique de manière à y inclure la constitution de sujets sociaux et politiques, mais en ce cas nous effaçons toute limite claire entre l'État et la société civile. Cependant, l'effacement de cette séparation ne signifie pas son anéantissement totalitaire – toute politisation de la société civile n'est pas équivalente à son unification autoritaire. La vision gramscienne de l'hégémonie, par exemple, ne tient pas compte de la distinction entre État et société civile mais est néanmoins profondément démocratique, parce qu'elle implique l'apparition de nouveaux sujets collectifs sur l'arène historique.

Mais comment concevoir cette articulation contingente entre libéralisme et démocratie ? Chantal Mouffe a une position très critique vis-à-vis du courant dit de la « démocratie délibérative », qui essaie précisément d'éliminer la nature contingente de l'articulation et de la transformer en relation d'implication nécessaire (Rawls étant plutôt du côté du libéralisme et Habermas plutôt de celui de la démocratie). Mais le plus révélateur, pour notre propos, est la tentative de Chantal Mouffe pour expliquer ce qu'on devrait entendre par articulation contingente. Son effort principal, puisqu'elle s'intéresse surtout à la question de la démocratie dans des sociétés où domine un cadre symbolique libéral, est de proposer ce qu'elle appelle un modèle agonique de la démocratie, mais en formulant ce modèle, elle éclaire une multiplicité d'aspects pertinents pour une théorie générale de la démocratie, libérale ou non :

> En privilégiant la rationalité, tant la perspective délibérative que la perspective agrégative laissent de côté un élément central, le rôle

> crucial joué par les passions et les affects dans la garantie de l'allégeance aux valeurs démocratiques. [...] L'incapacité de la théorie démocratique actuelle à prendre à bras le corps la question de la citoyenneté est la conséquence d'une conception du sujet qui considère les individus comme antérieurs à la société, porteurs de droits naturels, qui sont ou bien des agents maximisant l'utilité ou bien des sujets rationnels. Dans tous les cas, les individus sont coupés des relations sociales et de pouvoir, du langage, de la culture et de l'ensemble des pratiques qui rendent possible leur action. Ce qui est exclu dans ces approches rationalistes est la question même de la connaissance des conditions d'existence d'un sujet démocratique[1].

À partir de là, Chantal Mouffe fait plusieurs références à Wittgenstein : à la croyance comme ancrée dans un mode de vie, et au besoin d'une friction qui implique la nécessité de renoncer au rêve d'un consensus rationaliste.

Les principales conséquences de cette perspective sont que, d'une part, nous devons passer de la structure formelle d'un espace politico-symbolique à un « mode de vie » plus large où la subjectivité politique est constituée ; et, de l'autre, qu'émerge une vision de la subjectivité politique dans laquelle une pluralité de pratiques et d'adhésions passionnées entrent dans un cadre où la rationalité – qu'elle soit individuelle ou dialogique – n'est plus l'élément dominant. Mais nous atteignons là un point où cette notion d'identité démocratique est pratiquement impossible à distinguer de ce que j'ai appelé l'identité populaire. Tous les éléments sont réunis : l'incapacité d'un ordre purement conceptuel à expliquer l'unité des acteurs sociaux ; la nécessité d'articuler une pluralité de positions ou de demandes à travers la nomination, étant donné qu'aucune rationalité *a priori* ne pousse ces demandes à s'unir autour d'un centre ; et le rôle fondamental des affects dans la consolidation de cette articulation. La conséquence est inévitable : la construction d'un peuple est la condition *sine qua non* du fonctionnement démocratique. Sans production de vide, il n'y a pas de peuple, pas de populisme, mais pas de démocratie non plus. Si nous ajoutons à cela le fait que le « peuple », comme nous l'avons vu, ne se limite pas

1. *Ibid.*, p. 95-96.

par essence à une matrice symbolique particulière, nous avons posé dans toutes ses dimensions le problème du populisme contemporain.

Nous devons maintenant nous interroger sur les points où notre analyse de la démocratie recoupe celle du populisme. L'axe de notre réflexion sur la démocratie a été qu'il est nécessaire de transférer la notion de vide du *lieu* du pouvoir dans un régime démocratique – idée développée par Lefort – aux sujets eux-mêmes qui occupent ce lieu. Ma proposition est la suivante : il ne suffit pas de poser la question comme si le vide signifiait seulement l'absence de toute détermination dans le lieu du pouvoir, et que, en raison de cette absence, toute force particulière, sans cesser d'être particulière, pouvait occuper ce lieu. Cela serait peut-être vrai si nous traitions seulement des aspects juridiques, formels, de la démocratie, mais comme Lefort le sait très bien, la notion de *politeia* – à laquelle il se réfère – signifie tout le mode de vie politique d'une communauté, dont les dispositions constitutionnelles ne représentent qu'une cristallisation formelle. Donc, si on considère la question de la *politeia* dans son caractère vraiment général, qui implique aussi la formation d'une subjectivité politique, qu'a analysée Chantal Mouffe, l'analyse du vide ne peut en rester au niveau d'un lieu qui n'est pas affecté par ceux qui l'occupent, et inversement, les occupants eux aussi doivent être affectés par la nature du lieu qu'ils occupent.

Considérons la question sous les deux angles de cette relation, en commençant par le côté de ceux qui occupent le pouvoir. Nous savons qu'il existe un fossé infranchissable entre la particularité des groupes qui intègrent une communauté – souvent en conflit les uns avec les autres – et la communauté comme totalité, conçue comme une totalité universelle. Nous savons aussi que ce fossé ne peut être médié qu'hégémoniquement, à travers une particularité qui, en un point quelconque, assume la représentation d'une totalité incommensurable avec elle. Mais pour que cela soit possible, la force hégémonique doit présenter sa propre particularité comme l'incarnation d'une universalité vide qui la transcende. Donc, on n'a pas affaire à une particularité qui occupe simplement un espace vide, mais à une particularité qui, parce qu'elle a réussi, à travers une lutte hégémonique, à devenir le signifiant vide de la communauté, a le droit légitime d'occuper ce lieu. Le vide n'est pas seulement un donné du droit constitutionnel, c'est une construction politique. Considérons maintenant la question à partir de l'autre côté, à partir du lieu vide. Le vide, en ce qui concerne ce lieu, ne signifie pas seulement le *vide* : au contraire, il y a du vide parce que ce vide désigne le plein absent de la communauté. Le vide et le plein sont en réalité synonymes. Mais ce plein/vide ne peut exister qu'incarné dans une force hégémonique. Cela signifie que le vide circule entre le lieu et ses occupants. Ils se contaminent mutuellement. La logique des deux corps du roi n'a donc pas disparu dans la société démocratique ; il n'est tout simplement pas vrai que le vide pur ait remplacé le corps immortel du roi. Ce corps immortel est incarné par la force hégémonique. Ce qui a changé dans la démocratie, par rapport aux anciens régimes, c'est que dans ces derniers l'incarnation se faisait en un seul corps, alors qu'aujourd'hui elle s'opère dans une multitude de corps. Mais la logique de l'incarnation continue à opérer dans les conditions démocratiques, et, dans certaines circonstances, elle peut acquérir une stabilité remarquable. Pensons à un phénomène tel que le gaullisme. On pourrait dire qu'un des défauts hégémoniques fondamentaux de la IVe République en France fut son incapacité à fournir des symboles incarnant le lieu vide avec une relative stabilité.

Mais nous devons franchir un pas dans la réflexion. Les signifiants vides ne peuvent jouer leur rôle que s'ils signifient une chaîne d'équivalences, et c'est seulement s'ils le font qu'ils constituent un peuple. En d'autres termes : la démocratie n'est fondée que sur l'existence d'un sujet démocratique, dont l'émergence dépend de l'articulation horizontale entre des demandes équivalentielles. Un ensemble de demandes équivalentielles articulées par un signifiant vide est ce qui constitue un peuple. Donc, la possibilité même de la démocratie dépend de la constitution d'un « peuple » démocratique. Nous savons aussi que, s'il doit y avoir une articulation/combinaison entre démocratie et libéralisme, deux types de demandes différentes doivent être combinées. Mais cette combinaison peut se faire de deux façons : ou bien un certain type de demandes – le libéralisme, par exemple, avec sa défense des droits de l'homme, des libertés civiles, etc. – appartient au cadre symbolique d'un régime, au sens où elles font partie d'un système de règles acceptées par tous ceux qui participent au jeu politique, ou bien ce sont des valeurs refusées, auquel cas elles font partie d'une chaîne équivalentielle, et, par là, partie du « peuple ». En Amérique latine dans les années 1970 et 1980, par exemple, la défense des droits de l'homme a fait partie des demandes populaires et, donc, de l'identité populaire. Il est faux de penser que la tradition démocratique, avec sa défense de la souveraineté du « peuple », exclut par principe les demandes libérales. Cela ne pourrait que vouloir dire que l'identité du « peuple » est fixée une fois pour toutes. Si, au contraire, l'identité du peuple ne s'établit qu'à travers des chaînes d'équivalences changeantes, il n'y a aucune raison de penser qu'un populisme qui inclut les droits de l'homme comme une de ses composantes soit *a priori* exclu. À certains moments, comme cela arrive fréquemment aujourd'hui sur la scène internationale, les droits de l'homme et les libertés civiles peuvent devenir les demandes populaires les plus urgentes. Mais les demandes populaires peuvent aussi cristalliser en configurations totalement différentes, comme le montre l'analyse du totalitarisme proposée par Lefort. C'est sur cette variété dans la constitution des identités populaires que nous devons maintenant nous concentrer.

TROISIÈME PARTIE

Variations populistes

7

La saga du populisme

La notion élaborée de populisme à laquelle nous sommes maintenant arrivés ne suppose pas la définition d'un concept rigide auquel nous pourrions assigner de manière non équivoque certains objets, mais l'établissement d'un champ de variations à l'intérieur duquel pourrait s'inscrire une pluralité de phénomènes. Cependant, cette inscription ne devrait pas se faire par des comparaisons ou par des taxinomies purement extérieures mais par la détermination de règles internes rendant ces variations intelligibles. Dans ce chapitre, j'aborderai les variations comme *tendances* : autrement dit, je localiserai des phénomènes apparemment disparates à l'intérieur d'un continuum rendant possible une comparaison entre eux. Dans le chapitre VIII, j'adopterai une approche microanalytique : je m'intéresserai à trois moments historiques dans la construction du « peuple », et y montrerai à l'œuvre les logiques que nous avons analysées théoriquement dans les chapitres précédents. Enfin, je conclurai le chapitre VIII par une série de propositions heuristiques sur ce que devrait être l'objectif d'une exploration empirique des populismes « réellement existants ».

Je commencerai cette analyse par quelques considérations conceptuelles contenues dans un article récent d'Yves Surel[1]. Surel réfute à juste titre une série d'identifications qui appauvrissent la notion de populisme en la réduisant aux mouvements de la droite radicale – comme le fait H. G. Betz[2] – ou aux tendances qui voient en lui

---

1. Yves Surel, « Berlusconi, leader populiste ? », *in* Olivier Ihl, Janine Chêne, Éric Vial, Ghislain Wartelot (dir.), *La Tentation populiste au cœur de l'Europe*, Paris, La Découverte, 2003, p. 113-129.

2. Hans-George Betz, *Radical Right-Wing Populism in Western Europe*, New York, St Martin's Press, 1994.

une opposition à la logique constitutionnaliste à l'œuvre dans les démocraties contemporaines. Il voit dans le populisme un phénomène entretenant des relations plus ambiguës avec l'ordre institutionnel. Résumant la thèse développée dans *Par le peuple, pour le peuple*, Surel affirme que pour le populisme « le peuple est le souverain du régime politique et l'unique référent légitime pour interpréter les dynamiques sociales, économiques et culturelles ; les élites au pouvoir, spécialement politiques, ont trahi le peuple et ne remplissent plus les fonctions pour lesquelles elles ont été désignées ; il faut restaurer le primat du peuple, ce qui peut conduire à valoriser une époque antérieure, caractérisée par une reconnaissance du peuple[1] ».

Donc, le populisme, comme l'affirme l'analyse que j'ai développée dans ce livre, n'est pas une constellation fixe mais une série de configurations discursives qui peuvent être mises à contribution de façons très différentes (on est ici très près de ma conception des signifiants flottants). Voici ce qu'écrit Surel : « Contrairement à l'idée selon laquelle le populisme représenterait un courant relativement stable et cohérent, caractéristique de la nouvelle droite radicale, nous voudrions défendre l'idée que c'est moins une famille politique qu'une dimension du registre discursif et normatif emprunté par les acteurs politiques[2]. »

Je souscris totalement à cette analyse – je pense en effet que l'idée selon laquelle le populisme est l'élément démocratique dans les systèmes représentatifs modernes est une des idées les plus profondes et des plus originales du livre de Mény et Surel – sauf sur un point : les limites que ces auteurs acceptent à la circulation des ressources disponibles à la construction populiste – et par là à ce qui peut être caractérisé comme « populiste » – sont, selon moi, trop étroites. Surel a indiscutablement raison de critiquer les approches qui, en affirmant une extériorité totale du populisme par rapport au système politique, l'assimilent à l'extrême droite (bien qu'on puisse dire la même chose pour l'extrême gauche). Surel préfère le

1. Yves Surel, « Berlusconi, leader populiste ? », art. cit., p. 116. Voir aussi Yves Mény et Yves Surel, *Par le peuple, pour le peuple. Le Populisme et les démocraties*, Paris, Fayard, 2000.

2. Yves Surel, « Berlusconi, leader populiste ? », art. cit., p. 127.

modèle proposé par Andreas Schedler[1], selon lequel il y aurait : 1) les partis démocratiques au pouvoir, qui se définissent par le soutien qu'ils apportent à ceux à qui est confié le gouvernement ; 2) l'opposition démocratique, qui s'efforce de s'emparer du pouvoir dans le cadre institutionnel existant ; et 3) les partis anti-institutionnels, qui rejettent le système des règles démocratiques existantes. À cela, Schedler ajoute – et Surel est d'accord avec lui sur ce point – la situation ambiguë des mouvements populistes : ils existent dans les marges des régimes institutionnels, oscillant entre la dénonciation des systèmes comme tels ou la simple dénonciation de ceux qui occupent les lieux du pouvoir. Le problème de ce modèle, c'est qu'il considère comme une évidence qu'il existe un système bien établi de règles à n'importe quel moment. À mon avis, cela ne tient pas suffisamment compte du double visage du populisme dont j'ai parlé dans mon analyse théorique : le populisme se présente à la fois comme un moyen de *subvertir* l'état de choses existant et comme le point de départ d'une *reconstruction* plus ou moins radicale d'un ordre nouveau à chaque fois que l'ordre ancien se trouve affaibli. Le système institutionnel doit être brisé (encore une fois, plus ou moins) pour que l'attraction populiste soit efficace. Dans une situation de complète stabilité institutionnelle (« complète », évidemment, suppose une situation purement idéale), la seule opposition possible à ce système émanerait d'un pur dehors – c'est-à-dire qu'elle viendrait de strates purement marginales et inefficaces.

Il en est ainsi parce que, nous l'avons vu, le populisme ne surgit jamais d'un dehors absolu et n'avance jamais de façon que l'état de choses antérieur se dissolve autour de lui, mais opère en articulant des demandes fragmentées et disloquées autour d'un nouveau noyau. En conséquence, un certain degré de crise de l'ancienne structure est une précondition nécessaire du populisme car, comme nous l'avons vu, les identités populaires exigent des chaînes équivalentielles de demandes insatisfaites. Sans la grave crise économique des années 1930, Hitler serait resté un leader et un

1. Andreas Schedler, « Anti-Political Establishment Parties », *Party Politics*, vol. 2, n° 3, 1996, p. 291-312.

vociférateur marginal. Sans la crise de la IVe République déclenchée par la guerre d'Algérie, le discours de De Gaulle aurait continué à être aussi peu entendu qu'en 1946. Et sans l'érosion progressive du système oligarchique dans l'Argentine des années 1930, l'ascension de Perón aurait été impensable.

S'il en est ainsi, plutôt qu'un mouvement populiste ayant un pied à l'intérieur et un pied à l'extérieur du système institutionnel, nous aurions une situation fluctuante dont les principales possibilités sont les suivantes :

1. Un système institutionnel dans une large mesure autostructuré reléguant tout défi anti-institutionnel à une position marginale – ce qui revient à dire que la capacité de ce dernier à constituer des chaînes équivalentielles est minime (cela correspondrait aux deux premières situations envisagées dans le modèle de Schedler).

2. Un système moins bien structuré, qui exige une forme quelconque de recomposition périodique. Ici apparaît la possibilité du populisme au sens où l'entendent Schedler et Surel : il est possible de lancer un défi au système, mais puisque sa capacité à l'autostructuration est encore considérable, les forces populistes doivent fonctionner à la fois comme « insiders » et « outsiders », comme éléments intégrés au système et éléments extérieurs.

3. Un système entré dans une période de « crise organique » au sens gramscien du terme. Dans ce cas, les forces populistes qui défient le système doivent faire plus que s'engager en gardant la position ambiguë consistant à subvertir le système tout en y étant intégrées : elles doivent reconstruire la nation autour d'un nouveau noyau populaire. Ici, la tâche de la reconstruction l'emporte sur celle de la subversion.

Comme nous le voyons, le passage de la deuxième à la troisième possibilité est une question de degré, ou de diverses alternatives historiques surgissant à l'intérieur d'un continuum théorique. Mon seul désaccord avec Surel est que, en limitant le populisme à la troisième option dans le système de Schedler, il l'a limité de manière excessive à ce qui est possible aujourd'hui dans l'horizon de l'Europe occidentale, alors que je veux inscrire le populisme dans un système d'alternatives plus large.

Pour éclairer ce système de possibilités, j'analyserai quelques exemples. Le premier est celui du boulangisme[1]. Pour comprendre l'ascension politique du général Boulanger, nous devons nous rappeler ce qu'était la situation politique de la France dans les années 1880. Sur le plan politique, la République – qui avait triomphé en grande partie grâce aux désaccords internes entre les forces monarchistes – était loin d'être solidement établie. Divers groupes idéologiques – tant à gauche qu'à droite – n'étaient pas réellement intégrés au système parlementaire, et rêvaient de formules constitutionnelles différentes. Sur le plan économique, la France, en dehors des dislocations propres à la transition vers la société industrielle, subissait depuis 1873 les effets de la crise mondiale, auxquels s'ajoutèrent le krach financier de 1882 et une succession de scandales financiers, en particulier l'affaire Wilson, qui avaient discrédité le gouvernement républicain. Il faut aussi rappeler que le chômage était élevé et que les travailleurs, étant donné le désarroi qui caractérisa le mouvement ouvrier après l'écrasement de la Commune, furent exposés à toutes sortes d'influences politiques. Dans ces conditions, le système politique était à l'évidence à la merci de n'importe quel type d'initiative extraparlementaire.

Qui était le général Boulanger ? Il ne nous est pas possible de relater ici intégralement son ascension spectaculaire et sa chute – malgré l'intérêt de cet épisode pour notre propos – mais je veux au moins revenir sur les principaux événements. Boulanger était un brillant officier de tendance clairement républicaine (même si son attachement à la République n'était pas exempt d'opportunisme, puisqu'il avait auparavant été bonapartiste et orléaniste). Nommé ministre de la Guerre en 1886, ses réformes militaires et son image de républicain le rendirent extrêmement populaire. Cette popularité inquiéta le gouvernement, qui le contraignit à remettre sa démission et l'envoya à Clermont-Ferrand, loin de Paris, malgré de nombreuses protestations. Un peu plus tard, en 1888, il prit sa retraite, ce qui lui permit d'intervenir directement dans l'arène politique. Il remporta une série spectaculaire de victoires électorales qui culminèrent le

1. Voir Guy Hermet, *Les Populismes dans le monde. Une histoire sociologique, XIXe-XXe siècle*, Paris, Fayard, 2001, p. 181-192, où la même thèse est défendue.

27 janvier 1889 : ce jour-là, après un véritable triomphe électoral, la foule exigea qu'il marche sur l'Élysée pour s'emparer du pouvoir – ce qui aurait été possible puisqu'il bénéficiait du soutien d'une partie considérable de l'armée et de la police. Cependant, après avoir hésité, Boulanger renonça. Cette décision fut le tournant de sa carrière politique. Une fois qu'il eut retrouvé la confiance, le gouvernement prit une série de mesures visant à limiter les activités de Boulanger, qui aboutirent à sa comparution en justice. Boulanger prit la fuite et se réfugia à Bruxelles. Après deux années de voyages entre la Belgique et Londres, Boulanger se suicida en 1891.

Plusieurs aspects de l'épisode boulangiste sont importants pour nos propositions théoriques. Le premier, c'est l'hétérogénéité des forces qui le soutenaient et leur situation de marginalité par rapport au système en place :

> Il jouit également de la confiance des secteurs politiques les plus divers, à droite comme à gauche. […] Boulanger agglutine […] autour de lui tous les mécontents : démocrates rassembleurs irrités par l'instabilité ministérielle de la IIIe République naissante et partisans d'un État fort quoique fondé sur le suffrage universel, bonapartistes nostalgiques du pouvoir impérieux de Napoléon III, monarchistes modérés acquis à la branche dynastique des d'Orléans représentée par le comte de Paris, sans oublier de multiples courants de gauche allant de ce qui subsiste de la mouvance communarde à une fraction des radicaux. Tel est le cas, par exemple, du courant représenté par le journal *La Démocratie du Midi*, qui revendique une démocratie directe capable d'aboutir à un gouvernement « réellement représentatif », dénonce la corruption du régime parlementaire et attend « quelque acte viril d'un chef »[1].

Le deuxième, c'est la concentration du soutien à Boulanger dans les centres urbains, alors que Napoléon III, lui, disposait d'une base solide dans la paysannerie. Dans ces centres urbains, l'élément prolétarien occupait une place importante dans le soutien à Boulanger, mais en réalité ce mouvement traversait la plupart des couches sociales : « Cependant, cette présence substantielle d'un élément

1. *Ibid.*, p. 185-186.

prolétarien n'a pas empêché que sa clientèle se soit caractérisée également par le fait que, traversant les milieux sociaux, elle s'est recrutée tout autant dans l'ensemble des classes moyennes ou même supérieures des villes[1]. » Le troisième, c'est que l'idée d'une intervention extraparlementaire était aussi intéressante pour la gauche radicale, qui y voyait une manière d'obtenir un mélange d'État fort et de démocratie directe, que pour la droite, qui souhaitait le triomphe d'un nationalisme conservateur et militariste. Le quatrième, c'est que la seule chose qui maintenait l'unité de ces forces hétérogènes était un même dévouement à Boulanger et l'incontestable charisme de ce personnage. La preuve en est que, lorsqu'il disparut de la scène politique, la coalition de ses partisans se désintégra rapidement. Cet effondrement permit la consolidation de la IIIe République.

Maintenant, si nous considérons ces quatre éléments politico-idéologiques, nous constatons immédiatement qu'ils reproduisent presque point par point les dimensions définissant le populisme que nous avons mises en évidence dans la partie théorique de ce livre. La première, c'est le regroupement de forces hétérogènes et de demandes qui ne peuvent être intégrées organiquement dans le système différentiel/institutionnel. La deuxième, c'est que les liens entre ces demandes n'étant pas différentiels, ils ne peuvent être qu'équivalentiels : il y a entre eux un air de famille, parce qu'ils ont tous le même ennemi : la corruption du système parlementaire en place. La troisième, c'est que cette chaîne d'équivalences a comme unique point de cristallisation la figure de Boulanger, qui fonctionne comme un signifiant vide. La quatrième, c'est que pour jouer ce rôle, Boulanger doit être réduit à son nom (et à quelques autres signifiants concomitants tout aussi imprécis). Ceci montre en action une autre de nos thèses : la thèse lacanienne selon laquelle le nom fonde l'unité de l'objet. La cinquième, c'est que, pour que le nom puisse jouer ce rôle, il doit faire l'objet d'un fort investissement – c'est-à-dire qu'il doit être un objet petit *a* (il doit constituer un sujet hégémonique). Par conséquent, le rôle de l'affect est essentiel.

1. *Ibid.*, p. 190.

Revenons à notre analyse précédente : l'épisode boulangiste fut incontestablement une expérience populiste ; mais la position qu'évoque Surel à propos de Berlusconi – être entre l'ordre institutionnel et le langage populiste et utiliser ce dernier comme un outil politique – n'était pas possible pour Boulanger. Boulanger fut de plus en plus poussé en dehors du cadre institutionnel, si bien que la seule façon pour lui de continuer à avancer aurait été de se transformer en constructeur d'un ordre nouveau ; il ne pouvait pas se contenter de *jouer* à être subversif. Cela signifiait, en ce qui le concerne, qu'il devait prendre l'Élysée. C'est l'étape qu'il se refusa à franchir, et cette hésitation fut à l'origine de son déclin. On ne peut faire que des spéculations sur l'ordre institutionnel qui aurait résulté d'un coup de force réussi de Boulanger, mais une chose est certaine : l'ordre qu'il aurait mis en place n'aurait pas pu satisfaire *toutes* les forces hétérogènes réunies dans la coalition qui le soutenaient. Les signifiants vides n'auraient pas pu rester entièrement vides ; ils se seraient nécessairement associés à des contenus plus précis afin de construire un nouvel ordre différentiel/institutionnel. Mais, bien que cette transition n'interrompe pas le jeu hégémonique – les jours d'un régime qui devient impopulaire au-delà d'un certain point sont comptés –, il est infiniment plus facile de prendre des décisions quand on est au pouvoir que quand on est seulement en train d'essayer de s'en emparer.

Dans le cas de Boulanger, cependant, le point de condensation de la chaîne équivalentielle – le signifiant vide – était trop faible. L'épisode boulangiste fut très bref et conjoncturel, et le temps manqua pour que le signifiant « Boulanger » puisse signifier autre chose que les caprices personnels du général. Passons alors à un exemple dans lequel la tentative de créer le point d'ancrage d'une chaîne d'équivalences fut reliée à une expérience politique plus profonde et plus longue. Revenons au système d'alternatives politiques ouvertes au Parti communiste italien à la fin de la Seconde Guerre mondiale. J'ai déjà fait rapidement allusion à cette question, et nous y reviendrons dans les termes des principales questions abordées dans ce chapitre. L'alternative était la suivante : ou bien le PCI, en tant que parti de la classe ouvrière, se contentait d'être le représentant des intérêts de cette classe ouvrière – auquel cas il aurait été un parti essentiellement ouvriériste, une simple enclave dans le Nord industriel –, ou il se transformait en point de ralliement d'une masse largement hétérogène, de façon à ce que la « classe ouvrière » fonctionne comme le centre métaphorique d'une série de luttes dépassant constamment la stricte appartenance à la classe ouvrière. Une alternative du même genre apparut en Afrique du Sud dans les années qui précédèrent la fin de l'apartheid : la scène politique fut alors occupée par un débat entre deux pôles significativement qualifiés d'« ouvriériste » et de « populiste ». Le fond du débat italien était à l'évidence une question plus large : comment constituer une nation italienne ? Cette tâche, tous les secteurs sociaux du pays, y compris ceux qui avaient été impliqués dans le Risorgimento et le fascisme, avaient été incapables de l'accomplir depuis le Moyen Âge, et c'était celle que le parti de la classe ouvrière – le Prince moderne – était destiné, selon Gramsci, à accomplir.

Qu'impliquait-elle ? La création hégémonique d'une unité – une homogénéité – à partir d'une hétérogénéité irréductible. Quand Palmiro Togliatti choisit la voie populiste au cours des années qui suivirent la guerre, il s'en expliqua sans ambiguïté : le « *partito nuovo* » devait accomplir les « tâches nationales de la classe ouvrière » : il devait être le point de ralliement d'une multitude de luttes et de demandes dispersées. Ce que la personne de Boulanger avait représenté pendant un bref moment de l'histoire de France s'incarnerait dans un parti désireux de s'ancrer organiquement dans toute la tradition italienne. La tâche du parti était de constituer un « peuple ».

Je peux maintenant poser la question de l'alternative italienne du point de vue de notre distinction entre les noms et les concepts. Dire que le PCI, en tant que parti de la classe ouvrière, devait concentrer son activité dans le nord industriel, parce que c'était là que se trouvait la classe ouvrière, cela reviendrait à dire qu'existe un contenu conceptuel de la catégorie « classe ouvrière » grâce auquel nous reconnaissons certains acteurs sociaux. En ce cas, la nomination n'a aucune fonction performative ; elle ne fait que reconnaître ce qui est. Le nom est le médium transparent à travers lequel se révèle à soi-même totalement une chose qui est appréhensible conceptuellement. En revanche, nommer une série d'éléments hétérogènes

« ouvriers », c'est autre chose : cette opération hégémonique crée performativement l'unité de ces éléments, dont la fusion en une entité unique n'est rien d'autre que le résultat de l'opération de nomination. Le nom, le signifiant qui a – pour reprendre l'expression de Joan Copjec – la « valeur de sein du lait », constitue une *singularité historique absolue*, parce qu'il n'existe pas de corrélat conceptuel de ce à quoi le nom se réfère.

C'est ce qui arrive toujours dans une certaine mesure, parce qu'il n'existe pas de concept suffisamment pur pour ne pas être excédé par certains signifiés qui lui sont associés par connotation seulement. Il est inévitable que le terme de « classe ouvrière » évoque des associations de types différents pour des gens de deux pays différents. Mais le problème crucial est de savoir si ces signifiés associés seront seulement périphériques par rapport à un noyau qui restera conceptuellement identique, et ainsi « universel », ou s'ils contamineront le moment de la détermination conceptuelle – pénétreront sa substance, de sorte qu'à la fin, peu à peu, le noyau cessera d'être un concept pour devenir un nom (un signifiant vide, pour reprendre notre terminologie). C'est seulement quand cette dernière transformation se produit qu'on peut parler de singularité historique. Et quand cela arrive, nous n'avons plus un acteur sectoriel tel qu'une « classe » : nous avons un « peuple ».

Tel fut manifestement le sens véritable du projet de Togliatti dans les années 1940. Le parti, pour lui, devait intervenir sur de multiples fronts démocratiques (en défendant de multiples demandes particulières, pour reprendre notre terminologie) et les amener à une sorte d'unité (conçue, nous le savons, comme une unification équivalentielle). De cette façon, chaque demande isolée se renforcerait par les liens qu'elle établirait avec les autres demandes et, surtout, toutes ces demandes auraient un accès nouveau à la sphère publique. Par la présence de cette nouvelle constellation de demandes, la sphère publique deviendrait plus démocratique et, en raison de la dispersion géographique de cette constellation, véritablement nationale. Cela permettrait d'aller au-delà d'une situation où la vie politique italienne se limitait à un accord entre les cliques du Nord et du Sud du pays. Autrement dit, la question était celle de la construction d'un « peuple » comme singularité historique.

La Longue Marche de Mao – qui fut évidemment très différente, politiquement, du projet de Togliatti – peut néanmoins être envisagée, en ce qui concerne la construction du « peuple », dans la même perspective. On peut analyser de la même façon l'émergence du régime de Tito après la guerre menée par les partisans, et un certain nombre d'autres expériences appartenant à la tradition communiste. Mais ce qu'il faut avoir à l'esprit, c'est que les tendances principales de cette tradition militaient dans la direction opposée. Autrement dit, elles conduisaient à subordonner toutes les spécificités nationales à un centre international et à une tâche universelle, dont les différents partis communistes n'étaient que des exécutants. Le Komintern fut la pire expression de cette politique stérile. En conséquence, ces partis n'eurent aucune chance de devenir des partis populistes. Loin d'être encouragés à constituer des singularités historiques à travers l'articulation de demandes hétérogènes, ils furent conçus comme de simples succursales chargées d'appliquer mécaniquement des politiques planifiées par le centre. Souvenons-nous de la décision du Komintern de « bolchéviser » les partis communistes dans les années 1920. Sans tenir compte de leurs caractéristiques nationales, tous ces partis devaient adopter la même structure et les mêmes règles de fonctionnement. Dans de telles conditions, la constitution d'un « peuple » était impossible. Si des leaders comme Togliatti, Mao et Tito, chacun à sa façon, parvinrent à atteindre cet objectif, ce fut en détournant systématiquement les directives internationales, et en étant, pour cette raison, considérés comme suspects par le « centre ». Si la constitution d'un « peuple » signifiait passer du concept au nom, nous avons affaire ici au mouvement inverse, du nom au concept : chaque parti communiste devait être le plus identique possible à tous les autres, et tous devaient pouvoir être subsumables sous une même étiquette, définie sans la moindre équivoque. Les petites sectes qui, aujourd'hui encore, se considèrent comme les sections nationales d'« internationales » imaginaires ne sont que l'expression poussée à l'absurde de cette tendance antipopuliste de la tradition communiste.

Le PCI, pour devenir un véritable mouvement populiste, se heurta à des limites structurelles liées à son appartenance au mouvement communiste international, mais celles-ci furent aussi renforcées par d'autres éléments. Premièrement, il y avait la guerre froide, qui fixait des limites précises à ce qui pouvait être obtenu en Europe occidentale sous le drapeau du communisme. La frontière par laquelle la coalition dominante dirigée par les démocrates chrétiens divisa l'échiquier politique se fondait précisément sur la question du « communisme ». Dans ces conditions, le « communisme » italien ne pouvait aller au-delà d'un certain point pour se constituer comme le signifiant vide unifiant une singularité historique ; la question idéologique empêcha le PCI d'accéder à de multiples secteurs dont l'intégration était vitale pour le succès du projet de Togliatti. Et les limites n'étaient pas seulement externes : le PCI était, fondamentalement, un parti de militants communistes, pour qui une rupture totale avec l'URSS aurait été impensable. (En 1956, le PCI défendit l'invasion de la Hongrie par l'armée soviétique, ce qui lui coûta une bonne partie du soutien national dont il bénéficiait). Donc, la situation aboutit à une impasse, avec l'unification de l'électorat chrétien par la démocratie chrétienne et l'impossibilité pour le seul véritable projet national, celui du PCI, de dépasser ses limites, aussi bien internes qu'externes.

> Le prix payé par la nation pour ce « confessionnalisme d'État » fut élevé, et conduisit la Constitution à n'admettre que superficiellement la démocratie libérale et ses principes démocratiques les plus avancés, et au rejet de l'« antifascisme comme idéologie constituante ». Malgré le fait que la Résistance [...] avait en partie fourni les valeurs sur lesquelles une identité démocratique pouvait être fondée, les premières années de la République italienne refusèrent ostensiblement la transformation du « mythe fondateur » (même si ce n'était qu'un mythe partial) en « véhicule d'une identité nationale rénovée »[1].

Le Risorgimento et le fascisme n'avaient pas réussi à constituer une conscience nationale. Cet échec se répéta dans la période d'après-guerre, avec le mélange entre un pouvoir local corrompu et le confessionnalisme, du côté de la Démocratie chrétienne, et l'incapacité du

1. William Brierley et Luca Giacometti, « Italian National Identity and the Failure of Regionalism », *in* Brian Jenkins et Spyros A. Sofos (dir.), *Nation and Identity in Contemporary Europe*, Londres, Routledge, 1996, p. 172-197.

seul projet véritablement national – celui du PCI – à aller au-delà d'un certain point dans sa guerre de position contre le système existant. Nous voyons ici la différence évidente avec le mouvement boulangiste. Sa brièveté en tant qu'épisode politique permit à ses signifiants unificateurs de fonctionner comme presque totalement vides – en fait, les symboles de la Résistance en Italie dans les mois qui suivirent la Libération fonctionnèrent d'une manière assez peu différente. Mais la construction d'une hégémonie à long terme est une tout autre question : le processus consistant à vider quelques signifiants centraux pour la création d'une singularité historique sera toujours soumis à la pression structurelle de forces qui essaieront de les rattacher à leurs signifiés originaux, afin qu'aucune hégémonie en « expansion » n'aille trop loin. Le fait de limiter l'ampleur du mouvement du concept au nom est dans l'essence même d'une pratique contre-hégémonique.

On sait comment se termina le cycle de la confrontation hégémonique d'après-guerre en Italie. Après la crise économique des années 1970, qui porta un rude coup aux arrangements politiques à long terme, les années 1980 introduisirent un nouveau scénario dans lequel les anciennes forces politiques ne pouvaient survivre qu'en devenant des acteurs historiques nouveaux. Aucune de ces forces ne fut capable d'opérer cette transformation. La place centrale de la classe ouvrière fut sérieusement contestée par la progression du secteur tertiaire, dont les valeurs et les aspirations allèrent au-delà aussi bien de ce que le PCI pouvait concevoir dans les termes de son ancienne stratégie que de ce que la coalition au pouvoir autour de la Démocratie chrétienne pouvait intégrer par ses méthodes clientélistes. Aussi y eut-il une crise de la représentation qui mena à la chute de toute l'élite dominante. La coalition au pouvoir fut balayée après l'opération *mani pulite*, et le PCI, qui était sorti pour une bonne part indemne de la croisade contre la corruption, fut incapable de tirer profit de la nouvelle situation – il était encore largement dominé par les fantômes du passé. Dans cette situation apparurent de nouvelles forces sauvages.

Le « peuple » que le PCI avait essayé de constituer était résolument « national ». Il était conçu comme synonyme du processus de construction d'un État national digne de ce nom. L'effondrement du projet communiste ne mena pas à une simple rechute dans le clientélisme local traditionnel de la Démocratie chrétienne parce qu'une série de nouveaux éléments – la transition générale à une société plus laïcisée dans laquelle le pouvoir de l'Église catholique déclinait ; le développement des médias, en particulier de la télévision, qui créait un public national plus nombreux ; et finalement, la croisade contre la corruption qui toucha les principaux acteurs de la vie politique[1] – élimina pour ainsi dire tous ceux qui représentaient l'élite de la Démocratie chrétienne. Dans ces circonstances, il y eut différentes tentatives pour construire le « peuple » autour de la région comme limite de ce que des chaînes équivalentielles pouvaient articuler. Plusieurs « ligues » apparurent dans les années 1980 : le Parti d'action sarde, l'Union valdotaine, le Parti du peuple du Sud-Tyrol, qui était actif depuis 1945, et surtout la Liga Veneta de Franco Rocchetta, qui remporta à ses débuts des succès électoraux spectaculaires.

Les phénomènes les plus caractéristiques des années 1990 furent cependant les différentes tentatives d'Umberto Bossi visant à élargir l'audience de la Ligue, d'abord du niveau local au niveau régional, puis à l'échelle nationale[2]. La Ligue lombarde, qui apparut en 1982, fut un exemple de plus de politique ethnique. On inventa une ethnie lombarde imaginaire, et on l'opposa aux forces centralisatrices, du Piémont d'abord, puis de Rome. Très rapidement, cependant, Bossi se rendit compte qu'une action limitée à l'échelle locale l'empêcherait de devenir un partenaire majeur de la politique nationale, ce qui fait qu'il passa à l'ethnofédéralisme : il s'agissait d'une tentative visant à étendre la chaîne des équivalences à toute l'Italie du Nord, en réunissant dans un même mouvement toutes les organisations locales de la vallée du Pô. Ce mouvement aboutit en 1989

1. En particulier le Parti socialiste italien de Bettino Craxi.

2. Sur la Ligue, j'ai consulté William Brierley et Luca Giacometti, « Italian National Identity » ; Christophe Bouillaud, « La Lega Nord, ou comment ne pas réussir à être populiste (1989-2002) », *in* Olivier Ihl, Janine Chêne, Éric Vial, Ghislain Wartelot (dir.), *La Tentation populiste au cœur de l'Europe*, *op. cit.*, p. 130-145 ; Ilvio Diamanti, *La Lega. Geografia, storia e sociologia di un nuovo soggetto politico*, Rome, Donzelli, 1993 ; Renato Mannehimer (dir.), *La Lega Lombarda*, Milan, Feltrinelli, 1991 ; Roberto Borcio, *La Padania promessa. La storia, la idea e la logica d'azione della Lega Nord*, Milan, Il Saggiatore, 1997.

à la fondation de la Ligue du Nord, qui absorba la plupart des mouvements autonomistes de l'Italie du Nord sous la direction de Bossi et l'hégémonie de la Ligue lombarde. Cette étape culmina avec la proclamation d'une nouvelle « nation », la Padanie (*Padania*). Très vite, cependant, les limites de cette stratégie devinrent évidentes. D'une part, le discours agressif contre le Mezzogiorno et contre l'État central limita l'impact idéologique de la Ligue aussi bien dans le Sud que dans le centre de l'Italie, et aussi parmi les Italiens originaires du Sud installés dans le Nord. D'autre part, la Ligue ne put pas compter non plus sur des soutiens solides dans sa base du Nord : Forza Italia, le mouvement de Berlusconi, et l'Alleanza nazionale, dirigée par Fini[1], lui firent concurrence sur le même terrain. En conséquence, quand Bossi rejoignit la coalition au pouvoir au moment du premier gouvernement Berlusconi en 1994, la Ligue avait atteint ses limites pour ce qui est de la dénonciation populiste agressive des institutions. Elle cessa d'appeler au démantèlement de l'État national, et commença à considérer l'aventure de la Padanie comme un péché de jeunesse. Ces ambiguïtés ne pouvaient qu'affaiblir la Ligue, qui se retrouva coincée entre la participation aux institutions et la rhétorique anti-institutionnelle.

Tout cela est encore plus clair si nous passons aux discours réels à travers lesquels la Ligue essaya de construire une identité populaire. Nous le savons, toute frontière politique tire son sens de la façon dont elle identifie ce qui se trouve au-delà de cette frontière. Et ici, la Ligue, loin d'avoir les engagements politiques à long terme que nous pouvons trouver dans le projet de Togliatti, manifesta une extrême versatilité, liée à des préoccupations de tactique politique immédiate.

> Cette identité collective n'est ni une identité idéologique ni une identité de classe, mais une identité purement territoriale. Mais les

1. L'Alleanza nazionale, dirigée par Gianfranco Fini, est l'héritière du Movimento soziale italiano, l'organisation néo-fasciste fondée à la fin de la Seconde Guerre mondiale par Giorgio Almirante. Aujourd'hui, elle a rompu la plupart des liens la rattachant à son passé fasciste. À la différence de la Ligue, elle n'a pas de penchants pour le régionalisme : puisqu'elle correspond à une force issue de la tradition fasciste, elle est favorable à un État fort et centralisé.

> composantes négatives étaient souvent les plus importantes : l'ennemi, porteur de l'« identité négative », un concept négatif qui est souvent anthropomorphisé. Au début, cet ennemi était simplement désigné comme « l'État centraliste », mais il devint peu à peu plus précis, en apparaissant de temps en temps comme le système politique des partis (*partitocrazia*), l'État-providence et le Sud parasitaire, l'immigration, la délinquance et la drogue ; tout individu ou groupe qui était d'une manière ou d'une autre différent ou marginal ; la presse, les magistrats et tous les autres groupes qui d'une manière ou d'une autre étaient perçus comme des éléments du système moribond. La Ligue construisait donc une claire « théorie de l'ennemi[1] ».

De fait, la Ligue avait une « théorie de l'ennemi » ; son problème était son incapacité à identifier cet ennemi d'une manière précise. Ses membres pensaient que, pour qu'un changement radical ait lieu, le champ social devait être divisé en deux camps opposés, mais ils ne savaient pas sur quelle base s'opérerait cette division. L'opposition abstraite au *statu quo* fut le terrain de leur discours radical, mais ils furent incapables de définir les limites de ce *statu quo*. Le stade ultime de cette incapacité à désigner l'ennemi fut la traduction de toutes les valeurs territoriales en valeurs intersectorielles : « le public contre le privé, les valeurs collectives contre les valeurs individuelles, l'intervention de l'État contre la libre entreprise »[2]. Ainsi, l'abandon des attaches territoriales s'opéra sous la forme d'un discours de droite dont le manque de référence concrète signifiait qu'il était forcément plus universel, mais cette universalité était vide : il n'y eut pas de production de signifiants vides mais un vide seulement imprécis, dans lequel l'incertitude concernant les points d'ancrage engendra un flottement qui était tout sauf hégémonique. Toute l'histoire de la Ligue à partir de là peut être vue comme le rattachement de tout objet, de tout recours, de tout discours politique, à des intérêts matériels qui sont continuellement transformés en valeurs. Les intérêts produits par la société capitaliste (forme naturelle d'organisation sociale de la Ligue) sont des

1. William Brierley et Luca Giacometti, « Italian National Identity and the Failure of Regionalism », art. cit., p. 184.
2. *Ibid.*, p. 186.

valeurs en eux-mêmes ; et ce sont aussi des valeurs dans la mesure où d'autres – l'État et le ministère des Finances – veulent les détruire. L'adoption du libéralisme économique et la supériorité indiscutée du secteur privé en tant que lieu de production et d'efficacité devinrent l'étape nécessaire[1].

L'incapacité de la Ligue à se transformer en force nationale est à la racine de l'échec de sa mue en un parti vraiment populiste. Bouillaud a souligné que toutes ses tentatives visant à devenir la force hégémonique de la tendance anti-institutionnelle des années 1990 ont échoué, parce qu'elle dut accepter le rôle moteur des deux autres forces qui constituaient l'alliance de Berlusconi[2]. Roberto Borcio et Diamanti, qui ont souligné le caractère populiste de la Ligue, ont néanmoins limité cet aspect à la première phase de son histoire, la phase régionaliste[3]. Les efforts ultérieurs de la Ligue pour s'adresser à la totalité du pays à travers une série de croisades contre l'État central, la pression fiscale, la *partitocrazia* et, pour finir, les immigrés – en particulier les immigrés musulmans – ont été des échecs remarquables. Les raisons en sont relativement claires : d'une part, même si Ligue ne devint jamais un parti monothématique, ses campagnes étaient trop virulentes, et passaient brutalement d'une question à la suivante[4] ; de l'autre, après la crise institutionnelle des années 1990, le système politique italien parvint à reconstruire un certain équilibre ; selon notre terminologie : la logique des différences redevint en partie opératoire, et limita les possibilités de division équivalentielle du champ social en deux camps antagoniques. Cela laissa moins de possibilités à la construction d'un ennemi total. De ce point de vue, l'évolution politique de Silvio Berlusconi est significative[5]. Comme le signale Yves Surel, sa carrière témoigne d'un mouvement qui l'éloigne du populisme,

1. *Ibid.*

2. Christophe Bouillaud, « La Lega Nord, ou comment ne pas réussir à être populiste (1989-2002) », art. cit., *passim*.

3. Voir Roberto Borcio, *La Padania promessa*, *op. cit.* ; Ilvio Diamanti, *La Lega*, *op. cit.*

4. Christophe Bouillaud, « La Lega Nord, ou comment ne pas réussir à être populiste (1989-2002) », art. cit., p. 142-144.

5. Yves Surel, « Berlusconi, leader populiste ? », art. cit., *passim*.

d'une « normalisation » progressive et d'une cooptation de ses forces par un système politique en partie reconstitué. En 1994, son discours politique était très hétérogène : la dimension populiste était incontestable – accentuant son extériorité par rapport à une classe politique discréditée – mais il y avait aussi d'autres composantes, comme l'anticommunisme (qui était en partie investi de connotations populistes) et l'affirmation du libéralisme économique et du conservatisme social. Dans la série de tensions qui menèrent à la chute de son premier gouvernement, cependant, le populisme reste l'élément peu à peu central. D'une part, l'anticommunisme perd de son sens après la transformation du PCI en Partito democratico della sinistra ; de l'autre, le libéralisme économique entre en conflit avec le programme économique et social de Bossi, et avec l'étatisme de l'Alleanza nazionale. Cela laisse Berlusconi sans racines solides dans le système. « D'une certaine façon, Berlusconi, une fois débarrassé des oripeaux anticommuniste, libéral et conservateur, ne peut plus s'appuyer que sur un discours simpliste, à forte connotation populiste, dénonçant les institutions judiciaires et les acteurs politiques traditionnels, décrits comme fossoyeurs du régime et traîtres à la volonté populaire[1]. » Au cours des années suivantes, commence le mouvement vers la « normalisation » (ce que j'appelle la logique différentielle). Surel mentionne trois changements fondamentaux. Le premier, c'est que le libéralisme économique joue un rôle de plus en plus central dans l'image que Berlusconi a de lui-même (il se compare à Margaret Thatcher, à Tony Blair et à José María Aznar). Le deuxième, c'est que Forza Italia devient un parti plus normal en ce qui concerne son fonctionnement interne – il cesse d'être une simple formation *ad hoc* contrôlée par la Fininvest. Le troisième, c'est que l'alliance entre les trois composantes de la coalition devient plus solide et plus intégrée au système des partis. À partir de là, les éléments populistes – même s'ils furent partiellement conservés dans les campagnes électorales – tendent à s'effacer. La logique équivalentielle sauvage cesse d'être le ciment idéologique de la coalition.

1. Yves Surel, « Berlusconi, leader populiste ? », art. cit., p. 123.

Tirons maintenant quelques conclusions théoriques plus générales de cette analyse. L'intérêt de l'exemple italien réside dans le fait que l'Italie avait le système politique le moins unifié d'Europe occidentale, celui dans lequel l'État national était le moins capable d'hégémonéiser les divers aspects de la vie sociale. Dans une telle situation, la communauté ne pouvait pas être considérée comme allant de soi et les demandes sociales ne pouvaient être absorbées qu'imparfaitement par l'appareil d'État central. Dans ces conditions, la construction d'un « peuple » revêtait une importance fondamentale ; la tentation populiste n'était jamais loin. La « nation » et la « région » comme limites de la communauté furent deux projets successifs fondés sur l'expansion de la logique des équivalences. Ni l'un ni l'autre de ces projets ne réussit à se transformer en principe de reconstruction de la communauté. À l'heure actuelle (fin 2004), dans l'équilibre instable entre logique différentielle et logique équivalentielle, c'est la première qui semble être en train de s'imposer en Italie. Cela confirme la caractérisation que propose Surel du populisme comme ensemble d'outils rhétoriques (signifiants flottants) qui peuvent être mis au service des idéologies les plus disparates. Mais ici il faut introduire une distinction fondamentale. Le fait que le sens politique de ces signifiants flottants dépend entièrement d'articulations conjoncturelles ne signifie pas nécessairement que leur usage implique une manipulation purement cynique ou instrumentale par les acteurs politiques. Ce pourrait être une bonne manière de décrire la *cosa nostra* de Berlusconi, mais cela ne permet pas de définir le populisme comme tel. Des gens comme Mao, de Gaulle ou Vargas (qui paya ses convictions de sa vie) croyaient profondément en leurs missions. Ce qu'on peut dire, en règle générale, c'est que plus les interpellations populistes jouent vraiment le rôle de signifiants vides – plus elles réussissent à unifier équivalentiellement la communauté –, plus elles vont faire l'objet d'un investissement radical. Et, évidemment, cet investissement n'a rien de superficiel. À l'inverse, dans une société très institutionnalisée, les logiques équivalentielles disposent de peu d'espace pour opérer ; en conséquence, la rhétorique populiste devient une sorte de marchandise sans la moindre profondeur hégémonique. Dans ce cas, c'est vrai, le populisme devient presque synonyme de démagogie mesquine.

Il faut maintenant aborder un dernier point. On peut conclure de notre analyse que le point central autour duquel se constitue un « peuple » reste dans une large mesure non défini. On peut avoir un populisme autour de l'État national, sur le modèle jacobin, un populisme régional, un ethnopopulisme, etc. Dans tous les cas, la logique équivalentielle fonctionnera de la même façon, mais les signifiants centraux unifiant la chaîne des équivalences, ces signifiants qui constituent la singularité historique, seront fondamentalement différents. En Amérique latine, par exemple, les mouvements populistes furent essentiellement des populismes d'État, qui essayèrent de renforcer le rôle de l'État central face aux oligarchies de propriétaires fonciers. C'est pourquoi les mouvements populistes latino-américains furent essentiellement des mouvements urbains, qui s'allièrent aux classes moyennes et populaires qui étaient en ascension dans la période 1910-1950. L'émergence de ce populisme se fit en deux temps. Dans un premier temps, la distance entre les demandes démocratiques et les formes de l'État libéral n'était pas trop grande. Le libéralisme avait été le régime en général établi par les oligarchies au pouvoir dans la plupart des pays latino-américains après la période d'anarchie et les guerres civiles qui suivirent l'indépendance. Un système électoral contrôlé par les propriétaires locaux dans les zones rurales, à quoi s'ajoutaient les secteurs urbains en formation également contrôlés par des réseaux clientélistes, telle fut la formule politique qui présida au développement économique et à l'intégration de l'Amérique latine dans le marché mondial pendant la deuxième moitié du XIXe siècle. Mais le développement économique provoqua une urbanisation rapide et l'expansion des classes moyennes et inférieures qui, vers la fin du XIXe et le début du XXe siècles (selon les pays) commencèrent à réclamer des politiques de redistribution et une participation politique accrue. Ainsi apparut un scénario populiste typique : l'accumulation de demandes non satisfaites qui cristallisèrent autour des noms des leaders populaires, et un vieux système clientéliste qui refusait toute ouverture politique. Au début, cependant, les demandes démocratiques et le libéralisme n'étaient pas antagoniques. Les demandes s'orientaient vers une démocratisation interne des systèmes libéraux. Plusieurs générations de réformateurs politiques démocrates émergèrent dans ce contexte : Irigoyen en Argentine, Battle y Ordóñez en

Uruguay, Madero au Mexique, Alessandro au Chili, Ruy Barbosa au Brésil. Dans certains cas, les réformes purent avoir lieu dans le cadre de l'État libéral : c'est ce qui se produisit avec les gouvernements de l'Union civique radicale en Argentine entre 1916 et 1930, et en Uruguay avec la réorganisation de l'État par le parti *colorado* sous la direction de Battle. Mais dans d'autres cas, la résistance des milieux oligarchiques fut trop forte, et les réformes démocratiques exigèrent un changement brutal de régime. C'est ce qui se passa au Chili avec le gouvernement d'Arturo Alessandri Palma dans les années 1920 : les forces conservatrices l'empêchèrent d'appliquer son programme démocratique, qui fut mis en œuvre par la dictature populiste du général Ibáñez.

Cependant, c'est seulement après l'effondrement économique du début des années 1930 que le populisme latino-américain devint plus radical. Les capacités de redistribution des États libéraux oligarchiques furent considérablement limitées par la crise, et les systèmes politiques devinrent de moins en moins capables d'intégrer les demandes démocratiques. Cela fut à l'origine d'un fossé entre le libéralisme et la démocratie, qui allait dominer la politique latino-américaine pendant les vingt-cinq années qui suivirent. Vargas et l'*Estado novo* au Brésil, le péronisme en Argentine, les gouvernement du MNR (Mouvement national révolutionnaire) en Bolivie devaient mettre en place des programmes de redistribution et de réformes démocratiques dans le cadre de régimes politiques qui étaient manifestement antilibéraux, et, dans certains cas, avaient des traits évidents de dictatures. Ce qu'il faut souligner, c'est que dans tous les cas le « peuple » constitué à travers les mobilisations associées à ces régimes avait une forte composante *étatiste*. La construction d'un État national fort en opposition à la puissance de l'oligarchie locale fut la caractéristique de ce populisme.

Si nous passons maintenant aux populismes d'Europe orientale, nous trouvons une situation qui était, pour une bonne part, à l'opposé de celle de l'Amérique latine[1]. Nous avons vu que dans les

1. Voir différents chapitres du livre de Brian Jenkins et Spyros A. Sofos, *Nation and Identity in Contemporary Europe*, et Guy Hermet, *Les Populismes dans le monde*, chapitre VIII.

populismes latino-américains domine un discours étatiste des droits des citoyens[1], alors qu'en Europe orientale nous avons affaire à un populisme ethnique qui essaie de mettre en valeur le particularisme des valeurs nationales de communautés spécifiques. La dimension étatiste, évidemment, n'est pas totalement absente, puisqu'il y a des tentatives évidentes de constitution d'États nationaux, mais cette construction, dans la plupart des cas, part de l'affirmation de la spécificité d'un groupe culturel défini localement, qui tend à exclure ou à restreindre considérablement les droits des autres minorités ethniques. Au parlement de Hongrie de 1914, par exemple, 407 des 413 sièges de députés furent occupés par des Magyars, alors que les Croates ou les Slovaques étaient à peine représentés[2]. Même si la déclaration révolutionnaire de 1849 sur le droit de la Hongrie à devenir un État indépendant ne reconnaissait pas de distinctions nationales entre collectivités ethniques, dans la pratique elle se traduisit par la soumission de toutes les autres collectivités à l'hégémonie magyar. De la même façon, le « peuple » kémaliste – Atatürk affirmait que son principe était le « populisme » – était censé être une entité homogène sans divisions internes, mais en réalité ce peuple s'identifia de plus en plus au nationalisme turc, sans qu'aucune attention particulière soit accordée à la situation des Arméniens, des Grecs ou des chrétiens d'Orient.

> Le peuple kémaliste s'est transformé dans ces conditions en une communauté culturellement homogène dont Atatürk disait qu'elle était constituée « par des paysans, des marchands et des ouvriers qui m'écoutent ». Ce n'est pas pour rien qu'il s'est targué d'être le « Père des Turcs », même s'il a masqué son déchirement en s'attachant au niveau des mots à un populisme civique dont il croyait peut-être qu'il compenserait le populisme ethnique qui transparaissait dans ses actes[3].

1. Cette affirmation doit cependant être nuancée. Dans les pays ayant une population indienne d'une certaine importance, il y eut un indigénisme qui à certains moments s'approcha du populisme ethnique.
2. Voir Guy Hermet, *Les Populismes dans le monde*, *op. cit.*, p. 253-254.
3. *Ibid.*, p. 255.

L'existence de très importantes minorités dans la plupart des pays d'Europe orientale signifiait qu'un discours purement universaliste était dans la plupart des cas totalement ridicule, et ne faisait que dissimuler la concentration *de facto* du pouvoir entre les mains du groupe ethnique dominant.

Il importe de voir comment commença ce processus de formation d'une identité culturelle ethnique. Le fait décisif est que, dans ces sociétés, les frontières étatiques ont toujours été particulièrement instables et, aussi, que pendant la plus grande partie de leur histoire, elles avaient été soumises à des puissances occupantes. Dans ces conditions, l'identification à l'État était faible, et les appartenances culturelles communautaires tendirent à devenir décisives.

> Dans tous les cas, le maintien séculaire de l'identité des peuples de l'Europe centrale et orientale face à des maîtres qui, plus que des seigneurs, étaient des occupants étrangers, n'a guère requis de support intellectuel puisqu'il reposait avant tout sur le constat direct, spontané et quasiment instinctif d'une opposition absolue à ceux-ci. [...] De ce sentiment de différence puissant est née une conscience de soi qui ne pouvait qu'être « démotique », puisqu'elle ne pouvait se référer ni à l'État des oppresseurs ni à celui – introuvable – des opprimés. Conscience fondée par conséquent sur la langue commune, la religion ancestrale, l'attachement au terroir, les souffrances ou les brimades partagées, ainsi que sur les conditions de vie communes, dépassant les limites du village ou du voisinage pour s'étendre confusément à une « ethnie » entière y compris ses membres totalement inconnus[1].

L'élaboration intellectuelle d'une conscience commune – l'invention d'un passé mythique – s'étendit sur plusieurs siècles. Au début, les prêtres jouèrent un rôle essentiel : ils connaissaient très bien les conditions locales, et leur réseau était le seul type d'institution auquel les gens pouvaient s'identifier. Au cours des deux derniers siècles, cependant, la contribution des intellectuels laïques devint essentielle. Guy Hermet distingue trois moments dans ce processus. Dans une première étape, des élites détachées de la politique

1. *Ibid.*, p. 268.

cherchèrent à préserver la valeur de la production artistique et littéraire locale dans le contexte de l'Empire austro-hongrois. Dans une deuxième étape, ce mouvement s'étendit plus largement aux milieux bourgeois de moins en moins attachés à l'hégémonie culturelle de l'Autriche, et qui tentèrent de défendre leur langue natale. Enfin, l'influence de ces tendances nationalistes ethniques s'étendit à des milieux plus modestes, et c'est alors que ce mouvement prend des connotations politiques et s'accompagne d'un programme nationaliste et populiste.

Cette dernière transition soumit les signifiants de l'appartenance communautaire à toutes les pressions inhérentes à une lutte hégémonique : d'une part, ils furent liés sous des formes antagoniques au processus de construction d'un État, de l'autre, leur impact équivalentiel dépendit largement du mode de construction de l'ennemi, et des objectifs idéologiques de leur attrait. Dans certains cas, le populisme fut lié au projet de construire des États libéraux de type occidental, mais dans la plupart des cas il fut associé à des tentatives xénophobes visant à s'opposer à des voisins immédiats et à exclure les minorités intérieures. En outre, il oscilla en permanence entre la gauche et la droite. En Roumanie, par exemple, nous assistons à un mouvement idéologique en zigzag qui vit les signifiants populistes être articulés de la manière la plus contradictoire après la création du pays comme entité autonome en 1858. Ainsi, il y eut le populisme agraire du prince Alexandre Cuza, qui s'opposa au pouvoir des grands propriétaires fonciers ; la tentative du prince Charles de Hohenzollern-Sigmaringen visant à instaurer, au contraire, un régime favorisant les propriétaires fonciers, mais tout aussi populiste dans ses symboles ; les gouvernements du maréchal Alexandre Averescu de 1920-1921 et 1926-1927, qui essayèrent de rassembler les couches sociales les plus disparates ; le populisme monarchique du roi Carol II ; et enfin la prise du pouvoir par le maréchal Antonescu et sa Garde de fer, dont l'orientation était clairement profasciste. Dans tous ces cas, un même ensemble de signifiants passa d'un projet politique à un autre. C'est leur vide même qui rendit possible cette circulation. Souvenons-nous que le régime communiste de Ceaucescu utilisa largement, avec quelques modifications seulement, ces signifiants populistes. Leur autonomie même rendit possible une large oscillation entre différentes constellations idéologiques. (Autre exemple : pensons aux retournements idéologiques d'un leader comme Joseph Pilsudski en Pologne). Mais les signifiants populistes peuvent aussi être associés à une orientation de gauche : il suffit de rappeler les efforts de réforme agraire des gouvernements d'Alexandre Stambolijski dans la Bulgarie des années 1920.

Le véritable intérêt de l'expérience des pays d'Europe orientale est de nous montrer, presque à l'état naissant, un aspect de l'émergence d'un « peuple » que je n'ai pas totalement analysé. Tous les exemples que j'ai mentionnés concernaient la construction d'une frontière *interne* dans une société *donnée*. Dans le cas de l'« ethnopopulisme », nous avons plutôt affaire à une tentative visant à établir les limites de la communauté. Cela entraîne une série de conséquences. La première est que le vide des signifiants constituant le « peuple » est sévèrement limité dès le début. Les signifiants unifiant l'espace communautaire sont attachés d'une manière rigide à des signifiés précis. Le vide, nous le savons, est la condition de l'expansion infinie d'une chaîne d'équivalences. Cela présuppose la division interne du champ social. Mais ici cette division a été annulée : il n'y a pas de *plebs* prétendant être un *populus*, puisque la *plebs* et le *populus* se confondent. L'« autre » auquel on s'oppose est extérieur à la communauté, et non intérieur. Le principe ethnique établit dès le début quels sont les éléments qui peuvent entrer dans la chaîne des équivalences. Il n'y a aucune possibilité de pluralisme pour l'ethnopopulisme. Les minorités peuvent exister dans le territoire ainsi défini, mais leur condition permanente doit être une condition marginale une fois que le principe ethnique a défini les limites de l'espace communautaire. La liquidation de populations entières est toujours une possibilité latente quand la construction discursive de la communauté procède suivant des lignes purement ethniques. Et les tendances autoritaires de cette logique politique sont évidentes : puisque l'autre côté de la chaîne des équivalences est en dehors de la communauté, cette dernière ne peut se fonder que sur une logique différentielle comme principe d'organisation. Une tendance à l'uniformité politique en résulte nécessairement.

Un bon exemple en est la désintégration de la Yougoslavie contemporaine[1]. Le projet de Tito après la Seconde Guerre mondiale avait été de renforcer l'identité yougoslave tout en accordant aux différentes républiques un grand degré d'autonomie – une autonomie qui fut renforcée par des révisions constitutionnelles successives. Si cette double opération avait réussi, nous aurions eu une relation d'équivalence entre les différentes identités nationales et un fort attachement à l'État fédéral. Mais en réalité le processus prit la direction opposée, les tendances centrifuges l'emportèrent. Cette tendance s'accéléra après la mort de Tito, et mena à l'émergence de ce que Spyros A. Sofos a appelé des « nationalismes populistes ». En Serbie, l'ascension de Milosevic se produisit dans le contexte d'une poussée nationaliste autour du rêve d'une « grande Serbie » et de l'agitation contre la présence des Albanais au Kosovo[2], qui orienta la Serbie vers la confrontation avec les autres républiques. En Croatie aussi, la possibilité d'une société pluriethnique fut minée dès le départ, et remplacée par une tentative – largement victorieuse – de création d'une société ethniquement unifiée.

> Depuis l'indépendance, le nationalisme croate a été une caractéristique centrale de la vie sociale et politique de la société croate. [...] La fusion du nationalisme avec l'idéologie des cercles conservateurs au sein de l'Église catholique a aussi mené à l'émergence d'un puissant mouvement de la *majorité sociale nationaliste* qui, au nom de la nation, a poursuivi l'instauration d'une société « moralement saine », dans laquelle l'intérêt national prévaudrait sur les intérêts et les droits sectoriels et individuels. En s'appuyant essentiellement sur ces

1. Voir Spyros A. Sofos, « Culture, Politics and Identity in Former Yugoslavia », *in* Brian Jenkins et Spyros A. Sofos (dir.), *National Identity in Contemporary Europe*, *op. cit.*, p. 251-282.

2. « Le régime encouragea la résurrection de rituels orthodoxes-serbes, comme les baptêmes de masse de Serbes et de Monténégrins à Kosovo Polje, ou la procession des prétendues reliques du prince Lazar à travers une série de sites sacrés et de monastères sur le route de Kosovo Polje où ils furent inhumés. Le retour du prince vaincu sur le lieu où les Serbes avaient été vaincus par les Turcs et où il perdit la vie donna l'impression d'un cercle complet, d'un “nouveau départ”. Les deux rituels constituaient une confirmation symbolique de la volonté de la nation serbe de restaurer et de retrouver sa dignité » (*ibid.*, p. 279, n. 35).

électeurs sociaux et politiques, l'élite politique dirigeante a réussi à maintenir son contrôle sur l'État, l'économie et les mass media et à éliminer les demandes de démocratisation[1].

En Bosnie-Herzégovine, le problème était particulièrement complexe, étant donné que, selon le recensement de 1991, la population du pays était formée de 43,7 % de musulmans, 31,4 % de Serbes, 17,3 % de Croates et 5,5 % de Yougoslaves. En conséquence, l'éventail politique était divisé sur la base de séparations ethniques, et la guerre était inévitable. Les nationalistes serbes, dirigés par Vojslav Seselj, s'engagèrent dans des activités terroristes dans les zones rurales ; le HOS – un parti croate ultranationaliste – exigea l'annexion de la Bosnie par la Croatie ; le Parti musulman d'Action démocratique, dirigé par Aliji Izetbegovic, fit preuve d'une attitude tout aussi intransigeante à l'égard des groupes ethniques non musulmans.

Il faut ajouter une dernière conclusion à nos analyses. Il est important de comprendre que l'universalisme abstrait n'a pas seulement pour contraire le type de populisme ethnique que je viens de décrire. Tout dépend des liens composant la chaîne des équivalences, et il n'y a aucune raison de penser que celles-ci doivent forcément appartenir à un groupe ethnique homogène. Il est parfaitement possible de constituer un « peuple » de façon qu'un grand nombre des demandes d'une identité plus globale soient « universelles » dans leur contenu, et traversent différentes identités ethniques. Dans ce cas, les signifiants unissant la chaîne des équivalences seront nécessairement plus vides et moins attachés à des communautés particulières, que celles-ci soient ethniques ou d'un autre type. Je pense que c'est de ce problème dont veut parler Jürgen Habermas quand il parle de « patriotisme constitutionnel ».

> Le contenu éthique du patriotisme constitutionnel ne doit pas porter atteinte à la neutralité de l'ordre juridique vis-à-vis des communautés dont l'intégration éthique s'opère au-dessous du niveau politique ; il faut, au contraire, que ce contenu aiguise la sensibilité des citoyens à

1. *Ibid.*, p. 268-269.

> la diversité différentielle et à l'intégrité des différentes formes de vie qui coexistent dans une société multiculturelle. Il est essentiel de maintenir la distinction entre ces deux niveaux d'intégration. Dès qu'ils coïncident, la culture majoritaire usurpe les privilèges de l'État aux dépens de l'égalité des droits d'autres formes de vie culturelle et offense donc leur exigence de reconnaissance réciproque. La neutralité du droit à l'égard des différenciations éthiques internes s'explique déjà par le fait que, dans les sociétés complexes, la totalité des citoyens ne peut plus être unie par un consensus substantiel sur les valeurs, mais seulement par un consensus sur les procédures d'instauration légitime du droit et d'exercice du pouvoir[1].

Tout en étant d'accord avec Habermas sur la nécessité de séparer les deux niveaux dont il parle, je ne crois pas que cette distinction puisse prendre la forme d'une opposition entre valeurs substantielles et procédurales – ne serait-ce que parce que pour accepter la légitimité de certaines procédures, il faut partager les valeurs substantielles d'autres personnes. La vraie question devrait être celle-ci : quelles sont les valeurs substantielles que les gens devraient partager pour que soit possible la distinction entre les deux niveaux d'Habermas ? J'ai déjà commencé à répondre à cette question : dans les sociétés contemporaines, nous n'avons pas simplement une juxtaposition de groupes ethniques culturels séparés, nous avons aussi des mois multiples, des gens constituant leurs identités dans une pluralité de positions de sujets. De cette façon, les demandes de degrés variables d'universalité peuvent entrer dans la même chaîne d'équivalences, et un genre d'universalité hégémonique peut émerger. Mais cette universalité est composée aussi bien d'affirmations substantielles que d'affirmations procédurales.

1. Jürgen Habermas, *L'Intégration républicaine. Essais de théorie politique*, traduit de l'allemand par Rainer Rochlitz, Paris, Fayard, 1998, p. 230.

8

Obstacles et limites à la construction du « peuple »

On peut tirer une conclusion de l'ensemble de l'analyse qui précède : l'émergence d'un « peuple » n'a rien d'automatique. Au contraire, celle-ci est le résultat d'une construction complexe qui peut, entre autres possibilités, ne pas atteindre son objectif. Les raisons en sont claires : les identités politiques sont le résultat de l'articulation (c'est-à-dire de la tension) de logiques opposées, les logiques de l'équivalence et de la différence, et le simple fait que l'équilibre entre ces deux logiques soit rompu par la prédominance de l'un de ces deux pôles au-delà d'un certain point suffit à causer la désintégration du « peuple » comme acteur politique. Si la différenciation institutionnelle domine de manière excessive, l'homogénéisation équivalentielle qu'exigent les identités populaires comme condition préalable à leur constitution devient impossible. Si l'hétérogénéité sociale (qui, nous l'avons vu, est une autre forme de différenciation) l'emporte, il n'y a, pour commencer, aucune possibilité d'établir une chaîne d'équivalences. Mais il importe également de comprendre qu'une équivalence *totale* empêcherait elle aussi l'émergence du « peuple » comme acteur collectif. Une équivalence qui serait totale cesserait d'être une équivalence pour se transformer en pure identité : il n'y aurait plus une chaîne mais une masse homogène, indifférenciée. Cette situation est la seule à laquelle réfléchirent les premiers psychologues des foules, et c'est à elle qu'ils assimilèrent, à tort, toutes les formes de mobilisation populaire.

La conclusion que nous pouvons tirer de tout cela, c'est que la construction d'un « peuple » peut facilement échouer. J'analyserai maintenant trois expériences qui illustrent certaines des possibilités dont je viens de parler.

De la plate-forme d'Omaha à la défaite électorale de 1896[1]

Le Parti du Peuple d'Amérique (People's Party of America) fut créé en 1892 à Saint Louis. Sa plate-forme, qui fut par la suite reprise presque mot pour mot par la plate-forme d'Omaha au mois de juillet de la même année, essayait de décrire les maux dont souffrait la société américaine et de définir les grandes lignes de la coalition qui pourrait y remédier :

> Nous nous réunissons dans une nation qui se trouve au bord de la ruine morale, politique et matérielle. La corruption est maîtresse des urnes, des élus, du Congrès, et touche même les magistrats. Le peuple est démoralisé. De nombreux États ont été conduits à isoler les électeurs dans les lieux de vote de façon à empêcher le recours systématique à l'intimidation et aux pots-de-vin. Les journaux sont subventionnés ou muselés ; l'opinion est réduite au silence ; les affaires stagnent, nos maisons sont couvertes d'hypothèques, les travailleurs sont réduits à la pauvreté, et la terre est concentrée entre les mains des capitalistes. On nie aux travailleurs des villes le droit de s'organiser pour se protéger ; le recours à la main-d'œuvre étrangère fait baisser leurs salaires ; une armée permanente de mercenaires, non reconnue par nos lois, a été constituée pour les tuer, et leurs conditions se dégradent rapidement pour rejoindre celles de l'Europe. On dérobe sans vergogne à des millions d'hommes le fruit de leurs efforts pour amasser des fortunes colossales, sans précédent dans l'histoire du monde, dont les possesseurs méprisent la république et mettent la liberté en danger. Du même ventre prolifique de l'injustice gouvernementale sont issues deux grandes classes – les pauvres et les millionnaires. Le pouvoir national de créer de l'argent a été confisqué pour enrichir les porteurs d'obligations ; l'argent, qui a été accepté comme monnaie depuis l'aube de

1. La littérature consacrée au populisme américain au XIXe siècle est extrêmement abondante, et a souvent été soumise à des tournants interprétatifs déterminés par des partis pris idéologiques. Pour une bonne mise au point sur cette question, voir Margaret Canovan, *Populism*, Londres, Junction Books, 1981, p. 46-51. Ma lecture personnelle de cette période a été particulièrement influencée par Lawrence Goodwyn, *Democratic Promise : The Populist Movement in America*, New York, Oxford University Press, 1976 ; et Michael Kazin, *The Populist Persuasion*, Ithaca, New York, Londres, Cornell University Press, 1998.

> l'histoire, a été démonétisé pour accroître le pouvoir d'achat de l'or en diminuant la valeur de toutes les formes de propriétés ainsi que celle du travail humain ; et l'offre de monnaie est limitée pour engraisser les usuriers, réduire les entreprises à la faillite et asservir l'industrie. Une vaste conspiration contre l'humanité a été organisée sur deux continents et prend possession du monde. Si on ne s'y oppose pas et si on ne lui inflige pas tout de suite une défaite, elle annonce de terribles convulsions sociales, la destruction de la civilisation ou l'établissement d'un despotisme absolu[1].

Cette déclaration fut suivie d'une série de demandes, dont certaines concernaient la démocratisation monétaire, la redistribution des terres, la nationalisation du système des transports, la frappe illimitée de l'argent, le contrôle de l'usage des impôts, et le contrôle par le gouvernement du télégraphe, du téléphone et du système postal.

On a donc affaire à une tentative de dichotomisation de l'espace social en deux camps antagoniques. Le moyen permettant d'atteindre cet objectif devait être la création d'un troisième parti qui briserait le modèle bipartidaire américain. Du point de vue des agriculteurs, colonne vertébrale du mouvement populiste, l'idée d'un Parti du peuple, était l'aboutissement d'un long processus qui avait commencé avec l'Alliance des agriculteurs (Farmers' Alliance) dans les années 1870, au cours duquel plusieurs mobilisations et plusieurs projets de coopération avaient été lancés, sans succès durable. Il devint donc de plus en plus clair pour les agriculteurs que tout pas en avant de leur cause exigeait une intervention politique directe (une orientation qui se dessina lentement dans l'esprit des agriculteurs, et à laquelle beaucoup se résignèrent sans enthousiasme). Cela les obligea à s'aventurer sur un territoire inconnu. Il leur fallut minimiser la nature sectorielle de leurs demandes et construire une chaîne d'équivalences beaucoup plus large et complexe pour que le « peuple » apparaisse comme nouvel acteur collectif sur le terrain de la politique nationale. Ce n'était évidemment pas la première fois qu'on tentait de former un troisième parti dans la vie politique américaine.

---

1. Ce document est reproduit dans l'ouvrage de John D. Hicks, *The Populist Revolt. A History of the Farmers' Alliance and the People's Party*, Lincoln, University of Nebraska Press, 1970, p. 435-439.

> Pendant vingt ans, ceux qui critiquaient les Démocrates et les Républicains avaient participé aux élections, au niveau national, dans les différents États et localement, sous diverses étiquettes : Prohibition Party, Greenback Party, Anti-Monopoly Party, Labor Reform, Union Labor, Working Men, et des centaines de partis indépendants à l'échelle locale et des différents États dont le nom même exprimait le rejet des règles du jeu électoral. Les politiciens en place avaient pris l'habitude de déployer toutes les armes linguistiques et juridiques nécessaires – la dérision, la répression et la cooptation – pour écraser ces concurrents désunis mais tenaces[1].

Mais le Parti du Peuple aspirait à aller au-delà de ces premières tentatives de caractère sectoriel, local ou portant sur un thème précis ; son objectif était la constitution d'un langage politique vraiment national.

Même si une nouvelle confrontation globale avec les puissances en place était, pour les populistes, un terrain inexploré, ce n'était pas un terrain totalement vierge. Depuis la période précédant la Guerre civile, toute une tradition populiste de défense des petits contre une oligarchie financière corrompue existait, principalement en tant qu'élément de l'héritage idéologique de Jefferson et de Jackson. La séparation entre les hommes ordinaires et ceux qui évoluaient dans les hautes sphères du pouvoir était le leitmotiv de cette tradition, même si la caractérisation de l'élite méprisée variait d'une version à une autre.

> Pour les jeffersoniens, elle [l'élite] était une fraction probritannique de marchands, de propriétaires fonciers et de religieux conservateurs ; pour les jacksoniens, c'était un « pouvoir financier » dirigé par des cosmopolites bien nés. Pour les militants du nouveau Parti républicain des années 1850, c'était le « pouvoir esclavagiste » du Sud qui restreignit les libertés civiles et diminua les revenus des Blancs du Nord[2].

La tâche des populistes des années 1890 était donc de puiser dans cette tradition et de la reformuler dans des termes inédits, en tenant compte du contexte nouveau dans lequel ils intervenaient.

---

1. Michael Kazin, *The Populist Persuasion*, *op. cit.*, p. 27.
2. *Ibid.*, p. 16.

La situation à laquelle le People's Party était confronté présentait tous les éléments que j'ai mentionnés comme caractéristiques du tournant populiste de la politique ; un mécontentement général à l'égard du *statu quo*, le début de la constitution d'une chaîne équivalentielle de demandes centrées sur quelques symboles faisant l'objet d'un fort investissement, une défiance croissante à l'égard du système politique dans son ensemble. Cependant, comme nous l'avons vu, une chaîne d'équivalences est formée de maillons qui sont divisés entre le particularisme des demandes qu'ils représentent et le sens plus « universel » donné par leur opposition commune au *statu quo*. Toute la réussite de l'opération populiste dépend de la prédominance du moment universaliste sur le moment particulariste. Ce triomphe était loin d'être assuré :

> La coalition naissante de producteurs sur laquelle les populistes fondèrent leurs espoirs était un amalgame instable de groupes sociaux et d'organisations politiques qui avaient des priorités contradictoires. Les petits agriculteurs angoissés par leurs dettes voulaient une augmentation de l'offre de monnaie ; les travailleurs blancs des villes craignaient une hausse des prix de la nourriture et des loyers. Les prohibitionnistes et les partisans d'une réforme monétaire s'opposaient les uns et les autres au grand capital mais n'étaient pas d'accord lorsqu'il s'agissait de savoir quel était son pire péché – la contrebande de l'alcool ou l'étranglement du crédit. Et les voix socialistes dans toute leur diversité – chrétiens, marxistes et bellamytes – étaient en désaccord avec les rebelles les plus syndicalistes et agrariens, qui affirmaient leur foi dans la propriété privée et la malléabilité de la structure de classe. La politique de ces années-là se caractérisa par des luttes fractionnelles incessantes ; ce n'est qu'en 1892 que la plupart des groupes cessèrent de défendre leurs panacées pendant assez longtemps pour s'unir derrière le même troisième parti[1].

Le dépassement de ces luttes fractionnelles exigeait à la fois l'élaboration d'un langage commun et la neutralisation des tendances particularistes centrifuges. Ces tendances pouvaient être de deux sortes.

1. *Ibid.*, p. 30.

En premier lieu, il y avait les secteurs qui étaient hétérogènes par rapport à l'espace principal de représentation politique (au sens que nous avons attribué à la catégorie de l'hétérogénéité dans le chapitre v). Parmi ces secteurs, la population noire occupait une place essentielle. La plupart des populistes ne remettaient pas en cause le dogme de la suprématie blanche. La manière pragmatique de traiter la question fut d'éliminer toute idée d'un ordre biracial, et de s'adresser aux Noirs seulement pour les questions d'intérêts économiques partagés. Il n'y a donc rien d'étonnant à ce que ces tentatives aient été accueillies sans enthousiasme par les Noirs :

> Les populistes continuèrent à supposer, comme l'avaient fait leurs prédécesseurs jeffersoniens et jacksoniens, que les « gens simples » étaient ceux qui avaient la peau blanche et possédaient traditionnellement de la terre ou un atelier. Il n'est pas surprenant que dans leur majorité les Noirs n'aient pas accepté l'offre limitée des populistes et qu'ils aient voté, là où ils étaient encore autorisés à le faire, pour le parti de Lincoln ou pour celui de leurs maîtres ancestraux[1].

Il faut ajouter que cette ambiguïté vis-à-vis des Noirs n'exista pas face aux immigrés d'origine asiatique : ceux-ci étaient totalement et irrémédiablement exclus. La littérature des Knights of Labor (Chevaliers du Travail) et de la Farmers' Alliance regorge de références méprisantes aux « Asiatiques » et aux « Mongols ».

En dehors de ces secteurs, qui entrent dans la catégorie générale de l'« hétérogène », il y avait aussi ceux que le discours populiste essayait réellement d'interpeller, mais dont le particularisme différentiel résistait à leur intégration à la croisade populiste. Les relations entre le People's Party et les Knights of Labor, par exemple, furent toujours tendues, beaucoup d'ouvriers et d'artisans ignorant l'appel populiste. Le discours évangéliste chrétien des zones rurales ne trouva pas un écho favorable parmi les ouvriers d'origine étrangère qui, bien souvent, n'étaient pas protestants[2].

La volonté d'obtenir une inscription équivalentielle qui prévaudrait sur ce particularisme différentiel tourna autour de la définition

1. *Ibid.*, p. 41.
2. *Ibid.*, p. 43.

des « producteurs » (par opposition aux « fainéants » ou aux « parasites ») qui devait être suffisamment vague et abstraite pour intégrer tous les secteurs de la population. Cependant, comme le signale Kazin, c'était là une arme à double tranchant : si le mot « producteurs » devenait un signifiant vide par le relâchement des liens l'attachant à des référents particuliers, il pouvait aussi être approprié par des secteurs différents des populistes, et être réinscrit dans une autre chaîne équivalentielle – autrement dit, il pouvait se transformer en signifiant flottant. Cette référence multiple à laquelle tendaient les discours populistes se refléta dans la plate-forme du mouvement.

> Aux cultivateurs couverts de dettes, ils promirent une augmentation de l'offre de monnaie, l'interdiction de posséder la terre aux étrangers, et le contrôle par l'État des chemins de fer, qui avaient très souvent imposé aux petits cultivateurs les tarifs les plus élevés. En ce qui concerne les salariés, ils appuyèrent le combat pour la réduction de la journée de travail, appelèrent à l'interdiction de l'agence Pinkerton et déclarèrent que « les intérêts des travailleurs des campagnes et des villes sont les mêmes ». Pour les partisans de la réforme monétaire et les habitants des États miniers de l'Ouest, ils exigèrent la liberté de frapper des monnaies d'or et d'argent. Il y eut des « résolutions supplémentaires », ajoutées à la plate-forme, entre autres une « promesse » de continuer à verser les pensions de santé déjà accordées aux anciens combattants de l'Union et le soutien au boycott d'une usine textile de Rochester dans laquelle les Chevaliers du travail avaient déclenché une grève[1].

Nous avons donc une « guerre de position » exemplaire entre une tentative populiste d'inscription équivalentielle et une logique différentielle qui y résiste. Les limites à la constitution du « peuple » s'exprimèrent dans les résultats électoraux de 1892 et 1894 : même si le total des voix obtenues par le People's Party fut considérable, ces voix se concentraient presque entièrement dans le Sud et l'Ouest, au-delà du Mississipi. Il était évident que, si le Parti devait devenir une alternative vraiment nationale, il devait d'une manière ou d'une autre faire un pas en avant et se montrer audacieux. Cela poussa les

1. *Ibid.*, p. 38.

populistes à soutenir lors des élections de 1896 le candidat démocrate William Jennings Bryan, dont la plate-forme contenait plusieurs points rappelant les populistes (même si elle insistait de façon excessive sur la question de l'argent).

Les élections américaines de 1896 ont une valeur quasi paradigmatique pour notre sujet, parce que les deux camps en présence illustrent, sous leur forme la plus pure, ce que j'ai appelé les logiques de l'équivalence et de la différence. Le succès de la campagne électorale de Bryan dépendait entièrement de la constitution du « peuple » en acteur historique – autrement dit, de la victoire des identifications équivalentielles universelles sur les identifications sectorielles. L'unité des forces politiques qui le soutenaient devait ainsi être affirmée à n'importe quel prix. Le passage suivant est caractéristique de son discours :

> Quand je regarde les visages de ces gens et quand je me rappelle que nos ennemis les qualifient de populace, et disent qu'ils sont une menace pour un gouvernement libre, je demande : qui aura le peuple avec lui ? Je suis fier d'avoir avec moi dans cette campagne le soutien de ceux qui s'appellent les gens ordinaires. Si j'avais derrière moi les grands trusts et leurs combinaisons, je sais qu'aussitôt que je serais installé ils exigeraient que j'utilise mon pouvoir pour voler le peuple pour eux[1].

Contre le « peuple », la campagne de McKinley – dirigée par son conseiller, Mark Hanna – inventa le mot d'ordre de « société progressiste ». Il n'y avait là aucun appel à une masse homogène, indifférenciée, mais au développement organique, organisé, d'une société, dont chaque membre occupait un lieu spécifique, et dont le centre était une élite identifiée aux valeurs américaines.

> Étant donné la potentialité dans les urnes du thème du « peuple » contre « les grands trusts et les combinaisons », les Républicains ne pouvaient évidemment pas se permettre que la campagne se décide sur cette base-là. L'idée concurrente de la « société progressiste » se

1. Cité par Lawrence Goodwyn, *Democratic Promise : The Populist Movement in America*, *op. cit.*, p. 523.

> matérialisa lentement à partir des valeurs symboliques liées à l'étalon-or [...]. Mais peu à peu [...] les thèmes plus larges de « paix, progrès, patriotisme, et prospérité » finirent par caractériser la campagne en faveur de William McKinley. La « société progressiste » avancée par Mark Hanna au nom de la communauté industrielle était intrinsèquement une société de gens bien habillés et pratiquants. Les différents slogans avancés n'étaient pas la simple expression d'une politique cynique mais une manière authentique d'affirmer une vision du monde américaine en train d'émerger[1].

Comme l'affirme Goodwyn, le parti de Lincoln était devenu le parti des affaires et l'incarnation politique de l'Amérique industrielle.

> Il était blanc, protestant et yankee. Il sollicitait les voix de tous les électeurs qui n'étant pas blancs, ni protestants ni yankees, qui approuvaient volontairement les nouvelles normes culturelles qui définissaient la civilité dans la société progressiste en train d'émerger. Le mot « patriotique » avait fini par suggérer les choses que les Yankees protestants possédaient [...]. Le mur érigé par la société progressiste contre « le peuple » représentait plus que la victoire de McKinley sur Bryan, plus même que l'approbation de la concentration industrielle massive ; il marquait les limites acceptables de la culture démocratique elle-même. Il était enfin possible de laisser de côté la « bloody shirt » [la chemise ensanglantée de ceux qui avaient combattu pour l'Union pendant la Guerre civile] : le parti des entrepreneurs avait créé dans la société en général les valeurs culturelles qui devaient le soutenir au XXe siècle[2].

Ainsi, la défaite de la « promesse démocratique » implicite dans le populisme américain se conforma au modèle que nous avons analysé dans ce livre ; la dissolution des liens équivalentiels et l'incorporation différentielle de secteurs dans une société organique plus élargie (le « transformisme », pour reprendre le terme de Gramsci). Et cette intégration différentielle ne fut évidemment pas égalitaire, mais hiérarchique. Je citerai Goodwyn encore une fois :

1. *Ibid.*, p. 534.
2. *Ibid.*, p. 532-533.

> Pour un nombre croissant d'Américains, le triomphe du credo du monde des affaires équivalait à, pour ne pas dire dépassait, une internalisation consciente ou inconsciente des préjugés suprématistes blancs. Associé au nouveau sentiment de prérogative inclus dans l'idée de progrès, le nouvel éthos signifiait que les entrepreneurs républicains pouvaient intimider les employés démocrates dans le Nord, que les entrepreneurs démocrates pouvaient intimider les populistes et les républicains dans le Sud, que les entrepreneurs pouvaient partout acheter les législateurs, et que les Blancs pouvaient partout intimider les Noirs et les Indiens[1].

Les six flèches d'Atatürk

Dans le cas de l'Amérique, nous avons vu un populisme appuyé sur une base qui trouva ses limites dans l'impossibilité de réinscrire les différences dans une chaîne d'équivalences. Les différenciations institutionnelles finirent par l'emporter sur les réarticulations dichotomiques. Tout le mouvement politique populiste consista en équivalences spontanées qui cherchaient la dissolution des limites différentielles. La victoire de la « société progressiste » sur le « peuple » signifia l'échec de cette tentative de dissolution. Mais le terrain sur lequel opérait le populisme était celui des équivalences spontanées. Que se passe-t-il si le « peuple » est conçu comme une entité *a priori* homogène postulée à partir d'un centre de pouvoir qui, au lieu d'être le précipité social d'une interaction équivalentielle de demandes démocratiques, est perçu comme ce qui détermine la substance identique que toute demande exprime ? Dans ce cas, la scission interne inhérente à toute demande démocratique dans la chaîne d'équivalences s'effondre, le « peuple » perd ses différenciations internes et est réduit à une unité substantielle. Le « peuple » peut encore être conçu comme une force radicale opposée au *statu quo* existant, mais il n'est plus un opprimé ; l'hétérogénéité essentielle qui est la base de toute identité populiste a été abandonnée et remplacée par une unité homogène. C'est ce qui

1. *Ibid.*, p. 535.

s'est passé en Turquie, et cela explique pourquoi le kémalisme a pu être un discours radical de rupture mais n'a jamais été populiste.

Considérons les six mots-clés du programme de la République turque qui étaient représentés sous la forme de six flèches sur l'emblème du Parti républicain du peuple au début des années 1930 : le républicanisme, le nationalisme, le populisme, le révolutionnarisme, le laïcisme et l'étatisme[1]. Ces mots étaient censés être les piliers de l'idéologie kémaliste. Commençons par le populisme. Le sens donné à ce terme dans ce livre – les opprimés, une *plebs* prétendant être le *populus* – n'est pas celui que nous trouvons dans la notion de *halkçilik* (populisme) ; cette dernière exclut toute idée d'antagonisme ou de division interne. Paul Dumont le signale :

> [Le populisme] impliquait un attachement à l'idée de démocratie et une activité intellectuelle militante visant à conduire le peuple sur la voie du progrès. Mais il avait aussi un sens beaucoup plus spécifique : une vision de la nation turque comme constituée non pas de classes mais de groupes professionnels solidaires, étroitement interdépendants. C'était une version turque des idées solidaristes exprimées par l'homme politique radical français Léon Bourgeois et le sociologue Émile Durkheim[2].

Dans le même ordre d'idées, l'idéologue Ziya Gökalp définit le populisme de la façon suivante :

> Si une société comprend un certain nombre de strates ou de classes, cela signifie qu'elle n'est pas égalitaire. Le but du populisme est de supprimer les différences de classes ou de strates et de les remplacer par une structure sociale composée de groupes professionnels solidaires les uns des autres. En d'autres termes, nous pouvons résumer le populisme en disant : il n'y a pas de classes, il y a des métiers[3].

1. Voir Paul Dumont, « The Origins of Kemalist Ideology », *in* Jacob M. Landau, Boulder (dir.), *Atatürk and the Modernization of Turkey*, Colorado, Westview Press, 1984, p. 21-44.
2. *Ibid.*, p. 31.
3. *Ibid.*, p. 32.

Et un théoricien du kémalisme, Mahmut Esat Bozkurt, écrivit en 1938 :

> Aucun parti du monde civilisé n'a jamais représenté toute la nation aussi complètement et aussi sincèrement que le Parti républicain du peuple. D'autres partis défendent les intérêts de diverses classes et strates sociales. Pour notre part, nous ne reconnaissons pas l'existence de ces classes et de ces strates. Pour nous, toutes sont unies. Il n'y a pas de seigneurs, de maîtres ni d'esclaves. Il n'y a qu'un seul ensemble et cet ensemble est la nation turque[1].

Nous sommes apparemment aux antipodes de notre conception du populisme : alors que celle-ci implique la division dichotomique de l'espace communautaire, le populisme d'Atatürk présuppose une communauté sans fractures, sans divisions internes. Cependant, nous ne pouvons pas éviter d'avoir l'impression qu'il y a quelque chose de l'ordre de la rupture radicale dans la conception du « peuple » d'Atatürk. Comment cela est-il possible ? La réponse à cette énigme se trouve dans l'articulation entre le populisme kémaliste et les cinq autres flèches.

Considérons maintenant le « révolutionnarisme ». Il y eut une certaine hésitation à l'époque entre deux mots, *inkilab* et *ihtilal*. « Le mot ottoman qui se rapproche le plus [du mot « révolutionnarisme »] est *ihtilal*, qui exprime l'idée de changement soudain et violent dans l'ordre politique et social. *Inkilab* implique un changement radical exécuté avec ordre et méthode. À la différence de *islahat*, "réforme", il ne s'applique pas aux améliorations partielles introduites dans certains secteurs limités de la vie sociale, mais aux tentatives de métamorphose sociale[2]. » Cela est essentiel : l'ingénierie sociale progressive comme méthode de changement social est radicalement exclue. La constitution du « peuple » doit être un événement soudain et total. La même chose est vraie du « républicanisme ». Son contenu – les connotations de rupture qui l'associaient étroitement à « révolutionnarisme » – fut donné par le fossé radical qu'il ouvrait avec le califat et le sultanat. L'idée de cet abîme mûrit

1. *Ibid.*, p. 33.
2. *Ibid.*, p. 34.

très lentement dans l'esprit des officiers révolutionnaires, mais lorsqu'elle fut fermement adoptée par Atatürk, elle prit la valeur d'un changement irréversible. Quant au « nationalisme », il soulignait aussi une identité homogène et l'élimination de tout particularisme différentiel. Voici comment cela fut expliqué en 1931 par le secrétaire du parti, Recep Peker :

> Nous considérons comme nôtres tous ceux de nos citoyens qui vivent parmi nous, qui appartiennent politiquement et socialement à la nation turque et chez lesquels se sont implantés des idées et des sentiments comme le « kurdisme », le « circassianisme » et même le « lazisme » et le « pomakisme ». Nous considérons de notre devoir de bannir, par des efforts sincères, ces conceptions fausses, qui sont le legs d'un régime absolutiste et le produit d'une longue oppression historique. La vérité scientifique d'aujourd'hui ne permet pas l'existence indépendante d'une nation de quelques centaines de milliers, voire d'un million d'individus [...]. Nous voulons exprimer aussi sincèrement notre opinion au sujet de nos compatriotes juifs ou chrétiens. Notre parti considère ces compatriotes comme étant absolument turcs dans la mesure où ils appartiennent à notre communauté de langue et d'idéaux[1].

Les idées de religion et de race, qui avaient été associées étroitement à celle de nation pendant la période ottomane, en furent peu à peu éliminées au cours des premières années de la République. Le mot « laïcisme », par lequel on a traduit le mot turc *layiklik*, n'exprime pas pleinement le sens de ce mot. Comme l'a écrit Dumont :

> Le conflit fondamental dans le laïcisme [au sens turc du terme] n'est pas nécessairement le conflit entre la religion et le monde, comme cela fut le cas dans l'expérience chrétienne. Le conflit est souvent entre les forces de la tradition, qui tendent à promouvoir la domination de la religion et du droit religieux, et les forces du changement. Le laïcisme se réfère plus étroitement à un processus spécifique de séparation entre l'Église et l'État[2].

1. *Ibid.*, p. 29.
2. *Ibid.*, p. 36.

En d'autres termes, le laïcisme ne pouvait pas se contenter de préserver une sphère publique non contaminée par les valeurs religieuses ; il avait aussi le devoir de mener le combat contre les forces religieuses traditionnelles sur le terrain même de la société civile. Comme le montre l'analyse que j'ai proposée des autres flèches, la révolution kémaliste ne se conçut pas elle-même comme une simple révolution politique, mais comme une tentative radicale de refonte de la société par des moyens politiques. On sait avec quelle brutalité les objectifs laïcistes furent poursuivis : en 1924, le califat fut aboli ; plus tard, les tribunaux religieux et les écoles islamiques, les fondations pieuses et les ministères de la religion furent dissous ; les confréries religieuses, les couvents et les tombeaux sacrés furent fermés ; le calendrier grégorien fut adopté et les pèlerinages à La Mecque interdits. Cette forte intervention politique dans la société civile nous permet de comprendre la sixième flèche, l'« étatisme ». L'État devait intervenir dans toutes les sphères, y compris évidemment dans la régulation de la vie économique.

Une partie considérable de la littérature récente consacrée au kémalisme a eu tendance à contester le caractère radical de la rupture d'Atatürk avec la tradition, et à souligner les continuités, en ce qui concerne les modes fondamentaux de pensée, entre les débuts de la République et le passé ottoman[1]. Il y a évidemment une part de vérité dans ces affirmations, dans la mesure où toute révolution doit s'opérer avec des attitudes et un matériau qui n'émergent pas par génération spontanée, mais il est incontestable que l'articulation de ces éléments en un discours de rupture radicale avec le passé fut la contribution spécifique et originale du kémalisme. Cependant, ce qu'Atatürk hérita réellement de la tradition ottomane fut l'idée de la nation comme quelque chose à créer de nouveau, et non comme un simple héritage du passé ; une vision du changement historique comme résultat d'un acte volontaire, non comme développement organique et spontané de forces qui donnaient déjà forme au social. Cette vision résulta de la manière dont la modernisation eut lieu en Turquie : ce fut une réaction

1. Pour cette thèse, ainsi que pour une bonne analyse de la littérature sur le sujet, voir Dietrich Jung et Wolfgango Piccoli, *Turkey at the Crossroads : Ottoman Legacies and a Greater Middle East*, Londres, New York, Zed Books, 2001.

aux nations européennes les plus développées. Le besoin de rattraper le retard fut le principal stimulus de la réforme. Cependant, les forces centrifuges qui minaient l'empire ottoman créèrent des doutes croissants sur le sujet possible d'une nation rajeunie. Pendant longtemps, les forces entourant le sultan pensèrent que l'empire, si les réformes centralisatrices internes parvenaient à contrebalancer la grande diversité et le localisme, pouvait devenir une entité politique viable. Pendant la période Tanzimat, certains moments critiques de la réforme – l'écrasement de la révolte des janissaires en 1826 et les réformes qui suivirent ; les réformes administratives, militaires et éducatives de la fin des années 1830 et de la période commençant en 1856 – créèrent l'illusion qu'un tel résultat était possible, mais à long terme les forces centrifuges furent toujours les plus fortes. C'est à partir de cet arrière-plan que nous pouvons comprendre l'intervention des Jeunes Ottomans, un groupe d'intellectuels dont les idées avaient pour objectif une refondation radicale de la nation. Cette refondation devait s'appuyer sur un ordre constitutionnel en accord avec les principes islamiques, sur un pouvoir d'État centralisé contre la dispersion locale et la décentralisation, et sur une identité politique s'appuyant sur la fidélité au *vatan*, la patrie, qui est au-delà de toutes les divisions (régionale, ethnique ou religieuse)[1]. Ce dernier point est essentiel : l'allégeance traditionnelle au *millet* (la communauté religieuse) devait être remplacée par l'allégeance à une entité purement nationale. La conception kémalienne du nationalisme est contenue de façon embryonnaire dans ce tournant idéologique. Une constitution inspirée par les idées des Jeunes Ottomans fut proclamée en 1876, mais suspendue par le sultan deux années plus tard. Elle fut cependant rétablie en 1908 par la révolution des Jeunes Turcs, dont l'arsenal idéologique perpétua, sur plusieurs points, la tradition des Jeunes Ottomans.

Donc, si le moment du rejet du *statu quo*, composante essentielle de toute rupture populiste, fut très présent dans le kémalisme, pourquoi le kémalisme fut-il incapable de suivre la voie populiste ? La raison est évidente : parce que l'homogénéisation de la nation, au lieu de se faire par la construction de chaînes d'équivalences entre demandes démocratiques réelles, fut imposée de façon autoritaire. Ce ne fut que

1. *Ibid.*, p. 44.

pendant la guerre d'indépendance qui suivit la Première Guerre mondiale que le kémalisme s'appuya, dans une certaine mesure, sur la mobilisation des masses. Pendant la plus grande partie de son règne – et cela est vrai aussi pour ses successeurs immédiats – Atatürk fut confronté au paradoxe d'avoir à construire un « peuple » sans soutien populaire[1]. Lui-même concevait son rôle dans ces termes-là. Voici ce qu'il écrivit en 1918 dans son journal :

> Si j'obtiens une grande autorité et le pouvoir, je pense que je provoquerai par un coup d'État – de manière soudaine en un moment – la révolution désirée dans notre vie sociale. Parce que, à la différence d'autres, je ne crois pas que ce fait puisse être obtenu en haussant lentement l'intelligence des autres à la hauteur de la mienne. Mon âme se révolte contre une telle orientation. Pourquoi, après mes années d'études, après avoir étudié la civilisation et les processus de socialisation, après avoir consacré ma vie et mon temps à avoir le plaisir de la liberté, devrais-je m'abaisser au niveau des gens ordinaires ? Je les ferai se hisser jusqu'à mon niveau. Ils ne me feront pas leur ressembler : c'est à eux de me ressembler[2].

Le principal instrument de ce programme de modernisation forcée fut, évidemment, l'armée, qui est restée l'arbitre suprême de la politique en Turquie depuis l'époque d'Atatürk. Le problème est qu'il n'y a pas d'autre alternative à la mobilisation équivalentielle que l'intégration différentielle, et que même l'armée ne fut pas assez forte pour créer une société totalement nouvelle modelée selon les projets d'Atatürk. Le résultat fut que, très vite, la nouvelle République, privée du soutien des masses, ne put s'appuyer au niveau local que sur des forces traditionnelles qui nourrissaient une sympathie limitée pour les aspirations les plus ambitieuses du « Père des Turcs ».

> Même si Ankara répondait à toutes les exigences formelles de l'autorité légale moderne, de grandes parties du pays étaient encore pro-

1. Voir S. Mardin, « Ideology and Religion in the Turkish Revolution », *International Journal of Middle East Studies*, 2, p. 197-211.
2. Dietrich Jung et Wolfgango Piccoli, *Turkey at the Crossroads : Ottoman Legacies and a Greater Middle East Turkey at the Crossroads*, *op. cit.*, p. 79-80.

fondément plongées dans la vie traditionnelle. Depuis le début, les kémalistes firent des compromis avec les formes traditionnelles de domination et durent s'appuyer sur des leaders traditionnels comme intermédiaires entre le centre et la périphérie. Comme le mouvement unioniste avant lui, le mouvement kémaliste s'organisa autour des notables ruraux traditionnels, dont l'influence « se fit largement sentir dans la politique parlementaire et les activités du parti » (Sayari, 1977, p. 106). Sous le parapluie de l'État-nation, les régimes républicains maintinrent les modèles majeurs de la société traditionnelle anatolienne[1].

L'incapacité du kémalisme à constituer un « peuple » fut évidente chaque fois qu'il y eut une ouverture dans le système politique. Quand le président Inönü décida d'organiser des élections démocratiques en 1950, le Parti démocratique (opposition) remporta 408 sièges au Parlement contre 69 sièges pour le Parti républicain officiel (PRP)[2]. Les équivalences se répandirent largement, mais dans des directions qui avaient peu de rapports avec les six flèches d'Atatürk : d'abord, le néopopulisme d'Adnan Menderes, puis le renouveau de l'islamisme. Cela aboutit à un processus tortueux, dans lequel les périodes d'ouverture démocratique furent interrompues par une succession d'interventions de l'armée.

Le retour de Perón

Le populisme américain trouva ses limites dans l'impossibilité d'étendre la chaîne des équivalences au-delà d'un certain point, en raison de la résistance d'un système bien établi de différences à l'appel populiste ; celui d'Atatürk trouva ses limites dans sa tentative pour construire le « peuple » comme unité organique sans la médiation d'aucune logique équivalentielle. Le cas du péronisme des années 1960 et 1970 est différent : c'est son succès même dans

1. *Ibid.*, p. 79. L'article de Sayari cité par les auteurs est « Political Patronage in Turkey », *in* Ernest Gellner et J. Waterbury (dir.), *Patrons and Clients in Mediterranean Societies*, Londres, Duckworth, 1977, p. 103-114.

2. Voir Eric J. Zürcher, *Turkey : A Modern History*, Londres et New York, I.B. Tauris, 1998, p. 231.

la construction d'une chaîne presque illimitée d'équivalences qui conduisit à la subversion du principe d'équivalence comme tel. Comment ?

Le gouvernement populaire péroniste fut renversé en septembre 1955. Les dernières années du régime avaient été dominées par une évolution significative : une tentative visant à dépasser la division dichotomique du champ politique par la création d'un espace différentiel totalement intégré. Les changements symboliques dans le discours du régime témoignent de cette mutation : la figure du *descamisado* (le « sans chemise », équivalent argentin du sans-culotte) eut tendance à disparaître, pour être remplacée par l'image de la « communauté organisée ». Le besoin de stabiliser le processus révolutionnaire devint un leitmotiv du discours péroniste, non seulement dans la période antérieure à 1955, mais aussi dans les années qui suivirent. Je me rappelle qu'en 1967 Perón envoya une lettre à une organisation de gauche à laquelle j'appartenais, dans laquelle il affirmait que toute révolution passe par trois étapes : la première est celle de la préparation idéologique – autrement dit, Lénine ; la deuxième est celle de la prise du pouvoir, Trotsky ; la troisième est celle de l'institutionnalisation de la révolution, c'est-à-dire Staline. Il ajoutait que la révolution péroniste devait passer de la deuxième à la troisième étape.

Le coup d'État de 1955, cependant, changea les termes du débat politique. Les nouvelles autorités, malgré leur rhétorique antipéroniste agressive – qui fut beaucoup plus qu'une simple rhétorique, puisque le pouvoir procéda à la dissolution du Parti péroniste, intervint dans les syndicats et considéra comme un crime le simple fait de mentionner le nom de Perón – engagèrent très rapidement des discussions avec des groupes d'hommes politiques péronistes sur les moyens de les intégrer dans le nouveau système politique. Cette intégration, évidemment, excluait Perón lui-même, qui devait rester proscrit et dont l'exil était censé être perpétuel. L'idée d'un « péronisme sans Perón » circula largement. Depuis l'exil, Perón résista fermement à ces tentatives visant à le marginaliser, qui étaient menées à la fois de l'intérieur et de l'extérieur du péronisme. Plus le nouveau régime devint répressif, plus son programme économique apparut comme une concession au capital financier international, plus on identifia la figure de Perón à l'identité populaire et nationale de refus du système qui était en train d'émerger. Un duel s'engageait entre Perón (depuis son exil) et les gouvernements antipéronistes qui se succédèrent ; ce combat devait durer dix-huit ans et ne prendre fin qu'avec le retour triomphal de Perón en Argentine et au gouvernement.

C'est autour de ce duel que le nouveau populisme argentin commença à prendre forme. Si nous voulons comprendre ce modèle, il faut tenir compte d'un certain nombre de circonstances. En premier lieu, l'Argentine est un pays ethniquement homogène dont la population urbaine dominante est concentrée dans un triangle constitué de trois villes industrielles : Buenos Aires, Rosario et Córdoba. Tout événement idéologique majeur a donc un impact équivalentiel immédiat dans toute cette zone, et ses effets s'étendent rapidement au reste du pays. Sans cet impact rapide, les positions de Perón durant les années 1960 n'auraient connu aucun succès et le nouveau régime aurait été en mesure de négocier progressivement avec une opposition péroniste fragmentée. En deuxième lieu, les conditions mêmes d'énonciation du discours péroniste depuis l'exil déterminèrent la nature particulière de son succès. Les pays qui accueillirent Perón en tant qu'homme politique en exil lui imposèrent de s'abstenir de faire des déclarations politiques ; en Argentine il était évidemment strictement interdit de faire circuler une déclaration politique venant de lui. En conséquence, Pérón dut se contenter d'envoyer des lettres personnelles, des cassettes et des instructions orales, qui étaient néanmoins extrêmement importantes pour la résistance péroniste qui commençait à s'organiser dans les usines et les quartiers ouvriers des villes industrielles. Ainsi, comme de récentes études l'ont montré[1], il y eut en permanence un abîme entre les actes d'énonciation de Perón (qui étaient invisibles) et leur contenu. La conséquence de ce fossé, c'est que ce contenu, en l'absence d'interprète autorisé, pouvait revêtir plusieurs sens différents. En même temps, circulaient aussi de nombreux messages apocryphes, et d'autres dont l'authenticité était douteuse, ou à tout

1. Sur l'énonciation péroniste, voir Silvia Sigal et Eliseo Verón, *Perón o muerte. Los fundamentos discursivos del fenómeno peronista*, Buenos Aires, Legasa, 1985. Voir aussi G. H. Castagnola, *Body of Evidence : Juan Domingo Perón's Discourse during his Political Exile (1955-1972)*, thèse de doctorat, Département de sciences politiques, Université d'Essex, octobre 2000.

le moins discutée par ceux qui étaient en désaccord avec leur contenu. Cette situation compliquée eut un effet paradoxal : la nature ambiguë des messages – résultant de l'abîme entre les actes d'énonciation et leur contenu – put être cultivée consciemment par Perón de façon à les rendre délibérément imprécis. En conséquence, la parole de Perón ne perdit rien de son importance, mais son contenu permettait des interprétations et des réinterprétations infinies. Comme Perón l'écrivit à son premier représentant personnel en Argentine, John William Cooke : « Je respecte toujours la règle consistant à saluer tout le monde parce que, et tu ne dois pas l'oublier, je suis maintenant un peu comme un pape [...]. En tenant compte de cette idée, je ne peux rien nier [à cause de mon] infaillibilité [...] qui, comme cela arrive avec toute infaillibilité, se fonde précisément sur le fait de ne rien dire ou ne rien faire, [ce qui est la] seule façon d'assurer cette infaillibilité[1]. »

Évidemment, on peut faire une lecture cynique de ce passage, et penser que Perón essayait d'être tout pour tout le monde, mais une telle lecture est insuffisante. Perón, depuis son exil, ne pouvait donner des directives précises concernant l'action d'une multiplicité de groupes locaux engagés dans la résistance, et encore moins intervenir dans les conflits qui opposaient ces groupes entre eux. D'autre part, sa parole était indispensable pour donner une unité symbolique à tous ces combats dispersés. Sa parole devait fonctionner comme un signifiant n'ayant que des liens distendus avec des signifiés particuliers. Cela n'a rien d'étonnant : c'est exactement ce que j'ai appelé des signifiants vides. Perón remporta le duel qui l'opposa aux régimes antipéronistes successifs parce que ces derniers perdirent le combat visant à intégrer les groupes néopéronistes – ceux qui postulaient un « péronisme sans Perón – à un système politique élargi, alors que la demande du retour de Perón en Argentine devint le signifiant vide qui unifia le camp populaire en expansion.

Ici, cependant, il est nécessaire d'introduire quelques distinctions. Le rôle de pape que s'attribua Perón (qui évoque très clairement l'idée de signifant-maître de Lacan) peut être conçu de différentes

1. G. H. Castagnola, *Body of Evidence : Juan Domingo Perón's Discourse during his Political Exile (1955-1972)*, *op. cit.*, p. 63.

manières. D'abord, il peut être perçu comme un centre d'irradiation équivalentielle qui, malgré tout, ne perd pas entièrement la particularité de son contenu original. Revenons à un exemple antérieur : les demandes de Solidarność devinrent le point de ralliement d'associations équivalentielles plus larges qu'elles-mêmes, mais elles restaient liées à un certain contenu programmatique – c'est précisément ce lien qui permit de préserver une certaine cohérence entre les particularités intégrant la chaîne (les demi-cercles inférieurs de notre premier diagramme, voir supra p. 154). Mais il y a une autre possibilité : le signifiant tendanciellement vide peut devenir *entièrement* vide, auquel cas les maillons de la chaîne des équivalences n'ont absolument pas besoin d'être cohérents les uns par rapport aux autres ; les contenus les plus contradictoires peuvent être assemblés, aussi longtemps qu'ils restent tous subordonnés au signifiant vide. Dans les termes de Freud : cette situation serait la situation extrême dans laquelle l'amour pour le père est le seul lien entre les frères. La conséquence politique est que l'unité d'un « peuple » constitué de cette façon est extrêmement fragile. D'une part, l'antagonisme potentiel entre les demandes contradictoires peut éclater à tout moment ; de l'autre, un amour du leader qui ne cristallise pas sous une forme institutionnelle quelconque – en termes psychanalytiques : un idéal du moi qui n'est pas en partie internalisé par les mois ordinaires – ne peut avoir pour résultat que des identités populaires éphémères. Plus nous avançons dans les années 1960, plus nous voyons que le péronisme joue dangereusement avec cette deuxième possibilité. La réflexion déjà mentionnée de Perón sur la nécessité pour la révolution péroniste de passer à la troisième étape, celle de l'institutionnalisation, montre qu'il n'ignorait pas totalement cette menace potentielle.

Mais au début des années 1960 ce danger semblait situé dans un avenir éloigné. Dans l'immédiat, il s'agissait de combattre à l'intérieur du péronisme les forces politiques qui poussaient vers un « péronisme sans Perón ». La principale menace venait des conditions dans lesquelles le mouvement syndical fut normalisé après le retour au régime constitutionnel en 1958 et l'accession à la présidence d'Arturo Frondizi. (Son élection avait été assurée par la décision de Perón de demander à ses partisans – dont le parti avait été interdit – de voter pour lui et contre Ricardo Balbín, le candidat quasi officiel.) En 1959, l'activité syndicale fut légalisée dans le cadre de la loi 14.455.

> La nouvelle loi sur le travail attribuait à l'État des pouvoirs exceptionnels sur le mouvement syndical. La capacité même d'un syndicat à négocier collectivement avec des employeurs dépendait de sa *personería* (sa reconnaissance officielle, accordée exclusivement par le gouvernement). Donc, l'avenir institutionnel de n'importe quel syndicat (la satisfaction future des besoins de ses membres) était intrinsèquement lié à ses relations avec l'État. En conséquence, les dispositions de la loi 14.455 constituaient une forte incitation à l'adoption d'un réalisme pragmatique de la part des responsables syndicaux, au-delà de leur profil idéologique particulier, de leurs opinions personnelles et des avantages personnels qu'ils tiraient de leurs postes[1].

En réalité, le mouvement syndical se trouvait dans une situation compliquée. D'une part, ses membres devaient agir avec prudence face au gouvernement, parce que leur statut légal était une condition indispensable pour qu'ils défendent les intérêts et les demandes des travailleurs, qui leur auraient retiré leur soutien au cas où la direction syndicale n'aurait remporté aucun succès ; d'autre part, puisque sa base sociale était solidement péroniste, le mouvement syndical ne pouvait pas se permettre de rompre ouvertement avec Perón. C'est dans ces circonstances qu'une bataille de plus en plus sérieuse opposa dans la première moitié des années 1960 les dirigeants syndicaux menés par le secrétaire général des métallurgistes, Augusto Vandor, à Perón et aux secteurs les plus radicalisés du péronisme. Le projet syndical – jamais formulé explicitement, car personne au sein du péronisme n'aurait pu s'opposer ouvertement à Perón – était d'obtenir une intégration progressive du péronisme au système politique existant, Perón devenant une simple figure décorative, le pouvoir réel au sein du mouvement étant transféré aux dirigeants syndicaux. Cette bataille connut divers rebondissements et culmina avec les élections provinciales de Mendoza en avril 1966,

1. *Ibid.*, p. 79.

au cours desquelles deux listes péronistes concurrentes s'affrontèrent – l'une soutenue par Perón, l'autre par Vandor. La liste péroniste orthodoxe remporta une victoire spectaculaire.

Une nouvelle fois, cependant, ce conflit fut compliqué par l'intervention d'un joueur qui donna un coup de pied dans l'échiquier. En 1966, les forces armées déposèrent le président Illia et instaurèrent une dictature militaire dirigée par le général Onganía. Ce régime ne fut pas le plus répressif que le pays devait connaître – pour cela, il fallut attendre les années 1970 – mais fut incontestablement le plus stupide et le plus inefficace. En l'espace de quelques mois il s'était attiré l'hostilité de toutes les forces importantes du pays – à l'exception d'une fraction minuscule de la grande industrie. Le régime imposa la dissolution de toutes les organisations politiques, réprima brutalement le mouvement syndical et intervint dans les universités. Au bout de quelques mois, il était clair pour tout le monde que n'existait plus aucun canal institutionnel permettant l'expression des demandes sociales, et qu'une réaction violente totalement extérieure au cadre institutionnel était la seule réponse possible à cette impasse politique.

Cette protestation sociale éclata en 1969 sous la forme du *Cordobazo*, une insurrection armée qui prit le contrôle de la ville de Córdoba et qui s'étendit à d'autres villes de l'intérieur du pays. D'autres événements contribuèrent aussi à un affrontement violent avec le régime. Le premier fut l'apparition de mouvements de lutte armée péronistes de gauche, que Perón appelait ses « formations spéciales ». Le deuxième fut la répression déclenchée par le gouvernement contre le mouvement syndical, qui réduisit considérablement la marge de manœuvre de Vandor et des groupes néopéronistes, qui devinrent incapables d'accomplir ce qu'on attendait d'eux. Finalement, cette situation aboutit à l'assassinat de Vandor par des guerilleros péronistes de gauche, et à la division du mouvement syndical entre une aile droite et une aile gauche. En tout cas, les conséquences de ces événements étaient claires : le rôle central de Perón était renforcé. Lui-même se présentait, en fonction de l'orientation politique de ceux qui le soutenaient, ou bien comme le leader d'une coalition anti-impérialiste qui serait le premier pas dans la marche vers le socialisme ou bien comme la seule garantie permettant de maintenir le mouvement populaire dans des limites contrôlables et l'empêchant de dégénérer en chaos gauchiste.

> C'est pourquoi, même si sa relation avec les groupes de guerilla péronistes baignait dans une ambiguïté politique semblable à celle qui présidait à ses relations avec les dirigeants syndicaux péronistes de gauche, Perón avait besoin d'appuyer ces organisations pour créer les conditions politiques qui accéléreraient son retour. Vers la fin de 1971, Perón fut en mesure d'utiliser ce qu'il appelait « ses deux mains ». Sa main droite était pour l'essentiel les syndicats péronistes [...]. La main gauche de Perón était essentiellement représentée par les organisations de jeunesse de gauche et ce qu'il appelait ses « formations spéciales » : les groupes de lutte armée qui proclamaient leur fidélité au leader et qui faisaient de son retour en Argentine le point de départ d'une transformation révolutionnaire du pays. Le leader en exil employa ses deux mains avec une grande habileté, en effet. Entre 1971 et 1972, Perón déploya tout son talent politique de manière éblouissante[1].

À partir de là, les événements se précipitèrent. L'enlèvement et l'exécution de l'ancien président Aramburu par les Montoneros, une organisation de guerilla péroniste, mena à la chute du général Onganía, qui fut remplacé par le général Mario Levingston et plus tard par le général Alejandro Lanusse, qui finit par organiser en 1973 des élections générales, lesquelles se conclurent par une victoire éclatante des péronistes. Mais c'est alors que les dangers inhérents à la façon dont les équivalences péronistes avaient été construites commencèrent à révéler leur potentiel mortifère. Après son retour en Argentine, Perón cessa de pouvoir être un signifiant vide : c'était le président de la République et, à ce titre, il dut prendre des décisions et faire des choix. Le jeu des années d'exil – par lequel chaque groupe interprétait la parole du leader en fonction de sa propre sensibilité politique, tandis que Perón lui-même gardait une distance prudente par rapport à toute interprétation – ne put être poursuivi une fois que Perón accéda au pouvoir. Les conséquences ne se firent pas attendre. La bureaucratie syndicale de droite, d'un

1. *Ibid.*, p. 138-139.

côté, la jeunesse péroniste et les « formations spéciales » de l'autre, n'avaient rien en commun : les uns et les autres se considéraient comme des ennemis mortels. Aucune équivalence entre eux n'avait été internalisée, et la seule chose qui les maintenait dans le même camp politique était leur identification commune à Perón comme leader. Mais cela ne représentait pas grand-chose, puisque Perón incarnait pour chaque fraction des principes politiques totalement incompatibles. Pendant quelque temps, Perón tenta d'hégémonéiser la totalité de son mouvement d'une manière cohérente, mais ce fut un échec : le processus de différenciation antagonique était allé trop loin. Après la mort de Perón en 1974, la lutte entre les diverses fractions péronistes s'accéléra, et le pays entra de nouveau dans un processus de rapide désinstitutionnalisation, qui aboutit au coup d'État militaire de 1976 et à l'établissement d'un des régimes répressifs les plus féroces du XXe siècle.

J'ai présenté trois exemples de mobilisation populiste, en exposant à la fois leurs réussites et leurs échecs, et je considère qu'il existe entre eux quelque chose d'essentiellement comparable, à la fois dans leurs différences – ils appartiennent à des zones géographiques et à des cultures politiques très éloignées – et dans la logique qui sous-tend leur discours. Disons, pour commencer, qu'ils n'épuisent pas les alternatives possibles dans la combinaison des variables que j'ai introduites dans l'analyse : d'autres combinaisons sont toujours possibles. La progression vers une description typologique plus large devrait évidemment être le but et l'ambition d'une théorie du populisme pleinement développée. Dans l'approche de cette typologie diversifiée, il existe cependant un certain nombre de préconditions que je dois souligner comme exigences fondamentales de toute relation entre la réflexion théorique et l'analyse empirique.

En premier lieu, les différentes traditions théoriques que j'ai mentionnées dans cette exploration du discours ont montré, avec une régularité frappante, la récurrence d'une distinction qui est essentielle dans toute approche discursive de la question des identités sociales. En linguistique, c'est la différence entre syntagme et paradigme (les identités créées sur la base de relations ou bien de substitution ou bien de combinaison) ; en rhétorique, c'est la différence entre métonymie et métaphore ; en politique, la différence entre équivalence et différence. Cette reproduction constante de la même distinction dans des registres théoriques différents désigne clairement un problème – qui est peut-être LE problème – dont l'examen serait aujourd'hui la tâche la plus urgente d'une ontologie sociale : comment rendre cette distinction – qui implique une relation nouvelle entre objets – accessible à la pensée ?

En deuxième lieu, cependant, même si cette distinction va vraiment informer l'analyse concrète, elle ne peut être considérée comme une entéléchie fixée transcendentalement dont il suffit de détecter la présence dans des situations concrètes, mais comme un terrain fertile sur lequel l'analyse concrète et l'exploration transcendantale doivent se nourrir mutuellement à l'infini. Il n'y a pas d'analyse concrète qui puisse être reléguée au rang de recherche empirique sans impact théorique : inversement, il n'y a pas d'exploration transcendantale qui soit absolument « pure », sans la présence d'un excédent par rapport à ce que ses catégories peuvent maîtriser – un excédent qui contamine l'horizon transcendantal par un empirisme impur. Dans un article très intéressant, Margaret Canovan a repris la distinction opérée par Michael Oakeshott entre politique rédemptrice et politique pragmatique pour caractériser le « non-terrain » sur lequel la politique populiste se construit[1]. Je souscris entièrement à cette idée ; et pour des raisons qui, je l'espère, ont été suffisamment éclaircies dans les pages précédentes, je ne considère pas cette zone grise de contamination comme un quelconque phénomène politique marginal mais comme l'essence même du politique.

Ce qui émerge comme une possibilité dans notre expérience politique est peut-être quelque chose de radicalement différent de ce qu'annoncent les prophètes postmodernes de la « fin de la politique » : l'arrivée dans une ère pleinement politique, étant donné que la dissolution des marques de la certitude ne fournit au jeu politique aucun terrain nécessaire *a priori* mais lui offre plutôt la possibilité de redéfinir constamment le terrain lui-même.

1. Margaret Canovan, « Trust the People ! Populism and the Two Faces of Democracy », *Political Studies*, XLVII, 1999, p. 2-16.

Remarques de conclusion

Tirons maintenant les principales conclusions de notre analyse. Penser le « peuple » comme catégorie sociale exige une série de décisions théoriques que nous avons prises au cours de notre exploration. La plus importante concerne, peut-être, le rôle *constitutif* que nous avons attribué à l'*hétérogénéité* sociale. Si nous ne lui attribuions pas ce rôle, l'hétérogène pourrait être conçu, dans son opacité, comme la simple forme apparente d'un noyau qui, en lui-même, serait entièrement homogène et transparent. Autrement dit, ce serait le terrain sur lequel pourraient s'épanouir les philosophies de l'histoire. Si, au contraire, l'hétérogénéité est primordiale et irréductible, elle se révélera, en premier lieu, comme *excès*. Cet excès, nous l'avons vu, ne peut être maîtrisé par aucune manipulation, que ce soit un renversement dialectique ou une autre. Mais hétérogénéité ne signifie pas pure pluralité ou multiplicité, puisque cette dernière est compatible avec la pleine positivité de ses éléments constitutifs. Un des traits définissant l'hétérogénéité, au sens où je l'entends, est une certaine *déficience* ou *unicité manquée*. Si l'hétérogénéité est en dernière analyse irréductible à une homogénéité plus profonde, elle n'est pas simplement absente mais *présente comme ce qui est absent*. Son unicité se révèle à travers son absence même. Comme nous l'avons vu, le résultat de cette présence/absence est que les différents éléments de l'ensemble hétérogène sont surdéterminés ou différentiellement investis. Nous avons, cependant, des objets partiels qui, à travers leur caractère partiel lui-même, incarnent une totalité qui reste toujours inaccessible. Cette dernière exige une construction sociale contingente, car elle n'est pas le résultat de la nature positive, ontique, des objets eux-mêmes. C'est ce que nous avons appelé *articulation* et *hégémonie*. Nous trouvons dans cette construction – qui est loin d'être une pure opération intellectuelle – le point de départ de l'émergence du « peuple ». Récapitulons les principales conditions de cette émergence. J'énumérerai d'abord la série de décisions *théoriques* qui sont nécessaires pour que quelque chose comme un « peuple » devienne intelligible, puis les conditions *historiques* qui rendent cette émergence possible.

1. Une première décision théorique consiste à concevoir le « peuple » comme une catégorie *politique*, non comme un *donné* de la structure sociale. Ce mot désigne non pas un groupe *donné*, mais un acte d'institution qui crée un nouvel acteur à partir d'une pluralité d'éléments hétérogènes. C'est pourquoi j'ai insisté depuis le début sur le fait que mon unité minimale d'analyse ne serait pas le *groupe,* en tant que référent, mais la demande socio-politique. Cela explique pourquoi des questions telles que « De quel groupe social ces demandes sont-elles l'*expression* ? » n'ont aucun sens dans mon analyse, puisque, pour moi, l'unité du groupe n'est que le résultat d'une addition de demandes sociales, qui peuvent, évidemment, avoir cristallisé dans des pratiques sociales sédimentées. Cette addition présuppose une asymétrie essentielle entre la communauté comme tout (le *populus*) et les opprimés (la *plebs*). J'ai aussi expliqué pourquoi cette *plebs* est toujours une partie qui s'identifie à la communauté en général.

2. C'est dans cette contamination de l'universalité du *populus* par la partialité de la *plebs* que réside la particularité du « peuple » comme acteur historique. La logique de sa construction est ce que j'ai appelé la « raison populiste ». Nous pouvons approcher sa spécificité sous deux angles : celui de l'universalité du partiel et celui de la partialité de l'universel. Prenons-les l'un après l'autre. En quel sens le partiel est-il universel ? Nous avons déjà tous les éléments permettant de répondre correctement à cette question. Le mot *partialité*, cela doit être clair, est ici employé presque comme un oxymore : il a perdu son sens purement partitif et est devenu un des noms de la totalité. Une demande populaire est une demande qui incarne la plénitude absente de la communauté à travers une chaîne potentiellement infinie d'équivalences. C'est pourquoi la raison populiste – qui équivaut, comme nous l'avons vu, à la raison *poli-*

tique tout court – rompt avec deux formes de rationalité qui annoncent la fin de la politique : aussi bien avec un événement révolutionnaire total qui, en permettant la pleine réconciliation de la société avec elle-même, rendrait le moment politique superflu, qu'avec une simple pratique gradualiste qui réduit la politique à l'administration. Ce n'est pas pour rien que la devise gradualiste de Saint-Simon – « du gouvernement des hommes à l'administration des choses » – fut adoptée par le marxisme pour décrire la condition future d'une société sans classe. Mais un objet partiel, comme nous l'avons vu, peut aussi avoir un sens non partitif : non pas une partie *d'*un tout mais une partie *qui est* le tout. Une fois opéré ce renversement de la relation entre la partie et le tout – renversement inhérent à l'objet petit *a* lacanien et à la relation hégémonique – la relation *populus/plebs* devient le lieu d'une irréductible tension dans laquelle chaque terme absorbe l'autre en même temps qu'il l'exclut. Cette tension *sine die* est ce qui assure le caractère politique de la société, la pluralité des incarnations du *populus* qui ne mènent pas à une ultime réconciliation (autrement dit à une superposition) des deux pôles. C'est pourquoi il n'est pas de partialité qui ne montre en elle-même les traces de l'universel.

3. Passons maintenant à l'autre angle, celui de la partialité de l'universel. C'est là que se trouve la véritable option ontologique sous-tendant notre analyse. Quel que soit le contenu ontique que nous décidons de privilégier dans notre investissement ontologique, les *traces* de cet investissement ne peuvent être entièrement dissimulées. La partialité que nous privilégions sera aussi le point que l'universalité habite nécessairement. Le question-clé est la suivante : cette « habitation » élimine–t-elle la spécificité du particulier, en sorte que l'universalité devient le véritable moyen d'une médiation *logique* illimitée, et la particularité le champ purement apparent de la médiation *expressive* ? Ou oppose-t-elle un médium non transparent à une expérience qui serait autrement transparente, si bien qu'un moment irréductiblement opaque (non) représentatif devient constitutif ? Si nous adoptons cette dernière possibilité, nous voyons immédiatement que le « peuple » (en tant qu'il est constitué par une nomination qui ne le dépasse pas conceptuellement) n'est

pas une sorte d'effet « superstructurel » d'une logique infrastructurelle sous-jacente mais le terrain fondamental de la construction d'une subjectivité politique.

C'est là que se trouvent quelques-uns des principaux effets de la contamination mutuelle entre l'universalité et la particularité. Le particulier a transformé sa partialité même au nom d'une universalité transcendante. C'est pourquoi sa fonction ontologique ne peut jamais être réduite à son contenu ontique. Mais puisque cette fonction ontologique ne peut être présente *que* quand elle est attachée à un contenu ontique, ce dernier devient l'horizon de tout ce qui existe – le point où l'ontique et l'ontologique se rejoignent dans une unité contingente mais indivisible. Reprenons un de nos exemples : à un certain moment, en Pologne, les symboles de Solidarność devinrent les symboles de la plénitude absente de la société. Puisque la société comme plénitude n'a pas de véritable sens au-delà des contenus ontiques qui l'incarnent, ces contenus sont, pour les sujets qui y sont attachés, *tout ce qu'il y a*. Ainsi, ils ne constituent pas un deuxième choix accessible empiriquement par opposition à une plénitude authentique inaccessible que nous attendrions vainement. C'est, nous l'avons vu, la logique de l'hégémonie. Ce moment de fusion entre l'objet partiel et la totalité représente, à un moment donné dans le temps, l'horizon historique ultime, qui ne peut être divisé entre deux dimensions, la dimension universelle et l'autre particulière. L'histoire ne peut donc être conçue comme un progrès infini vers un but ultime. L'histoire est plutôt une succession discontinue de formations hégémoniques qui ne peuvent être ordonnées par un scénario transcendant leur historicité contingente. Les « peuples » sont des formations sociales réelles, mais ils résistent à toute inscription dans une téléologie de type hégélien. C'est pourquoi Joan Copjec a absolument raison d'insister sur la distinction lacanienne entre le désir et la pulsion : alors que le désir, puisqu'il n'a pas d'objet, ne peut être satisfait, la pulsion implique un investissement radical dans un objet partiel et peut connaître la satisfaction. C'est pourquoi, aussi, comme nous le verrons plus tard, les analyses politiques qui tentent de polariser la politique en termes d'alternative entre révolution totale et réformisme gradualiste passent à côté de l'essentiel : ce qui leur échappe, c'est une autre logique, celle de l'objet *petit a* – c'est-à-dire la possibilité pour une partialité de devenir le nom d'une totalité impossible (en d'autres termes, la logique de l'hégémonie).

4. Trois points doivent être ici rapidement éclaircis. Le premier, c'est que la relation entre *nomination* et *contingence* devient maintenant totalement intelligible. Si l'unité des acteurs sociaux était le résultat d'un lien logique subsumant leurs diverses positions subjectives sous une catégorie conceptuelle unique, la « nomination » impliquerait simplement de choisir une étiquette arbitraire pour un objet dont l'unité serait assurée par des moyens purement *a priori*. Mais si l'unité de l'acteur social est le résultat d'une pluralité dc demandes sociales unies par des relations équivalentielles (métonymiques) de contiguïté, le moment contingent de la nomination joue un rôle absolument central et constitutif. La catégorie psychanalytique de surdétermination nous indique la même direction. À cet égard, la nomination est le moment-clé dans la constitution d'un « peuple », et les limites et les composantes équivalentielles de ce dernier fluctuent en permanence. La question de savoir si le nationalisme, par exemple, va devenir un signifiant central dans la constitution des identités populaires dépend d'une histoire contingente qu'il est impossible de déterminer *a priori*. Comme on a pu le dire à propos de l'Irak aujourd'hui, « le sentiment nationaliste est faible dans le meilleur des cas et pourrait être facilement remplacé par d'autres formes d'allégeance collective. La récente montée des sentiments de fraternité entre sunnites et chiites montre réellement le caractère malléable des identités. L'idée de l'existence d'une nation – et d'appartenance à cette nation – sont des concepts qui sont constamment en mouvement »[1]. Le même auteur cite le professeur Stephen D. Krasner de Stanford University : « Les individus ont toujours à faire des choix parce qu'ils ont des identités multiples : ils sont chiites, irakiens, musulmans, arabes. Le choix qu'ils font dans ce répertoire d'identités dépend des circonstances, des avantages et des inconvénients inhérents à l'affirmation de

1. Edward Wong, « Iraqi Nationalism Takes Root, Sort Of », *New York Times*, 25 avril 2004, section 4, p. 1.

telle identité particulière[1]. » Non seulement le « nationalisme » peut être remplacé par d'autres termes dans son rôle de signifiant vide, mais sa propre signification variera en fonction de la chaîne des équivalences qui lui sont associées.

Le deuxième point concerne le rôle de l'affect dans la constitution des identités populaires. Le lien affectif devient plus important chaque fois que la dimension combinatoire/symbolique du langage opère de manière moins automatique. Dans cette perspective, l'affect est absolument essentiel pour expliquer le fonctionnement du pôle substitutif/paradigmatique du langage, qui accorde une place plus importante à l'association libre (et de ce point de vue se prête mieux à l'exploration psychanalytique). Comme nous l'avons vu, la logique de l'équivalence est décisive dans la formation des identités populaires, et dans ces opérations de substitution/équivalence l'imbrication de la signification et de l'affect est particulièrement visible. C'est cette dimension qui apparut comme la plus problématique aux premiers théoriciens des foules, nous l'avons vu, et qui constituait à leurs yeux, une sérieuse menace pour la rationalité sociale. Et dans les reconstructions rationalistes contemporaines des sciences sociales, du structuralisme au choix rationnel, c'est aussi le pôle qui est systématiquement rabaissé au profit du pôle combinatoire/symbolique, qui autorise le calcul « grammatical » ou « logique ».

Il me reste à préciser un dernier point. Le passage d'une formation hégémonique à une autre, d'une configuration populaire à une autre, impliquera toujours une rupture radicale, une création *ex nihilo*. Non que tous les éléments d'une configuration émergente doivent être entièrement nouveaux, mais le point d'articulation, l'objet partiel autour duquel la formation hégémonique se reconstitue comme totalité nouvelle, ne tire pas son rôle central d'une logique qui était déjà à l'œuvre dans la situation antérieure. Nous sommes ici proches du *passage à l'acte* de Lacan, qui a été au cœur de certaines analyses récentes concernant l'éthique du Réel[2]. Comme l'affirme Alenka Zupančič, « l'*Aktus der Freiheit*, l'"acte

1. *Ibid.*, p. 16.

2. Alenka Zupančič, *Ethics of the Real : Kant, Lacan*, Londres, New York, Verso, 2000.

de liberté", l'acte éthique authentique est toujours subversif ; il n'est jamais le résultat d'une "amélioration" ou d'une "réforme"[1] ».

Comme le moment de l'équivalence/articulation ne procède pas d'une nécessité logique pour chaque demande de se connecter aux autres, ce qui est crucial pour l'émergence du « peuple » en tant que nouvel acteur historique est que l'unification d'une pluralité de demandes en une nouvelle configuration soit constitutive et non dérivée. En d'autres termes, elle constitue un *acte* au sens strict, car elle n'a sa source dans rien qui soit extérieur à elle–même. L'émergence du « peuple » comme acteur historique est ainsi toujours une transgression par rapport à la situation antérieure. Cette transgression est l'émergence d'un ordre nouveau. Comme l'affirme Alenka Zupančič à propos d'Œdipe : « L'acte d'Œdipe, le mot qu'il prononce, n'est pas seulement un outrage, un mot de défi lancé à l'Autre, c'est aussi un acte de création de l'Autre (un Autre différent). Œdipe est moins un "trangresseur" que le "fondateur" d'un ordre nouveau[2]. »

Si je souscris pour l'essentiel à la description que propose Alenka Zupančič de l'acte véritable, je ne suis pas d'accord avec elle quant à la nature de la situation transgressée. Étant donné qu'elle insiste surtout sur la radicalité de la rupture constituée par l'acte, elle a tendance à souligner sa fonction transgressive, en même temps que le caractère de nouveauté de ce qu'il établit. Mais cela la conduit, à mon avis, à présenter la situation précédant le *passage à l'acte* comme plus fermée et plus monolithique qu'elle ne l'est en réalité. Et si cette situation était une situation de dislocation interne ? Si l'acte ne se contentait pas de *remplacer* un ordre ancien par un ordre nouveau, mais *introduisait*, du moins partiellement, de l'ordre là où il y avait auparavant du chaos ? Dans ce cas, l'ordre introduit serait encore nouveau, mais il serait aussi l'incarnation de l'ordre *tout court* en tant que ce qui était manquant. Cela est important pour un point-clé de l'analyse de Zupančič : l'affirmation selon laquelle dans un acte véritable il n'y a pas de sujet divisé. « Si la décision de la volonté ou la division du sujet est la marque de la

1. *Ibid.*, p. 11. Alenka Zupančič se réfère ici à Kant, mais elle assimile la position kantienne sur ce point à celle de Lacan : « La conception lacanienne du passage à l'acte ne se fonde-t-elle pas elle-même sur un tel geste kantien ? »

2. *Ibid.*, p. 204.

liberté, ce n'est pas, cependant, la marque de l'acte. *Dans un acte, il n'y a pas de sujet divisé*. Antigone est tout entière ou "toute" dans son acte ; elle n'est pas "divisée" ou "empêchée". Cela signifie qu'elle passe entièrement du côté de l'objet, et que le lieu de la volonté voulant cet objet "demeure vide"[1]. » Je ne suis pas en désaccord avec l'affirmation que dans l'acte le sujet passe entièrement du côté de l'objet. Là-dessus, je peux être d'accord. Mon problème est que – pour les raisons que je viens de donner – je *considère l'objet lui-même comme divisé*. Parce que l'acte, d'une part, introduit un ordre *nouveau* (ontique), mais, de l'autre, a une fonction *organisatrice* (ontologique), il est le *lieu* d'un jeu complexe par lequel un contenu concret actualise, par son caractère concret, quelque chose qui est entièrement différent de lui-même : ce que j'ai appelé la plénitude absente de la société. Il est facile de voir pourquoi, sans la complexité même de ce jeu, il n'y aurait pas d'hégémonie et pas d'identités populaires.

5. J'analyserai maintenant les conditions *historiques* qui permettent l'émergence et l'expansion des identités populaires. Nous connaissons déjà la condition *structurelle* : la multiplication des demandes sociales, dont l'hétérogénéité peut être réduite à une forme d'unité uniquement par des articulations politiques équivalentielles. La question concernant les conditions historiques devrait donc être la suivante : vivons-nous dans des sociétés qui tendent à accroître l'hétérogénéité sociale par des mécanismes infrastructurels immanents ou, au contraire, habitons-nous un terrain historique où la prolifération de points hétérogènes de rupture et d'antagonisme requiert des formes de plus en plus *politiques* de réagrégation sociale – ce qui veut dire que ces dernières dépendent moins de la logique sociale *sous-jacente* et plus d'*actes* au sens que j'ai donné à ce mot. Il est à peine nécessaire de répondre à cette question. Ce qui mérite considération, en revanche, ce sont les conditions qui font pencher la balance de plus en plus du côté de l'hétérogénéité. Il y a plusieurs conditions liées entre elles, mais si je devais les ranger sous une même étiquette, ce serait celle de *capitalisme globalisé*. Par capi-

1. *Ibid.*, p. 255.

talisme, évidemment, nous ne devrions plus entendre une totalité fermée sur elle-même régie par les mouvements issus des contradictions de la marchandise comme forme élémentaire. Nous ne pouvons plus comprendre le capitalisme comme une réalité purement économique, mais comme un complexe dans lequel les déterminations économiques, politiques, militaires, technologiques et autres – chacune dotée de sa propre logique et d'une certaine autonomie – entrent dans la détermination du mouvement du tout. En d'autres termes, l'hétérogénéité appartient à l'essence du capitalisme, dont les stabilisations partielles sont hégémoniques par nature.

Je ne peux entrer ici dans une discussion des problèmes évoqués ci-dessus car cela exigerait un autre livre. Je mentionnerai simplement brièvement – sous une forme quasi télégraphique – certains aspects qu'une étude du populisme dans les sociétés contemporaines ne peut se permettre d'éluder[1]. D'abord, il y a la question de l'équilibre instable entre le *concept* et le *nom*, que j'ai abordée à différents moments de mon analyse. Dans les sociétés où les diverses positions subjectives des acteurs sociaux ont une gamme limitée de variations horizontales, celles-ci pourraient être vues comme l'expression de l'identité des *mêmes* acteurs sociaux. Par exemple, les travailleurs qui vivent dans un certain quartier, qui exercent des métiers comparables, qui ont un accès égal aux biens de consommation, aux biens culturels, aux loisirs, etc., peuvent avoir l'illusion que malgré leur hétérogénéité, toutes leurs demandes émanent du *même* groupe, et qu'il existe un lien naturel et essentiel entre elles. Quand ces demandes deviennent plus hétérogènes dans l'expérience vivante du peuple, c'est leur unité autour d'un groupe « allant de soi » qui est mise en question. À ce moment-là, les logiques construisant le « peuple » comme une entité contingente deviennent plus autonomes par rapport à toute forme d'immanence sociale mais, pour cette raison même, plus constitutives dans leurs effets. C'est le point où le *nom*, en tant que point de ralliement faisant l'objet d'un fort investissement, n'*exprime* pas l'unité du groupe mais devient son f*ondement*.

1. Une discussion de ce type devrait s'orienter vers une typologie des situations et mouvements. L'objectif de *La Raison populiste* est plus limité : il s'agit de définir les opérations fondamentales de la raison populiste.

Deuxièmement, il y a la question de la construction discursive de la division sociale. J'ai présenté une explication structurelle de la formation de l'identité populaire dans laquelle les frontières antagoniques sont fondées dans une logique d'équivalence. Les frontières sont la condition *sine qua non* de l'émergence du « peuple » : sans elles, toute la dialectique partialité/universalité s'effondrerait purement et simplement. Mais plus la chaîne équivalentielle est étendue, moins est naturelle l'articulation entre ses maillons, et plus est instable l'identité de l'ennemi (situé de l'autre côté de la frontière). C'est une chose que j'ai abordée à plusieurs reprises dans mon analyse. Dans le cas d'une demande spécifique formulée dans un contexte localisé, il est relativement facile de déterminer qui est l'adversaire ; mais s'il y a une équivalence entre de multiples demandes hétérogènes, déterminer l'objectif et dire qui est l'ennemi contre lequel on combat devient beaucoup plus difficile. Ici, la « raison populiste » opère totalement. Cela explique pourquoi ce que j'ai appelé le « capitalisme globalisé » représente un stade qualitativement nouveau dans l'histoire du capitalisme, et mène à un approfondissement des logiques de formation de l'identité que j'ai décrites. Il y a une multiplication des effets de dislocation et une prolifération de nouveaux antagonismes. C'est pourquoi le mouvement antimondialisation doit opérer d'une manière totalement nouvelle : il doit postuler la création de liens d'équivalence entre des demandes sociales profondément hétérogènes tout en élaborant un langage commun entre elles. Un nouvel internationalisme est en train d'émerger qui, en même temps, rend les formes traditionnelles institutionnalisées de la médiation politique obsolètes. L'universalité de la forme « parti », par exemple, est mise radicalement en question.

Enfin, il y a la question du statut du politique. Selon moi, le politique est lié à ce qu'on pourrait appeler l'articulation contingente – autre nom pour la dialectique entre la logique de la différence et la logique de l'équivalence. En ce sens, tout antagonisme est essentiellement politique. Dans ce cas-là, cependant, le politique n'est pas lié à un type régional de conflit différent, par exemple, du conflit économique. Pourquoi ? Pour deux raisons principalement. La première est que les demandes qui mettent en question l'état des choses ne jaillissent pas spontanément de la logique de ce dernier mais constituent une rupture avec lui. Une demande d'augmentation de salaire ne dérive pas de la logique des relations capitalistes, mais interrompt cette logique dans des termes qui lui sont étrangers – par exemple, ceux d'un discours concernant la justice. Donc, toute demande présuppose une hétérogénéité constitutive – c'est un événement qui rompt avec la logique d'une situation. C'est ce qui fait d'une telle demande une demande politique. En deuxième lieu, cependant, cette hétérogénéité de la demande par rapport à la situation existante sera rarement confinée à un contenu spécifique ; elle sera, depuis le début, hautement surdéterminée. La revendication d'une augmentation de salaire en termes de justice sera enracinée dans un sentiment plus large de justice lié à toute une série d'autres situations. En d'autres termes, il n'y a pas de sujets purs du changement ; ils sont toujours surdéterminés à travers une logique équivalentielle. Cela signifie que les sujets politiques sont toujours, d'une manière ou d'une autre, des sujets populaires. Et dans les conditions du capitalisme globalisé, l'espace de cette surdétermination s'accroît de façon évidente.

J'ai maintenant présenté les grandes lignes de ma conception de la logique qui préside à la formation des identités populaires. Mais la spécificité de mon approche deviendra plus claire, si je la compare à d'autres approches qui ont été proposées au cours des dernières années. J'en analyserai d'abord deux avec lesquelles je suis fondamentalement en désaccord – celle de Slavoj Žižek et celle de Michael Hardt et d'Antonio Negri – puis je m'intéresserai à une autre qui est plus proche de celle que j'ai développée dans ce livre, celle de Jacques Rancière.

Žižek : en attendant les Martiens

On trouve une première approche de la question de l'unité des sujets populaires dans de nouvelles versions du marxisme traditionnel : l'unité populaire est limitée à l'unité de classe. Je prendrai les ouvrages de Žižek comme un exemple représentatif de cette position[1]. Il expose ses idées sur la question dans le cadre d'une critique de mes ouvrages. Les points principaux qu'il soulève sont les suivants :

1) Ma position serait une forme à peine déguisée de kantisme :

> La principale dimension « kantienne » de Laclau réside dans son acceptation d'un fossé infranchissable entre l'enthousiasme pour le but impossible de l'engagement politique et son contenu réalisable plus modeste. [...] Si nous acceptons un tel écart comme l'horizon *ultime* de l'engagement politique, cela ne nous laisse-t-il pas face à un choix à propos de cet engagement : ou bien nous devons nous aveugler nous-mêmes sur l'échec ultime nécessaire de nos efforts – régresser dans la naïveté, et nous laisser prendre par l'enthousiasme – ou bien nous devons adopter une position de distance cynique, en prenant part au jeu tout en étant parfaitement conscients de ce que le résultat sera décevant[2] ?

2) Après avoir injustement assimilé ma position à celle de la politique de l'identité multiculturelle, Žižek conclut :

> Cependant, ce refus justifié de la totalité de la société post-révolutionnaire ne justifie pas la conclusion selon laquelle nous devons renoncer à tout projet de transformation globale et nous limiter à la solution de problèmes partiels : le saut d'une critique de la « métaphysique de la présence » à la politique gradualiste « réformiste » anti-utopique est un court-circuit illégitime[3].

1. Je renverrai essentiellement aux interventions de Žižek dans le livre *Contingency, Hegemony, Universality : Contemporary Dialogues on the Left*, Londres, New York, Verso, 2000, écrit en collaboration par Judith Butler, Ernesto Laclau et Slavoj Žižek. Étant donné l'organisation que nous avions adoptée pour écrire ce livre, je n'ai pu lire les dernières contributions de Žižek que lorsque j'avais déjà écrit les miennes, si bien que je n'ai pas eu l'occasion, au moment de la rédaction du livre en question, de répondre aux dernières critiques qu'il a formulées à l'égard de mes travaux. Donc, ce qui suit constitue, dans une certaine mesure, ma réponse. Cette réponse ne couvre pas la totalité des critiques de Žižek mais seulement les aspects liés au sujet qui est au centre du présent ouvrage.

2. Slavoj Žižek, *ibid.*, p. 316-317.

3. *Ibid.*, p. 101.

3) Derrière le récit historique de la désintégration croissante du marxisme essentialiste classique et l'émergence d'une pluralité de nouveaux acteurs populaires historiques, affirme Žižek, réside une certaine « résignation », une « acceptation du capitalisme comme le seul jeu possible, le renoncement à toute tentative véritable de renverser le régime capitaliste libéral existant »[1].

4) « Contre les défenseurs de la critique du capitalisme global, de la "logique du Capital", Laclau affirme que le capitalisme est un composé incohérent de traits hétérogènes qui se sont combinés à la suite d'une constellation historique contingente, non pas une Totalité homogène obéissant à une même Logique sous-jacente[2]. »

5) Et, enfin, le noyau de l'argumentation de Žižek, qui serait le fondement de nos conceptions différentes des identités sociales :

> Mon point de désaccord avec Laclau est que je n'accepte pas que tous les éléments qui entrent dans une lutte hégémonique soient en principe égaux : dans la série des luttes (économique, politique, féministe, écologique, ethnique, etc.) il y en a toujours une [la lutte de classes] qui, tout en étant un élément de la chaîne, surdétermine secrètement son horizon même. Cette contamination de l'universel par le particulier est plus forte que la lutte pour l'hégémonie. [...] Elle structure à l'avance le terrain même sur lequel la multitude de contenus particuliers lutte pour l'hégémonie[3].

Examinons cette accumulation d'interprétations erronées. Pour commencer, le lecteur de ce livre n'aura aucun mal à situer l'erreur fondamentale que commet Žižek dans la lecture de mon travail[4]. En

1. *Ibid.*, p. 95.
2. *Ibid.*, p. 225.
3. *Ibid.*, p. 320.
4. Cette lecture erronée est, je dois le dire, inexcusable, car dans d'autres ouvrages Žižek témoigne d'une parfaite compréhension de mes arguments. Ainsi, il écrit sur un ton approbateur : « Le mérite d'Ernesto Laclau et de Chantal Mouffe est d'avoir élaboré, dans *Hegemony and Socialist Strategy* [...], une théorie du champ social fondée sur une telle notion de l'antagonisme – sur une reconnaissance d'un "traumatisme" originel, un noyau impossible qui résiste à la symbolisation, à la totalisation, à l'intégration

caractérisant mon approche, il oppose la « transformation globale » aux changements partiels, et assimile ces derniers à un réformisme gradualiste. Cette opposition n'a aucun sens, et cette assimilation est une invention totalement arbitraire. Je n'ai jamais parlé de « gradualisme » – un terme qui, dans mon approche théorique, ne pourrait que désigner une approche différentielle que n'entraverait aucune espèce d'équivalence, autrement dit un monde de demandes ponctuelles qui n'entreraient dans aucune forme d'articulation populaire. Les identités populaires, selon moi, constituent toujours des totalités. Il est vrai que j'ai parlé de luttes et de demandes partielles, mais cette partialité n'a aucun rapport avec un quelconque gradualisme ; comme ce livre le montre de manière suffisamment claire, ma conception de la partialité rejoint ce qu'en psychanalyse on appelle un « objet partiel » – c'est-à-dire une partialité qui fonctionne comme une totalité. Donc, ce que Žižek ignore, c'est toute la logique de l'objet petit *a*, qui, comme je l'ai dit plus haut, est identique à la logique hégémonique. Que l'objet soit « élevé à la dignité de la Chose », c'est ce que Žižek semble exclure comme possibilité politique. L'alternative qu'il présente est la suivante : ou bien nous avons accès à la Chose comme telle, ou bien nous avons de pures partialités non liées par un quelconque effet totalisateur. Je trouve qu'un lacanien comme Žižek ne devrait pas tomber dans ce genre d'erreur.

Pour la même raison, la partialité d'un horizon hégémonique n'implique aucune forme de résignation. L'analyse de Joan Copjec concernant la capacité de l'objet de la pulsion à apporter une satisfaction est ici très pertinente. Pour un sujet au sein d'une configuration hégémonique, cette configuration est tout ce qui existe ; ce n'est pas un moment dans une approche sans fin vers un Idéal. C'est pourquoi les références de Žižek à Kant sont totalement déplacées. Pour Kant, le rôle régulateur de l'Idée aboutit à une approche infinie de monde nouménal, mais rien de tel ne se produit dans le cas

symbolique. […] Ils soulignent que nous ne devons pas être radicaux au sens d'avoir pour objectif une solution radicale : nous vivons toujours dans un interespace et dans un temps emprunté ; chaque solution est provisoire et temporaire, une sorte de report d'une impossibilité fondamentale. » *The Sublime Object of Ideology*, Londres, New York, Verso, 1989, p. 5-6.

d'une identification hégémonique. Approche indéfinie de quoi ? L'alternative proposée par Žižek – ou bien les attentes naïves ou bien le cynisme – s'effondre une fois qu'un investissement radical dans un objet partiel s'est produit (une fois que l'objet « a été élevé à la dignité de la Chose »). Et cet objet, bien que toujours partiel, pourrait impliquer un changement radical ou une transformation sociale globale, mais même dans ce cas, le moment de l'investissement radical sera nécessairement présent. À aucun moment la Chose ne sera atteinte directement sans sa représentation à travers un objet. En réalité, la « Chose » n'existe que comme supposition rétrospective. Mais cette partialité de l'objet n'implique aucune résignation ni aucun renoncement.

Quelle est la véritable racine de ce désaccord théorique ? Elle réside, me semble-t-il, dans le fait que l'analyse de Žižek est totalement éclectique, car elle est fondée sur deux ontologies incompatibles : l'une liée à la psychanalyse et à la découverte freudienne de l'inconscient, l'autre à la philosophie de l'histoire hégélienne/marxienne. Žižek accomplit toutes sortes de contorsions invraisemblables pour concilier les deux, évidemment sans y parvenir. Sa méthode favorite consiste à établir des homologies superficielles. À un moment, il affirme, par exemple, que le capitalisme est le Réel – au sens lacanien – de la société contemporaine, puisqu'il est ce qui revient toujours. Mais si la répétition infinie était le seul trait propre au Réel, nous pourrions aussi dire que le froid est le Réel de la société capitaliste parce qu'il revient chaque hiver. Une véritable analogie métaphorique – une analogie ayant une valeur épistémologique – devrait montrer que le capitalisme est au-delà de toute symbolisation sociale, chose qui serait impossible à prouver pour Žižek.

Selon Žižek, j'affirme que le capitalisme est la combinaison conjoncturelle et incohérente d'une multiplicité de traits hétérogènes. Inutile de dire que je n'ai jamais affirmé une chose aussi stupide. Ce que j'ai dit – et c'est totalement différent –, c'est que la cohérence du capitalisme en tant que formation sociale ne peut être dérivée de la simple analyse logique des contradictions implicites dans la forme marchandise, car l'efficacité sociale du capitalisme dépend de sa relation à un dehors hétérogène qu'il peut contrôler par des relations de pouvoir instables, mais qui ne peut dériver de sa propre logique endogène. En d'autres termes, la domination capitaliste n'est pas autodéterminée, dérivable de sa propre forme, mais le résultat d'une construction hégémonique, si bien que sa centralité dérive, comme tout le reste dans la société, d'une surdétermination d'éléments hétérogènes. C'est pourquoi quelque chose comme un rapport de forces peut exister dans la société, une « guerre de position » au sens gramscien. Si la domination capitaliste pouvait être dérivée de l'analyse de sa simple forme – si nous étions confrontés à une logique homogène, se développant toute seule –, tout type de résistance serait totalement inutile, du moins jusqu'à ce que cette logique développe ses propres contradictions internes (une conclusion dont le marxisme de la Deuxième Internationale n'était pas éloigné, et à laquelle Žižek, en fait, n'est pas loin de souscrire).

Žižek dit que son désaccord avec moi vient du fait que, pour lui, les éléments entrant dans la lutte hégémonique ne sont pas égaux ; il y en a toujours un qui, tout en « faisant partie de la chaîne, surdétermine son horizon même ». Cela signifie, selon lui, qu'il y a quelque chose de plus fondamental que la lutte pour l'hégémonie, qui structure le terrain sur lequel cette lutte se déroule. L'affirmation selon laquelle il y a une inégalité essentielle entre les éléments qui participent à la lutte hégémonique est une chose avec laquelle je peux évidemment être d'accord – la théorie de l'hégémonie est précisément la théorie de cette inégalité. Mais Žižek propose une analyse non pas *historique* mais *transcendantale*. Pour lui, dans toute société possible, ce rôle déterminant correspond nécessairement à l'économie (il semble, ici, que nous revenions aux distinctions naïves des années 1960 entre la « détermination en dernière instance », le « rôle dominant », l'« autonomie relative », etc.). La première chose que je peux dire est que Žižek fait un usage erroné de la catégorie freudienne de surdétermination. Pour Freud, l'instance de la surdétermination dépend entièrement d'une histoire personnelle : il n'existe pas d'élément qui surdétermine en lui-même et par lui-même. Cependant, si Žižek nous dit, comme un *a priori* historique, que certains éléments sont prédestinés à être surdéterminants, il abandonne complètement le terrain freudien – il est en réalité plus proche de Jung. Dans sa tentative désespérée de défendre la « détermination en dernière instance par l'économie », Žižek parle parfois d'un ultime bastion du naturalisme qui devrait être maintenu. Mais cela est inutile. On ne peut associer deux ontologies incompatibles. Ou bien la surdétermination est universelle dans ses effets – auquel cas, comme l'a écrit récemment Joan Copjec, la théorie des pulsions occupe l'espace de l'ontologie classique –, ou bien c'est une catégorie régionale entourée par une zone de pleine détermination, qui devient le champ de l'ontologie fondamentale, puisqu'elle établit les limites dans lesquelles la surdétermination peut opérer.

Žižek n'avait pas besoin de ce discours maladroit et éclectique pour montrer la place centrale des processus économiques dans les sociétés capitalistes. Personne ne la nie sérieusement. Les difficultés commencent quand Žižek transforme l'« économie » en instance homogène autodéfinie opérant comme le fondement de la société – autrement dit quand il la réduit à un modèle explicatif hégélien. La vérité est que l'économie est, comme tout le reste dans la société, le lieu d'une surdétermination des logiques sociales, et sa place centrale est le résultat d'un fait évident, à savoir que la reproduction matérielle de la société a plus de répercussions pour les processus sociaux que d'autres instances. Cela ne veut pas dire que la reproduction capitaliste peut être réduite à un mécanisme unique, se définissant lui-même.

Ici, nous touchons au cœur des difficultés de l'approche de Žižek. D'une part, il est attaché à une théorie de l'acte révolutionnaire qui opérerait en son propre nom, sans être investi dans aucun objet autre que lui-même. De l'autre, le système capitaliste, en tant que mécanisme dominant, sous-jacent, est la véritable réalité avec laquelle l'acte émancipateur doit rompre. La conclusion de ces deux prémisses est qu'il n'y a pas de lutte émancipatrice valide en dehors d'une lutte pleinement et directement anticapitaliste. Selon les propres mots de Žižek : « Je crois dans le rôle central structurant de la lutte anticapitaliste[1]. » Mais il y a un problème : Žižek ne donne aucune indication sur ce que pourrait être une lutte anticapitaliste. Il rejette rapidement les luttes multiculturelle, antisexiste et antiraciste parce que ce ne sont pas des luttes directement anticapitalistes. Il n'appuie pas non plus les

1. Slavoj Žižek et Glyn Daly, *Conversations with Žižek*, Cambridge, Polity, 2004, p. 149.

objectifs traditionnels de la gauche, liés plus directement à l'économie : les demandes d'augmentation de salaires, de démocratie industrielle, de contrôle du processus de travail, d'une distribution progressive des revenus, ne sont pas non plus présentées comme anticapitalistes. Considère-t-il que le projet des Luddites, qui voulaient détruire toutes les machines, mettrait fin au capitalisme ? Il n'y a pas une ligne dans l'œuvre de Žižek qui donne un exemple de ce qu'il considère comme une lutte anticapitaliste. On en est réduit à se demander s'il attend une invasion d'êtres venus d'une autre planète, ou, comme il l'a dit un jour, un genre de catastrophe écologique qui ne transformerait pas le monde mais le ferait voler en éclats.

D'où viennent les erreurs de son analyse ? Elles viennent de ses prémisses. Puisque Žižek refuse d'appliquer la logique hégémonique à la pensée stratégico-politique, il se retrouve dans une impasse. Il est obligé de rejeter toutes les luttes « partielles » comme internes au « système » (quel que soit le sens de ce mot) ; et puisque la Chose est hors d'atteinte, il se retrouve sans acteur historique concret pour mener la lutte anticapitaliste. Conclusion : Žižek ne peut fournir aucune théorie du sujet émancipateur[1]. Puisque, en même temps, sa totalité systémique, étant un fondement, est régulée exclusivement par ses propres lois internes, il ne nous reste qu'à attendre que ces lois produisent la totalité de leurs effets. Le résultat, c'est le nihilisme politique.

Cependant, si nous mettons en question les deux prémisses de Žižek, nous produisons un scénario dans lequel il y a plus de place pour l'espoir. Premièrement, considérons la partialité des luttes. Comme nous l'avons vu tout au long de ce livre, il n'y a pas de lutte ou de demande sans une zone d'irradiation équivalentielle. Žižek a tort de présenter les luttes, par exemple les luttes multiculturelles, comme secondaires et totalement intégrables dans le système existant. Présenter le problème comme celui de savoir laquelle est la plus fondamentale est une erreur complète. Nous l'avons vu, la cen-

1. Pendant nos discussions autour de *Contingency, Hegemony, Universality*, j'ai demandé à Žižek à plusieurs reprises de préciser qui, selon lui, était le sujet émancipateur et quelle était la ligne stratégique qu'il proposait afin que le débat puisse avancer sur un terrain plus politique et moins « métaphysique ». Il ne m'a fourni aucune réponse.

tralité est toujours liée à la formation d'identités populaires qui ne sont rien de plus qu'une surdétermination des demandes démocratiques. La centralité de chacune dépendra donc non de sa situation dans une géométrie abstraite d'effets sociaux, comme l'imagine Žižek, mais de son articulation concrète avec d'autres demandes dans une totalité populaire. À l'évidence, cela ne garantit pas le caractère « progressiste » de cette totalité, mais cela crée un terrain dans lequel diverses tentatives hégémoniques peuvent avoir lieu. Deuxièmement, nous voyons clairement pourquoi il n'existe rien de tel qu'une lutte anticapitaliste *en soi*, mais des effets anticapitalistes qui peuvent dériver, à un certain point de rupture, de l'articulation d'une pluralité de luttes. Pour ne parler que des mouvements révolutionnaires, aucun des grands bouleversements du XXe siècle – ni la révolution russe, ni la révolution chinoise, ni la révolution cubaine ni la révolution vietnamienne – ne s'est présenté comme anticapitaliste au départ. Ce que j'ai dit dans ma réflexion psychanalytique sur la « valeur de sein » du lait peut être pris ici comme la valeur « anticapitaliste » d'un investissement politique. Un problème demeure, cependant : quel est le contenu sémantique de la formule « anticapitalisme » ? L'anticapitalisme est-il un signifiant vide – un des noms du manque, mentionnés plus haut – auquel cas le « capitalisme » serait une construction du mouvement anticapitaliste, l'« autre côté » d'une frontière constituant l'unité du camp des équivalences anticapitalistes ? Ou le capitalisme est-il plutôt la logique sous-jacente de tout le système, auquel cas l'anticapitalisme ne serait qu'un effet interne de la logique du capitalisme lui-même ? Ici nous voyons exactement ce qui nous sépare, Žižek et moi. Il reste dans le champ de l'immanence totale – qui, en termes hégéliens, ne peut être qu'une immanence logique – alors que, pour moi, le moment de la négativité (investissement radical, opacité de la représentation, division de l'objet) est irréductible. C'est pourquoi, pour moi, l'acteur historique central – qui, à un moment donné, peut être une « classe » – sera toujours un « peuple » sous une forme ou sous une autre, alors que pour Žižek ce sera toujours une « classe » tout court. Étant donné qu'il est ici plus proche de Hegel que de Lacan, je pense être moi-même plus proche de Lacan que de Hegel.

Hardt et Negri : Dieu y pourvoira

Si Žižek tente de fonder l'identité des acteurs sociaux dans l'« *a priori* historique » d'une détermination en dernière instance, Hardt et Negri évitent une telle attribution d'un privilège ontologique transcendantal[1]. Pour eux, toutes les luttes sociales, bien qu'elles ne soient pas liées entre elles, convergent dans la constitution d'un sujet émancipateur qu'ils appellent la « multitude ». Il y a en apparence certaines analogies entre leur « multitude » et ce que, tout au long de ce livre, j'ai appelé le « peuple », mais cette analogie n'est que superficielle. Examinons brièvement les principales caractéristiques de leur démarche, dans la mesure où elle a trait à l'objet de notre réflexion. Leur point de départ est l'idée deleuzienne/nietzschéenne d'immanence, que Hardt et Negri mettent en relation avec le processus de sécularisation des temps modernes. Mais un immanentisme sécularisé exige l'action d'un mécanisme universel et l'émergence, à un moment, d'un acteur historique universel. Tout dépend de la façon dont cette universalité est conçue : s'agit-il d'une universalité partielle, politiquement construite, ou d'une universalité sous-jacente et spontanée ? L'immanentisme radical n'est évidemment compatible qu'avec la deuxième de ces positions, qui est celle que Hardt et Negri adoptent résolument. La première position – qui est la mienne – exige une négativité qui fragmente le terrain social et est irréductible à la pure immanence. L'immanence radicale, pour Hardt et Negri, atteint sa plus grande visibilité avec la constitution de l'Empire, une entité sans frontières et qui – contrairement au vieil impérialisme – n'a pas de centre.

Les caractéristiques de cette totalité sans forme mais autodéfinie sont transmises à la multitude comme fossoyeur de l'Empire – d'une manière qui rappelle la façon dont Marx parle de l'universalisation introduite par le capitalisme comme prélude à l'émergence du prolétariat comme classe universelle. La souveraineté des temps modernes aurait été une défaite historique pour la multitude,

1. Michael Hardt et Antonio Negri, *Empire*, traduit de l'américain par Denis-Armand Canal, Paris, Exils, 2000 (rééd. 10/18, 2004).

puisqu'elle a impliqué l'établissement du pouvoir absolu des rois, et des mécanismes de représentation entravant cette convergence spontanée qui est le seul mécanisme permettant la création de l'unité de la multitude. Comment opère ce mécanisme unificateur ? Selon *Empire*, il n'implique aucune forme de médiation politique. Puisqu'il n'est que naturel, pour Hardt et Negri, que les opprimés se révoltent, leur unité est simplement l'expression d'une tendance spontanée à la convergence. L'unité, don du Ciel, occupe dans leur théorie une place comparable à celle que nous avons attribuée à l'articulation hégémonique. Les luttes séparées verticalement n'ayant pas besoin d'être reliées horizontalement, toute forme de construction politique disparaît. Le seul principe garantissant l'union de la multitude autour d'un but commun est ce que Hardt et Negri appellent « être contre » : il s'agit d'être contre tout, partout. L'objectif est la désertion universelle. C'est ce processus qui est déjà engagé dans les mouvements nomades rhizomatiques de ceux qui traversent les frontières.

Que penser de cette réflexion théorique ? On ne peut manquer d'être frappé par le caractère superficiel de toute cette analyse. Plutôt que d'en dénoncer les faiblesses évidentes, nous essaierons de montrer leur origine, car il ne s'agit pas de simples erreurs mais du résultat de manières erronées d'aborder de questions réelles et importantes. Prenons d'abord la catégorie « être contre ». À première vue, elle n'a aucun sens : les gens ne sont pas contre tout, partout. Cependant, si nous essayons, pour paraphraser Marx, « d'extraire le noyau rationnel de l'enveloppe mystique », nous verrons que derrière cette formulation maladroite se trouve un problème important, qui est celui que j'ai essayé de traiter ici en parlant d'« hétérogénéité sociale ». Alors que, pour Marx, l'unité du sujet révolutionnaire – le prolétariat – était l'expression d'une homogénéité essentielle résultant de la simplification de la structure sociale sous le capitalisme, la multitude de Hardt et Negri ne nie pas l'hétérogénéité des acteurs sociaux, et elle ne fonde pas non plus l'unité, à la manière de Žižek, dans la priorité établie transcendantalement d'une lutte sur toutes les autres. J'ai aussi reconnu, dans ma notion de peuple, l'hétérogénéité fondamentale des demandes sociales, et leur convergence dans des entités collectives, qui ne sont pas l'expression d'un mécanisme sous-jacent différent des formes de leur articulation. Même l'idée d'« être contre », sans référent concret, évoque, de manière lointaine, ce que j'ai appelé les « signifiants vides ». Dans ce cas, où est la différence ? Tout simplement dans nos approches différentes de la question de l'articulation politique. Pour moi, l'émergence de l'unité à partir de l'hétérogénéité présuppose l'établissement de logiques équivalentielles et la production de signifiants vides. Dans *Empire*, elle est le résultat de la tendance naturelle des gens à combattre l'oppression. Peu importe qu'on appelle cette tendance un don du Ciel ou une conséquence de l'immanence. *Deus sive Natura*. Ce qui importe, c'est que l'approche de Hardt et Negri de cette question les conduit à simplifier exagérément le processus politique. S'il y a une tendance naturelle à la révolte, aucune construction politique du sujet de la révolte n'est nécessaire. Mais la société est beaucoup plus complexe que cette formulation simpliste ne veut bien le dire. Les gens ne sont jamais simplement « contre », mais contre des choses particulières et pour d'autres, et la construction d'un « contre » plus large – d'une identité populaire plus globale – ne peut qu'être le résultat d'une guerre de position politique (qui peut, évidemment, échouer). Quant à l'idée d'une totalité impériale dépourvue de centre – sorte d'éternité spinozienne – d'où les pôles internes de pouvoir auraient disparu, elle ne vaut pas mieux. Il suffit de penser à ce qui s'est passé sur la scène internationale depuis le 11 septembre 2001.

On peut dire la même chose au sujet d'un autre aspect de la théorie de Hardt et Negri. Elle privilégie absolument la tactique au détriment de la stratégie. Encore une fois, il y a là une chose avec laquelle je peux être d'accord. La tradition socialiste défendait une subordination totale de la tactique à la stratégie, qui était le résultat d'une vision de l'histoire fondée sur l'action de lois nécessaires qui permettaient des prédictions à long terme et d'une certaine conception des acteurs sociaux, constitués autour de positions de classes rigides. Aujourd'hui, cependant, étant donné que l'avenir est perçu comme largement ouvert à des variations contingentes, et que l'hétérogénéité des acteurs sociaux est de plus en plus reconnue, la relation entre stratégie et tactique se trouve inversée ; les stratégies sont, par nécessité, des stratégies à court terme, et l'autonomie des interventions tactiques s'est accrue. Mais cela a conduit Hardt et Negri à une conclusion extrême, qui me semble erronée : la stratégie disparaît totalement, alors que les interventions tactiques déconnectées les unes des autres deviennent le seul mode d'action possible. Une fois encore : seules les luttes verticales particulières sont reconnues par Hardt et Negri comme l'objet d'un engagement militant, alors que l'articulation entre ces luttes est laissée à Dieu (ou à la Nature). En d'autres termes, c'est l'éclipse complète de la politique. La démarche de Hardt et Negri rappelle les pires limites de l'*operaismo* italien des années 1960.

Si maintenant nous comparons l'approche de Žižek à celle de Hardt et Negri, nous constatons que leurs impasses théoriques et politiques proviennent de la même racine théorique : ces deux démarches se fondent en dernière analyse sur une forme ou une autre d'immanence – une immanence qui est, certes, différente dans les deux cas. Dans le cas de Žižek, comme je l'ai précisé, nous avons affaire à une immanence logique de type hégélien. Cela se manifeste dans sa tentative visant à transférer l'inégalité d'importance des différents éléments de la société au niveau transcendantal d'un *a priori* social. En réalité, la réflexion de Žižek est en retrait par rapport aux promesses encourageantes de ses premiers textes. Son approche intelligente de la question de la nomination, dont j'ai parlé, perd l'essentiel de son intérêt une fois que la nomination trouve des limites conceptuelles dans une constitution transcendantale antérieure de l'objet – des limites qu'aucune nomination ne peut transgresser. Le rôle fondamental de l'affect disparaît lui aussi. Il ne peut y avoir d'investissement *radical* dans un objet petit *a* si un cadre fixé *a priori* détermine quelles sont les entités qui vont être les objets de cet investissement. Enfin, Žižek a changé de position sur la négativité. Il avait salué avec enthousiasme notre analyse de la négativité irréductible de l'antagonisme, dans laquelle il voyait la réémergence, dans le champ de la théorie sociale, du Réel lacanien. Aujourd'hui, il affirme, contre moi, que la détermination des sujets de l'antagonisme est dictée par une morphologie *a priori* de l'histoire. Cela revient à dire que le Symbolique est un cadre fondamental établissant les limites dans lesquelles le Réel peut opérer. Cette position est totalement contraire à Lacan. Le projet de Žižek sombre dans un éclectisme que son renfort habituel d'histoires drôles, de jeux de mots et de références ne parvient pas à dissimuler.

L'immanence de Hardt et Negri n'est pas hégélienne mais spinoziste-deleuzienne. Ils ne partagent pas les scrupules lacaniens de Žižek, si bien qu'ils parviennent à cet égard à être plus cohérents et moins éclectiques. Mais précisément pour cette raison, les limites d'une approche purement immanentiste sont plus manifestes chez eux que chez Žižek. Comme je l'ai dit plus haut, les auteurs d'*Empire* n'ont pas d'explication cohérente de la source des antagonismes sociaux. Le mieux qu'ils peuvent faire est de postuler, comme une sorte de *conatus* spinozien, la saine propension naturelle des gens à se révolter. Mais le fait de présenter ce postulat comme un décret sans fondement a plusieurs conséquences graves pour leur théorie (j'en ai déjà signalé quelques-unes). D'abord, ils ont tendance à simplifier excessivement les tendances à l'unité à l'œuvre au sein de la multitude. Ils ont une vision un peu triomphaliste et exagérément optimiste de ces tendances, bien qu'on ne puisse jamais décider, sur la base de leur récit, si elles sont virtuelles ou réelles. Deuxièmement, et pour la même raison, ils ont tendance à réduire l'importance des confrontations qui ont lieu à l'intérieur de l'Empire. Mais troisièmement, et c'est le plus important, ils sont incapables de proposer une explication cohérente de la nature de la rupture qui mènerait de l'Empire au pouvoir de la multitude. Je ne parle pas, évidemment d'une description futurologique de la rupture révolutionnaire, mais de quelque chose de plus fondamental : en quoi consiste une rupture révolutionnaire ? Je dirais que cet échec explicatif – qui a de lourdes conséquences pour l'analyse sociopolitique – n'est pas propre à *Empire*, mais est inhérent à toute approche radicale immanentiste dont les explications sont toujours malaisément suspendues dans un terrain mal défini entre *rupture* et *continuité*. La dialectique de Hegel fut une tentative manquée visant à fournir une synthèse capable de réintégrer ces deux moments polaires dans une unité. La plupart des difficultés que nous avons trouvées dans l'analyse de Žižek peuvent aussi être renvoyées à cette question.

Ce difficultés ne peuvent être résolues sur le terrain de l'immanence radicale. Ce qui est nécessaire, donc, c'est un changement de terrain. Mais ce changement ne peut consister en un retour à une pure transcendance. Le terrain social se structure, selon moi, non comme immanence ou transcendance pure, mais à travers ce que nous pourrions appeler une *transcendance manquée*. La transcendance apparaît dans le social comme la présence d'une absence. C'est autour d'un manque constitutif que le social est organisé. Il est facile de voir comment nous pouvons passer de là aux principales catégories intervenant dans notre analyse : plénitude absente, investissement radical, objet *petit a*, hégémonie, etc., C'est le point ultime où la *multitude* et le *peuple* comme catégories théoriques se séparent.

Je passerai maintenant à une autre tentative contemporaine – une des plus importantes, selon moi – visant à penser la spécificité du peuple.

Rancière : la redécouverte du peuple

Comment Rancière construit-il son concept de « peuple » ? Il commence par mettre en évidence une mésentente cruciale entre la philosophie politique et la politique : la première n'est pas une analyse théorique de la seconde mais une tentative visant à neutraliser ses effets sociaux négatifs. Où réside la mésentente ? Essentiellement dans le fait que, alors que l'idée d'une communauté bonne, ordonnée, dépend de la subordination de ses parties à un tout – du *compte* de ses parties comme des parties –, il y a une partie paradoxale dans ce compte, une partie qui, sans cesser d'être une partie, se présente comme le tout. Comment cela est-il possible ? Rancière commence son analyse en réfléchissant sur le concept de communauté dans la philosophie grecque de l'Antiquité. Il y trouve une opposition entre les relations entre individus, fondées sur une notion d'égalité *arithmétique* – qui préside aux échanges commerciaux et à l'attribution de peines dans le droit pénal – et les relations fondées sur une idée d'harmonie *géométrique* – qui accorde à chaque partie une fonction spécifique dans l'économie du tout. Une communauté bonne, ordonnée, était une communauté dans laquelle le principe géométrique jouait le rôle suprême. Cette possibilité, cette distribution – ou compte – des agents selon des fonctions, est interrompue par une anomalie : l'émergence de quelque chose qui est essentiellement incomptable et qui, comme tel, déforme le principe même du compte. C'est l'émergence du *demos* – le « peuple » – qui, tout en étant une partie, prétend aussi être le tout.

Dans *La Politique*, Aristote essaie de déterminer trois *axiai* de la communauté : la richesse du petit nombre (les *oligoi*), la vertu ou l'excellence des *aristoi*, et la liberté, qui appartient à tous. La difficulté, ici, comme le signale Rancière, est que les trois principes ne sont pas des catégories régionales au sein d'une classification ontologique cohérente. Alors que la richesse est une catégorie objectivement déterminable, la vertu l'est moins, et quand nous abordons la liberté du « peuple », nous entrons dans un domaine qui cesse d'avoir une localisation particulière déterminable. La liberté, comme principe axiologique, est à la fois un attribut des membres de la communauté en général et le *seul* trait définissant – la seule fonction communautaire – d'un groupe particulier de personnes. Nous avons donc une particularité, dont le rôle est d'être l'incarnation de l'universalité. Cela déforme l'ensemble du modèle géométrique de la communauté bonne. L'ambiguïté que nous avons décrite dans les chapitres précédents entre le « peuple » comme *populus* et le « peuple » comme *plebs* nous a préparés à comprendre ce dont parle Rancière. Ici, nous pouvons pleinement saisir sa distinction entre *police* et *politique* : alors que la police implique la tentative de réduire toutes les différences à des partialités dans le tout communautaire – de concevoir toute différence comme une simple particularité, et de référer le moment de l'universalité à une instance pure, non contaminée (le roi-philosophe chez Platon, la bureaucratie de l'État chez Hegel, le prolétariat chez Marx) –, la politique implique une déformation irréductible : une partie qui fonctionne simultanément comme le tout. Alors que la tâche de la philosophie politique a été traditionnellement de réduire la *politique* à la *police*, une pensée et une pratique réellement politiques consisteraient à affranchir le moment politique de sa subordination à des cadres sociétaux policés.

Il y a deux points sur lesquels l'analyse de Rancière est très proche de la mienne. Le premier, c'est son insistance sur l'existence d'une partie qui fonctionne comme un tout : ce que nous avons caractérisé comme la différence de niveau inhérente à l'opération hégémonique est conceptualisé par Rancière comme un incomptable qui bouleverse le principe même du compte, et, par là, permet l'émergence du politique comme la série d'opérations ayant lieu autour de cette impossibilité constitutive. Le deuxième, c'est l'idée d'une classe qui n'est pas une classe, qui a comme détermination particulière quelque chose qui est de la nature d'une exclusion universelle – du principe d'exclusion comme tel : cette idée n'est pas éloignée de ce que j'ai appelé le « vide ». Rancière perçoit très bien la fonction universelle des luttes particulières quand elles sont investies d'une signification symbolique qui transcende leur propre particularité. Il mentionne, par exemple, le cas de Jeanne Deroin, qui, en essayant de voter lors des élections législatives de 1849, démontra par son acte la contradiction entre le suffrage universel et l'exclusion de son genre de l'universel. De la même façon, les travailleurs immigrés sans papiers, qui sont privés de leur identité de travailleurs et réduits à une identité purement ethnique, sont dépossédés des formes de subjectivité politique qui les auraient fait appartenir au compté.

Je me sens donc à bien des égards proche de Rancière. Il y a cependant deux points sur lesquels son analyse diffère de la mienne. Le premier, c'est sa manière de conceptualiser le « vide ». Rancière affirme à juste titre que le conflit politique diffère de tout conflit d'« intérêts » dans la mesure où un conflit d'intérêts est toujours dominé par la partialité de ce qui est comptable, alors que ce qui est en jeu dans le conflit politique est le principe de la comptabilité comme tel. Jusque-là, je souscris totalement à son analyse. Mais cela signifie qu'il n'y a aucune garantie *a priori* que le « peuple » comme acteur historique se constitue autour d'une identité progressiste (d'un point de vue de gauche). Précisément parce que ce qui est mis en question n'est pas le contenu ontique de ce qui est compté mais le principe ontologique de la comptabilité comme tel, les formes discursives que cette mise en question adopteront seront dans une large mesure indéterminées. Rancière identifie exagérément la possibilité de la politique, je crois, à la possibilité d'une politique émancipatrice, sans prendre en compte d'autres possibilités – par exemple, celle que les non-comptés construisent leur non-comptabilité sous des formes idéologiquement incompatibles avec ce que Rancière ou moi défendrions politiquement (dans une direction fasciste, par exemple). Il serait historiquement et théoriquement faux de penser que la solution fasciste se situe entièrement dans la zone du comptable. Pour explorer le système des alternatives, nous avons besoin d'une étape supplémentaire, que Rancière n'a pas franchie jusque-là : il faut examiner quelles sont les formes de représentation auxquelles la non-comptabilité peut donner naissance. Des objets qui sont impossibles mais nécessaires trouvent toujours des moyens d'accéder – d'une manière déformée, certes – au champ de la représentation.

Le second point sur lequel mes positions diffèrent légèrement de celles de Rancière concerne la manière de conceptualiser le « peuple ». Il affirme :

> C'est au nom du tort qui lui est fait par les autres parties que le peuple s'identifie au tout de la communauté. Ce qui est sans part – les pauvres antiques, le tiers état ou le prolétariat moderne – ne peut en effet avoir d'autre part que le rien ou le tout. Mais aussi c'est par l'existence de cette part des sans-part, de ce rien qui est tout, que la communauté existe comme communauté politique, c'est-à-dire comme divisée par un litige fondamental, par un litige qui porte sur le compte de ses parties avant même de porter sur leurs « droits ». Le peuple n'est pas une classe parmi d'autres. Il est la classe du tort qui fait tort à la communauté et l'institue comme « communauté » du juste et de l'injuste[1].

Je peux souscrire à cette analyse en ce qui concerne la formation de la subjectivité populaire. La manière dont Rancière énumère les figures du « peuple » est très révélatrice : il est évident que nous n'avons pas affaire à une description sociologique, avec des acteurs sociaux ayant une localisation particulière, précisément parce que la présence du « peuple » ruine toute différenciation géométrique de fonctions et de lieux. Comme nous l'avons vu, une logique équivalentielle peut traverser des groupes très différents pour autant qu'ils soient tous du même côté de la frontière antagonique. La concep-

1. Jacques Rancière, *La Mésentente. Politique et philosophie*, *op. cit.*, p. 28.

tion du prolétariat telle que la définit Rancière souligne la nature non sociologique de l'identité du « peuple ». Ainsi :

> Les prolétaires ne sont ni les travailleurs manuels ni les classes laborieuses. Ils sont la classe des incomptés qui n'existe que dans la déclaration même par laquelle ils se comptent comme ceux qui ne sont pas comptés. Le nom de prolétaire ne définit ni un ensemble de propriétés (travailleur manuel, travail industriel, misère, etc.), qui seraient également détenues par une multitude d'individus, ni un corps collectif, incarnant un principe, dont ces individus seraient les membres. Il appartient à un processus de subjectivation qui est identique au processus d'exposition d'un tort. La subjectivation « prolétaire » définit, en surimpression par rapport à la multitude des travailleurs, un sujet du tort[1].

Il y a cependant chez Rancière une ambiguïté qui limite les conséquences théoriques importantes qu'on peut tirer de son analyse. Après avoir nettement séparé cette notion du prolétariat de la description sociologique d'un groupe, il paraît faire des concessions sociologiques. Par exemple, il identifie l'institution de la politique à l'institution de la lutte de classes. Certes, il nuance aussitôt cette affirmation : « Le prolétariat n'est pas une classe mais la dissolution de toutes les classes, dira Marx. Il faut donner à cet énoncé toute sa généralité. La politique est l'institution du litige entre des classes qui ne sont pas vraiment des classes. Des "vraies" classes, cela veut dire – voudrait dire – des parties réelles de la société, des catégories correspondant à ses fonctions[2]. » Mais cette formulation ne suffit pas. La référence à Marx n'est pas particulièrement utile, parce que pour Marx la place centrale du prolétariat et le fait qu'il marque la dissolution de toutes les classes étaient le résultat d'un processus décrit en termes sociologiques très précis : la simplification de la structure sociale sous le capitalisme. La relation entre travailleurs réels et prolétaires est beaucoup plus intime pour lui qu'elle ne l'est pour Rancière. Et, évidemment, alors que pour Rancière la lutte de classes et la politique ne peuvent être différenciées, pour Marx la disparition

1. *Ibid.*, p. 62-63.
2. *Ibid.*, p. 39.

de la politique et le dépérissement de l'État sont consubstantiels à l'établissement d'une société sans classes. Pour Marx, une homogénéité sociale croissante était la condition préalable d'une victoire du prolétariat, alors que pour Rancière une hétérogénéité irréductible est la condition même des luttes populaires.

Quelles conclusions tirer de ces réflexions ? Simplement qu'il est nécessaire d'aller au-delà de la notion de « lutte de classes » et de sa combinaison éclectique entre logique politique et description sociologique. Je ne vois pas à quoi sert de parler de lutte de classes pour ajouter aussitôt qu'il s'agit de la lutte de classes qui ne sont pas des classes. Le mouvement qui s'amorce chez Gramsci des « classes » aux « volontés collectives » doit être mené à son terme. C'est seulement à ce moment-là que les conséquences potentielles de la fructueuse analyse de Rancière pourront être pleinement tirées.

Il est temps de conclure. La comparaison entre mon projet et les trois approches que je viens d'analyser permet de mieux mettre en évidence sa nature et ses dimensions spécifiques. Contre Žižek, j'affirme que la nature surdéterminée de toutes les identités politiques n'est pas établie *a priori* dans un horizon transcendantal, mais est toujours le résultat de processus et de pratiques concrets. C'est ce qui donne à la nomination et à l'affect leurs rôles constitutifs. Contre les auteurs d'*Empire*, je considère que le moment de l'articulation, bien que celui-ci soit incontestablement plus complexe que les formules simples défendues dans le passé – comme la médiation du parti –, n'a rien perdu de sa pertinence et de son importance. Quand on passe à Rancière, la réponse est plus difficile, car je partage certains des présupposés essentiels de sa démarche. Le « peuple » est, pour lui comme pour moi, le protagoniste central de la politique, et la politique est ce qui empêche le social de cristalliser en une société digne de ce nom une entité définie par ses distinctions et ses fonctions clairement définies. C'est pourquoi, à mes yeux, la conceptualisation des antagonismes sociaux et des identités collectives est très importante, et c'est pourquoi il est tellement urgent d'aller au-delà des formules stéréotypées et presque dépourvues de sens comme « lutte de classes ».

Il existe un impératif éthique dans le travail intellectuel : Léonard de Vinci parlait à ce propos de « rigueur obstinée ». Cela signifie, en termes pratiques – et en particulier quand on traite de questions politiques, qui sont toujours lourdement chargées d'émotions – qu'on doit résister à plusieurs tentations. Celles-ci peuvent être résumées en une seule formule : ne jamais succomber au terrorisme des mots. Comme l'a écrit Freud, il faut éviter de faire des concessions à la pusillanimité : « On ne peut savoir où cette voie nous mène : on cède d'abord en paroles et puis peu à peu aussi en fait[1]. » Une des formes principales de cette pusillanimité à notre époque est le remplacement de l'analyse par la condamnation éthique. Certains sujets, comme le fascisme ou l'holocauste, se prêtent particulièrement à ce type d'exercice. Il n'y a évidemment rien de mal à condamner l'holocauste. Le problème commence quand cette condamnation remplace l'explication, et c'est ce qui se produit quand certains phénomènes sont considérés comme des aberrations dont la cause ne peut être saisie rationnellement. Nous ne pouvons commencer à comprendre le fascisme que si nous le voyons comme une des possibilités internes inhérentes aux sociétés contemporaines, et non comme une chose qui échappe à toute explication rationnelle. On peut dire la même chose de termes ayant de fortes connotations émotionnelles. À gauche, des termes comme « lutte de classes », « détermination en dernière instance par l'économie » ou « place centrale de la fonction de la classe ouvrière » fonctionnent – ou ont fonctionné jusqu'à récemment – comme des fétiches émotionnellement chargés, dont le sens était de moins en moins clair, mais qui n'avaient rien perdu de leur puissance discursive.

La tâche politico-intellectuelle telle que je l'envisage aujourd'hui – et à laquelle j'ai essayé d'apporter ici ma modeste contribution – est d'aller au-delà de l'horizon tracé par cette pusillanimité, que ce soit dans ses éloges ou dans ses condamnations. Le retour du « peuple » comme catégorie politique peut être vu comme une contribution à cette ouverture des horizons parce qu'elle contribue à présenter d'autres catégories – comme celle de classe – pour ce qu'elles sont : des manières contingentes et particulières d'articuler

1. Sigmund Freud, *Psychologie des foules et analyse du moi*, *op. cit.*, p. 168.

des demandes, non un noyau primordial à partir duquel la nature même des demandes pourrait être expliquée. Cet élargissement des horizons est une condition préalable pour penser les formes de notre engagement politique à l'ère de ce que j'ai appelé le capitalisme globalisé. Les dislocations inhérentes aux relations sociales dans le monde dans lequel nous vivons sont plus profondes que par le passé, ce qui fait que les catégories qui synthétisaient alors l'expérience sociale deviennent de plus en plus obsolètes. Il est nécessaire de reconceptualiser l'autonomie des demandes sociales, la logique de leur articulation et la nature des entités collectives qui résultent de ces demandes. Cet effort – qui est nécessairement un effort collectif – est la véritable tâche qui est devant nous. Espérons que nous saurons nous montrer à la hauteur.

Index

Table

DU MÊME AUTEUR, EN FRANÇAIS

La Guerre des identités
Grammaire de l'émancipation
La Découverte, 2000

DANS LA COLLECTION « L'ORDRE PHILOSOPHIQUE »

Amnistier l'apartheid.
Travaux de la Commission Vérité et Réconciliation,
sous la direction de Desmond Tutu
(édition établie par Philippe-Joseph Salazar).

GIORGO AGAMBEN, *Homo sacer :*
I. Le Pouvoir souverain et la Vie nue ;
État d'exception : Homo sacer II, 1.

MERCEDES ALLENDESALAZAR, *Thérèse d'Avila,*
l'image au féminin.

HANNAH ARENDT, *Qu'est-ce que la politique ?*
(textes rassemblés et commentés par Ursula Ludz).
Journal de pensée (1950-1973)

JOHN LANGSHAW AUSTIN, *Quand dire, c'est faire.*

ALAIN BADIOU, *Abrégé de métapolitique ;*
Court Traité d'ontologie transitoire ;
Petit Manuel d'inesthétique ;
Théorie du sujet ;
L'Être et l'Événement ;
Manifeste pour la philosophie ;
Conditions ;
Le Siècle ;
Logiques des mondes. L'Être et l'Événement, 2.

JUDITH BALSO, *Pessoa, le passeur métaphysique.*

ANTOINE BERMAN, *La Traduction et la Lettre*
ou *L'Auberge du lointain.*

JEAN BOLLACK, *La Grèce de personne : les mots sous le mythe.*

BERNARD CARNOIS, *La Cohérence de la doctrine kantienne de la liberté.*

STANLEY CAVELL, *La Voix de la raison*
(Wittgenstein, le scepticisme, la moralité et la tragédie).

NOAM CHOMSKY, *La Linguistique cartésienne ;*
Structures syntaxiques ;

Aspects de la théorie syntaxique ;
Questions de sémantique.

COLLECTIF, *Annuaire philosophique 1987-1988 ;*
Annuaire philosophique 1988-1989 ;
Annuaire philosophique 1989-1990 ;
Que peut faire la philosophie de son histoire ?
(recherches réunies sous la direction de Gianni Vattimo) ;
La Sécularisation de la pensée
(recherches réunies sous la direction de Gianni Vattimo).

GILLES DELEUZE, *Francis Bacon, logique de la sensation.*

JEAN-TOUSSAINT DESANTI, *Les Idéalités mathématiques ;*
La Philosophie silencieuse ;
La Peau des mots, réflexions sur la question éthique :
Conversations avec Dominique-Antoine Grisoni.

NICOLE DEWANDRE, *Critique de la raison administrative.*

ROBERTO ESPOSITO, *Catégories de l'impolitique.*

FRANÇOISE FONTENEAU, *L'Éthique du silence.*

GOTTLOB FREGE, *Les Fondements de l'arithmétique ;*
Écrits logiques et philosophiques.

HANS-GEORG GADAMER, *Vérité et Méthode ;*
Les grandes lignes d'une herméneutique philosophique
(édition intégrale).

JEAN-JOSEPH GOUX, *Les Iconoclastes.*

JEAN GRANIER, *Le Problème de la vérité dans la philosophie de Nietzsche ;*
Le Discours du monde.

MICHEL GUÉRIN, *Le Génie du philosophe.*

MARTIN HEIDEGGER, *« Ma chère petite âme »,*
lettres à sa femme Elfride (1915-1970).

WILHEM VON HUMBOLDT, *Introduction à l'œuvre sur le Kavi.*

CHRISTIAN JAMBET, *La Logique des Orientaux*
(Henri Corbin et la science des formes).

FRANÇOIS JULLIEN, *Un sage est sans idée ;*
La grande image n'a pas de forme
ou du non-objet par la peinture ;
Si parler va sans dire,
Du logos *et d'autres ressources ;*
Chemin faisant,
connaître la Chine, relancer la philosophie.

SAUL A. KRIPKE, *Règles et langage privé.*
Introduction au paradoxe de Wittgenstein.

GUY LARDREAU, *Discours philosophique et discours spirituel.*

FRANÇOIS LARUELLE, *Machines textuelles.*

GÉRARD LEBRUN, *L'Envers de la dialectique.*

ALAIN DE LIBERA, *Raison et foi.*

LÉONARD LINSKY, *Le Problème de la référence.*

LOUIS MARIN, *Des pouvoirs de l'image ;*
Sublime Poussin.

QUENTIN MEILLASSOUX, *Après la finitude.*

JEAN-CLAUDE MILNER, *L'Œuvre claire.*

ROBERT MISRAHI, *Traité du bonheur :*
1. Construction d'un château ;
2. Éthique, politique et bonheur.

MARIE-JOSÉ MONDZAIN, *Image, icône, économie ;*
Les Sources byzantines de l'imaginaire contemporain ;
Le Commerce des regards.

RICHARD BROXTON ONIANS, *Les Origines de la pensée européenne sur le corps, l'esprit, l'âme, le monde, le temps et le destin.*

BERNARD PAUTRAT, *Versions du soleil :*
figures et système de Nietzsche.

CHARLES S. PEIRCE, *Écrits sur le signe.*

Jean-Luc Petit, *Du travail vivant au système des actions.*

Hilary Putnam, *Le Réalisme à visage humain.*

Bernard Quelquejeu, *La Volonté dans la philosophie de Hegel.*

François Recanati, *La Transparence et l'Énonciation.*

Jean-Michel Rey, *L'Enjeu des signes (Lecture de Nietzsche).*

Paul Ricœur, *De l'interprétation (Essai sur Freud) ;*
Le Conflit des interprétations (Essais d'herméneutique I) ;
La Métaphore vive ;
Temps et récit, t. I : L'Intrigue et le roman historique ;
Temps et récit, t. II : La Configuration dans le récit de fiction ;
Temps et récit, t. III : Le Temps raconté ;
Du texte à l'action (Essais d'herméneutique II) ;
Soi-même comme un autre ;
La Mémoire, l'Histoire, l'Oubli.

Richard Rorty, *L'Homme spéculaire ;*
Conséquences du pragmatisme.

Carl Schmitt, *La Dictature ;*
Le Léviathan dans la doctrine de l'État de Thomas Hobbes.

Spinoza, *Éthique* (édition bilingue).

Peter Frederick Strawson, *Les Individus ;*
Études de logique et de linguistique.

Willard Van Orman Quine, *Quiddités.*
Dictionnaire philosophique par intermittence ;
La Poursuite de la vérité.

Gianni Vattimo, *La Fin de la modernité.*

Éric Voegelin, *La Nouvelle Science du politique.*

François Wahl, *Introduction au discours du tableau.*

Marlene Zarader, *La Dette impensée*
(Heidegger et l'héritage hébraïque).

RÉALISATION : NORD COMPO
IMPRESSION : LABALLERY À CLAMECY
DÉPÔT LÉGAL : MARS 2008. N° 88421-2 (301331)
Imprimé en France